# EXPLORANDO EL UNIVERSO

**Anthea Maton**
Ex coordinadora nacional de NSTA
Alcance, secuencia y coordinación del proyecto
Washington, DC

**Jean Hopkins**
Instructora de ciencias y jefa de departamento
John H. Wood Middle School
San Antonio, Texas

**Susan Johnson**
Profesora de biología
Ball State University
Muncie, Indiana

**David LaHart**
Instructor principal
Florida Solar Energy Center
Cape Canaveral, Florida

**Charles William McLaughlin**
Instructor de ciencias y jefe de departamento
Central High School
St. Joseph, Missouri

**Maryanna Quon Warner**
Instructora de ciencias
Del Dios Middle School
Escondido, California

**Jill D. Wright**
Profesora de educación científica
Directora de programas de área internacional
University of Pittsburgh
Pittsburgh, Pennsylvania

Prentice Hall
Englewood Cliffs, New Jersey
Needham, Massachusetts

*Prentice Hall Science*
# Exploring the Universe

**Student Text and Annotated Teacher's Edition**
**Laboratory Manual**
**Teacher's Resource Package**
**Teacher's Desk Reference**
**Computer Test Bank**
**Teaching Transparencies**
**Product Testing Activities**
**Computer Courseware**
**Video and Interactive Video**

The illustration on the cover, rendered by Keith Kasnot, depicts Pluto's large moon, Charon, looming over Pluto's icy horizon.

Credits begin on page 167.

SECOND EDITION

© 1994, 1993 by Prentice-Hall, Inc., Englewood Cliffs, New Jersey 07632. All rights reserved. No part of this book may be reproduced in any form or by any means without permission in writing from the publisher. Printed in the United States of America.

ISBN 0-13-401134-1

1 2 3 4 5 6 7 8 9 10     97 96 95 94 93

Prentice Hall
A Division of Simon & Schuster
Englewood Cliffs, New Jersey 07632

## STAFF CREDITS

| | |
|---|---|
| **Editorial:** | Harry Bakalian, Pamela E. Hirschfeld, Maureen Grassi, Robert P. Letendre, Elisa Mui Eiger, Lorraine Smith-Phelan, Christine A. Caputo |
| **Design:** | AnnMarie Roselli, Carmela Pereira, Susan Walrath, Leslie Osher, Art Soares |
| **Production:** | Suse F. Bell, Joan McCulley, Elizabeth Torjussen, Christina Burghard |
| **Photo Research:** | Libby Forsyth, Emily Rose, Martha Conway |
| **Publishing Technology:** | Andrew Grey Bommarito, Deborah Jones, Monduane Harris, Michael Colucci, Gregory Myers, Cleasta Wilburn |
| **Marketing:** | Andrew Socha, Victoria Willows |
| **Pre-Press Production:** | Laura Sanderson, Kathryn Dix, Denise Herckenrath |
| **Manufacturing:** | Rhett Conklin, Gertrude Szyferblatt |

## Consultants

| | |
|---|---|
| Kathy French | National Science Consultant |
| Jeannie Dennard | National Science Consultant |

*Prentice Hall Ciencia*

# Explorando el universo

**Student Text and Annotated Teacher's Edition**
**Laboratory Manual**
**Teacher's Resource Package**
**Teacher's Desk Reference**
**Computer Test Bank**
**Teaching Transparencies**
**Product Testing Activities**
**Computer Courseware**
**Video and Interactive Video**

La ilustración de la cubierta, creada por Keith Kasnot, representa Charon, la luna grande de Plutón, surgiendo por el horizonte helado de Plutón.

Procedencia de fotos e ilustraciones en la página 167.

SEGUNDA EDICIÓN

ISBN 0-13-802042-6

1 2 3 4 5 6 7 8 9 10     97 96 95 94 93

Prentice Hall
A Division of Simon & Schuster
Englewood Cliffs, New Jersey 07632

## PERSONAL

| | |
|---|---|
| **Editorial:** | Harry Bakalian, Pamela E. Hirschfeld, Maureen Grassi, Robert P. Letendre, Elisa Mui Eiger, Lorraine Smith-Phelan, Christine A. Caputo |
| **Diseño:** | AnnMarie Roselli, Carmela Pereira, Susan Walrath, Leslie Osher, Art Soares |
| **Producción:** | Suse F. Bell, Joan McCulley, Elizabeth Torjussen, Christina Burghard |
| **Fotoarchivo:** | Libby Forsyth, Emily Rose, Martha Conway |
| **Tecnología editorial:** | Andrew G. Black, Deborah Jones, Monduane Harris, Michael Colucci, Gregory Myers, Cleasta Wilburn |
| **Mercado:** | Andrew Socha, Victoria Willows |
| **Producción pre-imprenta:** | Laura Sanderson, Kathryn Dix, Denise Herckenrath |
| **Manufactura:** | Rhett Conklin, Gertrude Szyferblatt |

## Asesoras

| | |
|---|---|
| Kathy French | National Science Consultant |
| Jeannie Dennard | National Science Consultant |

# CONTENTS

## EXPLORING THE UNIVERSE

# CONTENIDO
## EXPLORANDO EL UNIVERSO

### GACETA DE CIENCIAS

# Activity Bank/Reference Section

# Features

## Pozo de Actividades/Sección de referencias

## Artículos

# CONCEPT MAPPING

Throughout your study of science, you will learn a variety of terms, facts, figures, and concepts. Each new topic you encounter will provide its own collection of words and ideas—which, at times, you may think seem endless. But each of the ideas within a particular topic is related in some way to the others. No concept in science is isolated. Thus it will help you to understand the topic if you see the whole picture; that is, the interconnectedness of all the individual terms and ideas. This is a much more effective and satisfying way of learning than memorizing separate facts.

Actually, this should be a rather familiar process for you. Although you may not think about it in this way, you analyze many of the elements in your daily life by looking for relationships or connections. For example, when you look at a collection of flowers, you may divide them into groups: roses, carnations, and daisies. You may then associate colors with these flowers: red, pink, and white. The general topic is flowers. The subtopic is types of flowers. And the colors are specific terms that describe flowers. A topic makes more sense and is more easily understood if you understand how it is broken down into individual ideas and how these ideas are related to one another and to the entire topic.

It is often helpful to organize information visually so that you can see how it all fits together. One technique for describing related ideas is called a **concept map**. In a concept map, an idea is represented by a word or phrase enclosed in a box. There are several ideas in any concept map. A connection between two ideas is made with a line. A word or two that describes the connection is written on or near the line. The general topic is located at the top of the map. That topic is then broken down into subtopics, or more specific ideas, by branching lines. The most specific topics are located at the bottom of the map.

To construct a concept map, first identify the important ideas or key terms in the chapter or section. Do not try to include too much information. Use your judgment as to what is

really important. Write the general topic at the top of your map. Let's use an example to help illustrate this process. Suppose you decide that the key terms in a section you are reading are School, Living Things, Language Arts, Subtraction, Grammar, Mathematics, Experiments, Papers, Science, Addition, Novels. The general topic is School. Write and enclose this word in a box at the top of your map.

SCHOOL

Now choose the subtopics—Language Arts, Science, Mathematics. Figure out how they are related to the topic. Add these words to your map. Continue this procedure until you have included all the important ideas and terms. Then use lines to make the appropriate connections between ideas and terms. Don't forget to write a word or two on or near the connecting line to describe the nature of the connection.

Do not be concerned if you have to redraw your map (perhaps several times!) before you show all the important connections clearly. If, for example, you write papers for Science as well as for Language Arts, you may want to place these two subjects next to each other so that the lines do not overlap.

One more thing you should know about concept mapping: Concepts can be correctly mapped in many different ways. In fact, it is unlikely that any two people will draw identical concept maps for a complex topic. Thus there is no one correct concept map for any topic! Even

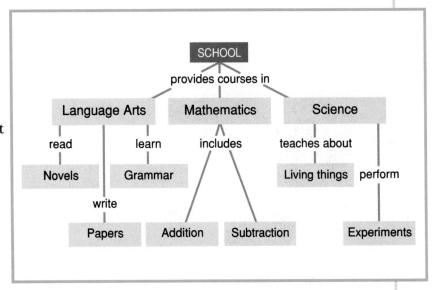

though your concept map may not match those of your classmates, it will be correct as long as it shows the most important concepts and the clear relationships among them. Your concept map will also be correct if it has meaning to you and if it helps you understand the material you are reading. A concept map should be so clear that if some of the terms are erased, the missing terms could easily be filled in by following the logic of the concept map.

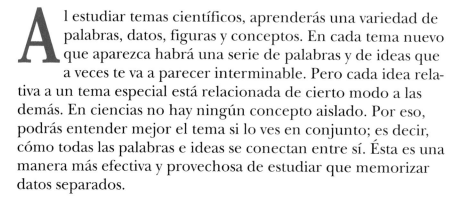

Al estudiar temas científicos, aprenderás una variedad de palabras, datos, figuras y conceptos. En cada tema nuevo que aparezca habrá una serie de palabras y de ideas que a veces te va a parecer interminable. Pero cada idea relativa a un tema especial está relacionada de cierto modo a las demás. En ciencias no hay ningún concepto aislado. Por eso, podrás entender mejor el tema si lo ves en conjunto; es decir, cómo todas las palabras e ideas se conectan entre sí. Ésta es una manera más efectiva y provechosa de estudiar que memorizar datos separados.

En realidad, este proceso debe serte familiar. Aunque no te des cuenta, analizas muchos de los elementos de la vida diaria, considerando sus relaciones o conexiones. Por ejemplo, al mirar un ramo de flores, lo puedes dividir en grupos: rosas, claveles y margaritas. Después, asocias colores con las flores: rojo, rosado y blanco. Las flores serían el tema general. El subtema, tipos de flores. Un tema tiene más sentido y se puede entender mejor si comprendes cómo se divide en ideas y cómo las ideas se relacionan entre sí y con el tema en su totalidad.

A veces es útil organizar la información visualmente para poder ver la correspondencia entre las cosas. Una de las técnicas usadas para organizar ideas relacionadas es el **mapa de conceptos**. En un mapa de conceptos, una palabra o frase recuadrada representa una idea. La conexión entre dos ideas se describe con una línea donde se escriben una o dos palabras que explican la conexión. El tema general aparece arriba de todo. El tema se divide en subtemas, o ideas más específicas, por medio de líneas. Los temas más específicos aparecen en la parte de abajo.

Para hacer un mapa de conceptos, considera primero las ideas o palabras claves más importantes de un capítulo o sección. No trates de incluir mucha información. Usa tu juicio para decidir qué es lo realmente importante. Escribe el tema general arriba

de tu mapa. Un ejemplo servirá para ilustrar el proceso. Decides que las palabras claves de una sección son Escuela, Seres vivos, Artes del lenguaje, Resta, Gramática, Matemáticas, Experimentos, Informes, Ciencia, Suma, Novelas. El tema general es Escuela. Escribe esta palabra en un recuadro arriba de todo.

ESCUELA

Ahora, elige los subtemas: Artes del lenguaje, Ciencia, Matemáticas. Piensa cómo se relacionan con el tema. Agrega estas palabras al mapa. Continúa así hasta que todas las ideas y las palabras importantes estén incluídas. Luego, usa líneas para marcar las conexiones apropiadas. No dejes de escribir en la línea de conexión una o dos palabras que expliquen la naturaleza de la conexión.

No te preocupes si debes rehacer tu mapa (tal vez muchas veces), antes de que se vean bien todas las conexiones importantes. Si, por ejemplo, escribes informes para Ciencia y para Artes del lenguaje, te puede convenir colocar estos dos temas uno al lado del otro para que las líneas no se superpongan.

Algo más que debes saber sobre los mapas de conceptos: pueden construirse de diversas maneras. Es decir, dos personas pueden hacer un mapa diferente de un mismo tema. ¡No existe un único mapa de conceptos! Aunque tu mapa no sea igual al de tus compañeros, va a estar bien si muestra claramente los conceptos más importantes y las relaciones que existen entre ellos. Tu mapa también estará bien si tú le encuentras sentido y te ayuda a entender lo que estás leyendo. Un mapa de conceptos debe ser tan claro que, aunque se borraran algunas palabras se pudieran volver a escribir fácilmente, siguiendo la lógica del mapa.

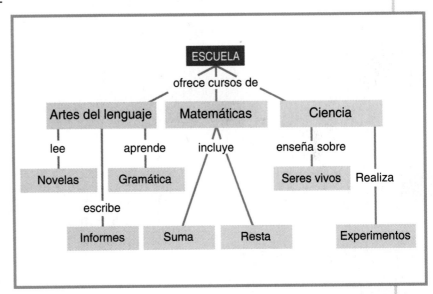

# EXPLORING
## THE UNIVERSE

The Trifid Nebula is a huge mass of glowing gas and stars. It contains many young stars that generate a great deal of heat and light. The red portions of the nebula are mainly glowing hydrogen gas. The blue regions contain mostly dust particles that reflect light from the stars in the nebula. ▶

A nearly full moon was photographed by the Apollo 13 astronauts. ▼

Set aglow by fiery stars deep within its core, the gases of the Trifid Nebula sweep out into the blackness of space. The wispy red and blue cloud balloons out to a size that is almost unimaginable. It could gobble up thousands and thousands of solar systems! But it is so far away from the Earth that people can enjoy its beauty without fearing it will engulf them.

Although this dazzling cloud of gas is about 5000 light-years, or 50,000 trillion kilometers, from the Earth, it is one of the Earth's neighbors in space. The mysterious object astronomers call the Trifid Nebula is part of the Earth's starry neighborhood, the Milky Way Galaxy. Equally mysterious, but closer to home, are the objects with which the Earth and its moon share the solar system: the sun, the

# CHAPTERS

planets and their moons, meteors, asteroids, and comets. In the pages that follow, you will explore these and other objects in space and perhaps begin to unravel some of their mysteries.

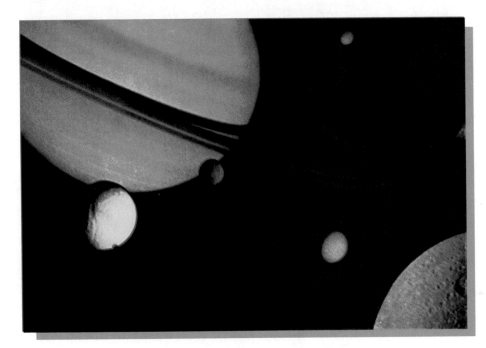

*The rings of Saturn and six of its many moons can be seen in this composite photograph.*

# Discovery *Activity*

## Colors of the Rainbow

Is white light really white? Find out for yourself.

1. Hold a prism in front of a sheet of white paper.

2. Shine a beam of white light through the prism onto the paper. What happens to the white light as it passes through the prism? How is this similar to a rainbow?

   ■ What do you think causes the colors of a rainbow?

   ■ What do you think would happen if you were to pass the beam of light through a second prism? Try it.

*La Nebulosa Trífide es una masa inmensa de gases y estrellas incandescentes. Contiene muchas estrellas jóvenes que producen enormes cantidades de calor y energía. Las partes rojas de la nebulosa son mayormente gas candente de hidrógeno. Las partes azules contiene sobre todo partículas de polvo que reflejan la luz de las estrellas de la nebulosa.*

*Una luna casi llena fue fotografiada por astronautas del Apollo 13.*

Encendidos por las estrellas ardientes en sus entrañas, los gases de la Nebulosa Trífide surgen por las tinieblas del espacio. Las tenues nubes rojas y azules se inflan hasta proporciones que parecen increíbles. ¡Puede tragarse miles tras miles de sistemas solares! Pero está tan lejos de la Tierra que podemos disfrutar de su belleza sin temor de que nos trague.

Aunque esta deslumbradora nube de gas está a unos 5000 años luz, o 50,000 billones de kilómetros, de la Tierra, es uno de nuestros vecinos en el espacio. El objeto misterioso que los astrónomos llaman la Nebulosa Trífide es parte del estrellado vecindario de la Tierra, la galaxia Vía Láctea. Igualmente misteriosos, pero más cerca de casa, son los objetos con los cuales la Tierra y su luna comparten el sistema solar: el sol,

los planetas y las lunas, meteoros, asteroides y
cometas. En las páginas siguientes, vas a explorar
estos y otros objetos en el espacio y quizás comen-
zarás a descifrar algunos de sus misterios.

*En esta fotografía
compuesta se pueden
observar los anillos
de Saturno y seis
de sus lunas.*

# Para averiguar *Actividad*

## *Los colores del arco iris*

¿Es blanca la luz blanca, en realidad? Averígualo por ti mismo.

1. Alza un prisma delante de una hoja de papel blanco.

2. Alumbra un haz de luz blanca a través del prisma y sobre la hoja. ¿Qué le
   pasa a la luz al atravesar el prisma? ¿Cómo se asemeja esto a un
   arco iris?

   ■ ¿Qué crees tú que produce los colores del arco iris?

   ■ ¿Qué crees que pasaría si pasaras la luz a través de un segundo prisma?
   Inténtalo.

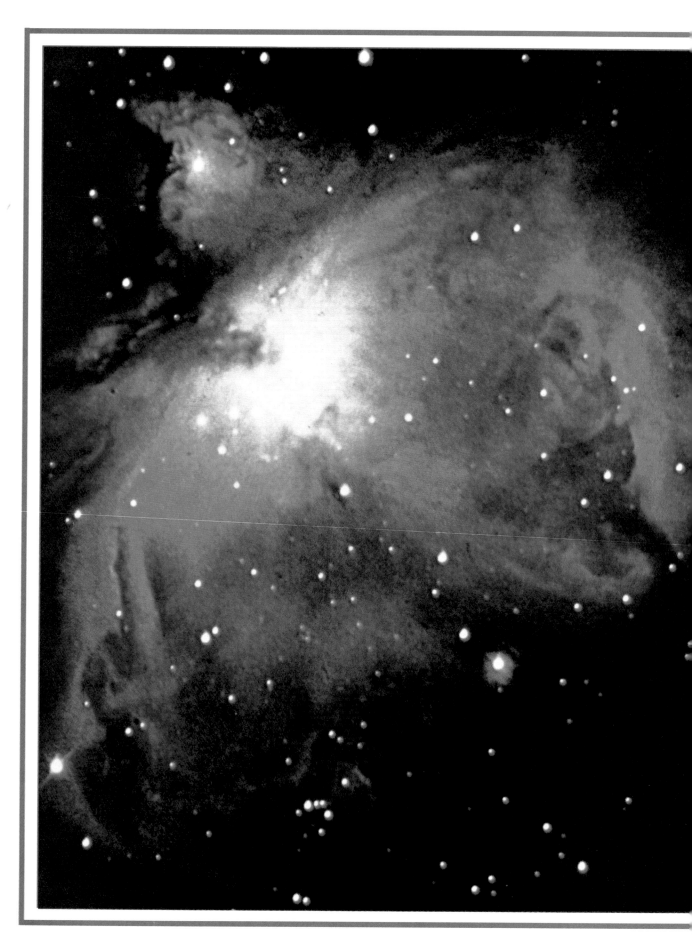

# Stars and Galaxies

## Guide for Reading

*After you read the following sections, you will be able to*

**1–1 A Trip Through the Universe**
- Describe the groups into which stars are classified.
- Describe the Milky Way galaxy.

**1–2 Formation of the Universe**
- Describe the big-bang theory and relate it to the formation of the universe.
- Explain how red shift is used to determine the movements of galaxies.

**1–3 Characteristics of Stars**
- Classify stars by size, mass, color, temperature, and brightness.

**1–4 A Special Star: Our Sun**
- Describe the four main layers of the sun.

**1–5 The Evolution of Stars**
- Describe the life cycles of stars.

Where does the sun fit into the universe? In 1914, American astronomer Harlow Shapley asked himself this question. Until then most astronomers believed that the sun was the center of the entire universe. Shapley, however, was not so sure.

Shapley began studying large groups, or clusters, of stars. He made a model showing where these clusters were located. Using his model, Shapley found that the clusters were grouped together in a gigantic sphere whose center was thousands of light-years from the sun. Shapley believed the center of this gigantic sphere was the real center of the universe. If so, our sun and nearby stars were actually near the edge of the universe!

Most of the stars that were known in Shapley's time were in a part of the sky called the Milky Way. The Greek name for the Milky Way is *galaxias kylos,* which means milky circle. So Shapley's universe came to be called the galaxy. Shapley believed that all the matter in the universe was located in this single galaxy. Outside the galaxy there was empty space.

But was Shapley right? Had he found the center of the universe? To shed some light on the answer, read on.

## Journal *Activity*

***You and Your World***  What would it be like to experience the wonders of outer space? In your journal, write a letter to NASA describing why you should be selected for the first trip to a distant star.

*Notice the bright stars shining amidst the glowing gas and dust of the Orion nebula.*

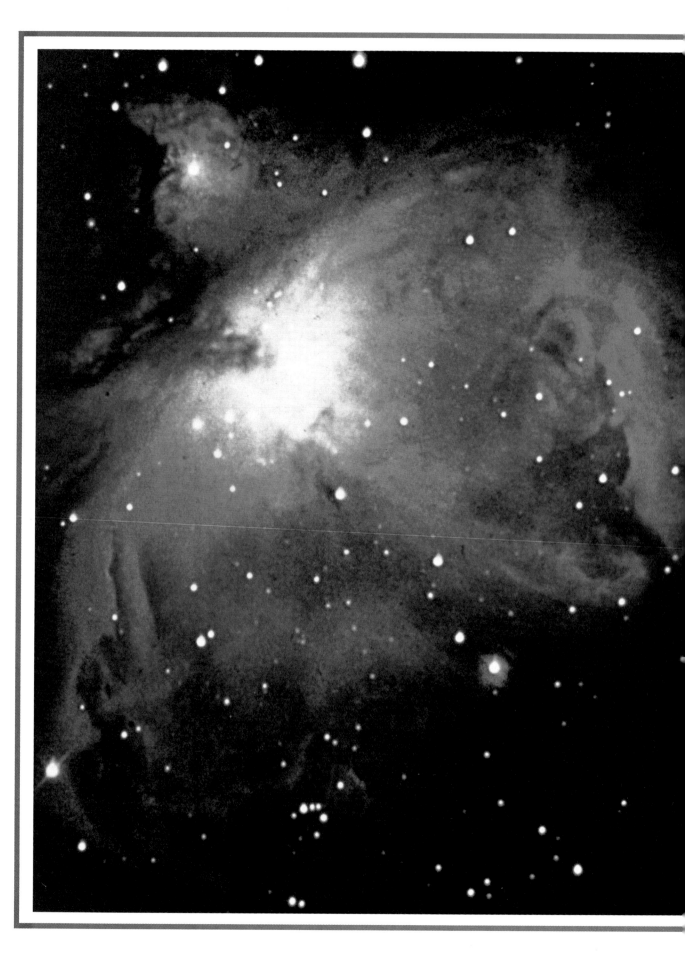

# *Estrellas* y *galaxias*

## Guía para la lectura

*Después de leer las secciones siguientes, vas a poder*

**1–1  Un viaje a través del universo**

- Describir los grupos en que se clasifican los astros.
- Describir la Vía Láctea.

**1–2  Formación del universo**

- Describir la teoría de la Gran Explosión y relacionarla a la formación del universo.
- Explicar cómo se usa la desviación roja para determinar los movimientos de las galaxias.

**1–3  Características de las estrellas**

- Clasificar estrellas por tamaño, masa, color, temperatura y brillo.

**1–4  Una estrella especial: nuestro sol**

- Describir las cuatro capas principales del sol.

**1–5  Evolución de las estrellas**

- Describir el ciclo de vida de las estrellas.

¿Dónde se encuentra el sol en el universo? En 1914 un astrónomo norteamericano, Harlow Shapley, se hizo esta pregunta. Hasta entonces los astrónomos creían que el sol era el centro de todo el universo. Shapley tenía sus dudas.

Se puso a estudiar grupos grandes de estrellas, llamados enjambres. Hizo un modelo mostrando el lugar de cada enjambre. El modelo mostró que se agrupaban en una esfera enorme, cuyo centro estaba a miles de años luz del sol. Shapley creía que el centro de esta vasta esfera era el verdadero centro del universo. De ser así, ¡el sol y los astros próximos estarían cerca de la orilla del universo!

Los astros conocidos en la época de Shapley se concentraban en una parte del firmamento, llamada la Vía Láctea. El nombre griego para la Vía Láctea es *galaxias kylos*, o círculo lechoso. Y el universo de Shapley llegó a llamarse la galaxia. Shapley creía que esta galaxia contenía toda la materia del universo. Fuera de la galaxia, estaba el vacío.

¿Tenía razón Shapley? ¿Había descubierto el centro del universo? Para aclarar la respuesta, sigue leyendo.

## Diario *Actividad*

***Tú y tu mundo*** ¿Cómo sería sentir las maravillas del espacio? Escribe en tu diario una carta a NASA describiendo por qué te deben escoger para el primer viaje a un astro distante.

 *Observa los astros luminosos entre el gas y polvo brillantes de la nebulosa Orión.*

## Guide for Reading

*Focus on these questions as you read.*

▶ *What are galaxies? What are the three main types of galaxies?*

▶ *What is the size and shape of the Milky Way galaxy?*

### ACTIVITY

**DISCOVERING**

*Using Star Charts*

**1.** Turn to the star chart appendices at the back of this textbook.

**2.** Take the star chart outside on a starry night. Make sure you hold the star chart in the proper position for the time and date you are observing.

**3.** Make a drawing of what you see.

**4.** Repeat this activity in about one month.

How many constellations can you find in your first drawing? In your second drawing?

■ Are there any other changes in your drawing? If so, how can you explain them?

# 1–1 A Trip Through the Universe

Look up at the stars on a clear moonless night. Hundreds, perhaps thousands, of stars fill the sky. Each of these twinkling lights is actually a sun—a huge sphere of hot, glowing gas. Many of these suns are much larger and brighter than our own sun. But even a person with extremely good eyesight can see only a tiny fraction of the stars in the entire universe. Telescopes, of course, reveal many more stars. Most of the stars are so far away, however, that they cannot be seen individually, even with the most powerful telescope. Fortunately, although astronomers are unable to locate most individual stars, they can detect huge groups of stars.

To better understand what astronomers have learned about the stars, you can begin with a quick journey through the known universe. Most scientists believe that nothing can travel faster than the speed of light, which is about 300,000 kilometers per second. That's fast, but not fast enough for your trip. For even at the speed of light a journey through the universe would take billions of years. So in the spaceship of your mind you will have to travel much faster, stopping only occasionally to view some of the wonders of space.

**Figure 1–1** *Only a small portion of the billions upon billions of stars in the universe are shown in this photograph.*

## Guía para la lectura

*Piensa en estas preguntas mientras lees.*

▶ *¿Qué es una galaxia? ¿Cuáles son los tres tipos principales de galaxias?*

▶ *¿Cuál es el tamaño y la forma de la Vía Láctea?*

# ACTIVIDAD

## PARA AVERIGUAR

*Usar el mapa de las estrellas*

**1.** Pasa al apéndice de mapas de estrellas al final del libro.

**2.** Sal de casa con el mapa de estrellas en una noche estrellada. Asegúrate de tenerlo en la posición apropiada para la hora y el día en que haces tus observaciones.

**3.** Haz un dibujo de lo que veas.

**4.** Repite esta actividad después de un mes.

¿Cuántas constelaciones puedes encontrar en tu primer dibujo? ¿En tu segundo dibujo?

■ ¿Hay otros cambios en tu dibujo? Si los hay, ¿cómo se explican?

# 1–1 Un viaje a través del universo

Mira las estrellas en una noche clara y sin luna. Cientos, acaso miles, de astros cubren el firmamento. Cada luz titilante es en realidad un sol—una gran esfera de gas caliente y luminoso. Muchos astros son mucho más grandes y brillantes que nuestro sol. Pero aun una persona con muy buena vista, ve sólo unas pocas de todas las estrellas.

Claro que los telescopios revelan muchas más. Sin embargo la mayoría están tan lejos que no se pueden ver individualmente, ni con el mejor telescopio. Pero aunque los astrónomos no pueden detectar una sola, sí pueden ver grupos enormes de estrellas.

Para comprender mejor lo que saben los astrónomos de las estrellas, puedes empezar con un veloz viaje por el universo conocido. Casi todos los científicos creen que nada puede viajar más rápido que la luz, o sea a unos 300,000 kilómetros por segundo. Eso es rápido, pero no lo suficiente para tu viaje. Aún a esta velocidad un viaje a través del universo tomaría miles de millones de años. En tu nave espacial imaginaria tendrás que viajar mucho más rápido, deteniéndote sólo de vez en cuando, para contemplar algunas de las maravillas del firmamento.

**Figura 1–1** *Sólo una pequeña porción de los billones de billones de astros del universo se ven en esta fotografía.*

## Multiple-Star Systems

You begin your trip by heading directly toward the star closest to the sun, Alpha Centauri. Although it is "close" by space standards, Alpha Centauri is still about 4.3 light-years from Earth.

Because our sun is a single-star system, astronomers believed for many years that most stars form individual star systems. For example, Alpha Centauri, when viewed from Earth, appears as a single speck in the sky. As you approach Alpha Centauri, however, you quickly discover that early astronomers were wrong. Alpha Centauri is not a single star at all, but three stars that make up a triple-star system! So Alpha Centauri is a multiple-star system. In fact, only one of the stars, called Proximi Centauri, is actually the closest to Earth.

As you continue your journey, you begin to realize that Alpha Centauri is not unusual. You discover that about half the stars in the sky have at least one companion star. Most of these stars are double-star systems in which two stars revolve around each other. Double-star systems are called **binary stars** (the prefix *bi-* means two). See Figure 1–2.

Thousands of years ago Arab shepherds discovered that about every three days a certain bright star suddenly became dim and disappeared, only to brighten again. In fear of this strange star, they

Figure 1–2 *This photograph shows Sirius, the Dog Star, and its small binary companion star. What are binary stars?*

Figure 1–3 *Algol is a binary star system. Each time the large dark star passes between the bright star and Earth, the bright star appears to dim and disappear. When does it reappear?*

# Sistemas de estrellas múltiples

Emprendes tu viaje dirigiendo tu nave hacia la estrella más cercana al sol, Alfa Centauro. Aunque en el espacio está "cerca," queda a unos 4.3 años luz de la Tierra.

Nuestro sol es un sistema de una sola estrella. Y por muchos años se pensó que en general las estrellas forman sistemas de una sola estrella. Así, Alfa Centauro, vista desde la Tierra, parece un puntito en el espacio. Pero al acercarte a Alfa Centauro pronto ves que los primeros astrónomos no tenían razón. Alfa Centauro no es una, sino tres estrellas. ¡Es un sistema estelar múltiple, trinario! De hecho sólo una de las tres, Proxima Centauro, es la estrella más cercana a la Tierra.

Continúas tu viaje y te vas dando cuenta de que Alfa Centauro no es la excepción. Descubres que la mitad de los astros están acompañados. La mayoría son sistemas de estrellas dobles, que giran una alrededor de la otra. Estos sistemas se llaman **estrellas binarias** (el prefijo *bi-* significa dos). Mira la figura 1–2.

Hace miles de años pastores árabes notaron que más o menos cada tres días cierta estrella brillante de repente se opacaba y desaparecía, sólo para volver a brillar. Temerosos de la estrella rara, la llamaron Algol,

**Figura 1–2** *Esta fotografía muestra Sirio y su pequeña estrella binaria compañera. ¿Qué son las estrellas binarias?*

**Figura 1–3** *Algol es un sistema de estrellas binarias. Cuando la estrella grande y oscura pasa entre la estrella brillante y la Tierra, la estrella brillante parece opacarse y desaparecer. ¿Cuándo reaparece?*

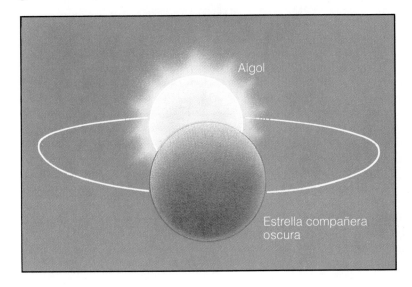

Algol

Estrella compañera oscura

named it Algol, the "ghoul." Since your journey steers you by Algol, you will be able to discover the reason for Algol's winking on and off. Algol is a binary-star system. One of Algol's stars is a small, bright-blue star. It is visible from Earth. The other star is a large, dim, yellow star. It is not visible from Earth, so the Arabs could not have known of its existence. About every three days the large star passes between the smaller star and Earth, blocking off some of the smaller star's light. So every three days the smaller star appears to disappear. Can you explain why it reappears again?

## Constellations: Star Groups That Form Patterns

From Algol you can continue your journey in any direction. One path may take you past the Dog Star—Sirius—which is more than 8 light-years from Earth. Another path may take you to the North Star—Polaris—more than 400 light-years from Earth. Polaris has long been an important star to navigators at sea because they knew if they steered toward Polaris they were heading north.

**Figure 1–4** *These are some of the constellations you can see in the night sky. What do the pointer stars point to?*

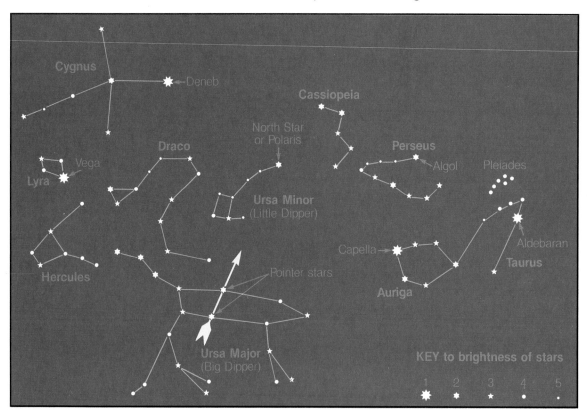

*Diseña una constelación*

Sal de casa en una noche estrellada y dibuja una de las estrellas que se ven en tu área.

Usa tu dibujo para diseñar una nueva constelación. Puede basarse en un animal mitológico o en algo de nuestra época.

o "demonio." Como tu ruta pasa por Algol, puedes ver por qué titila. Algol es un sistema estelar binario. Una estrella es pequeña, azul claro, y se ve desde la Tierra. La otra es una estrella amarilla grande de luz débil, que no se ve desde la Tierra. Y por eso los árabes no podían saber que existía. Más o menos cada tres días la estrella grande pasa entre la Tierra y la más pequeña, obstruyendo parte de su luz. Por eso cada tres días la estrella pequeña parece que desaparece. ¿Podrías explicar por qué vuelve a aparecer?

## Las constelaciones: grupos de estrellas que forman patrones

De Algol puedes proseguir en cualquier dirección. Un camino pasa por Sirio, que está a más de 8 años luz de la Tierra. Otro conduce a la Estrella del Norte, o Polar, a más de 400 años luz de la Tierra. Siempre fue un astro importante para los navegantes en alta mar, porque sabían que si la seguían iban hacia el norte.

**Figura 1–4** *Éstas son algunas de las constelaciones que se puede ver en el firmamento. ¿Qué señalan las estrellas señaladoras?*

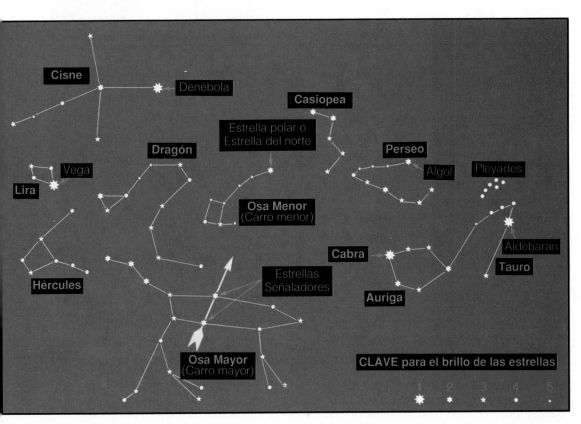

Polaris is at the end of the handle of a group of stars called the Little Dipper. The Little Dipper, in turn, makes up the **constellation** of stars called Ursa Minor, or the Little Bear. Constellations are groups of stars in which people at one time thought they saw imaginary figures of animals or people. See Figure 1–4.

One of the best-known constellations is the Big Bear, or Ursa Major. The seven stars in the back end and tail of the Big Bear form the Big Dipper, which can be easily seen in the northern sky. Two bright stars in the cup of the Big Dipper are known as the pointer stars because they point toward Polaris.

On clear winter nights, you can see the large constellation Orion, the Hunter. There are two bright stars in this constellation: Betelgeuse (BEET-uhl-jooz) and Rigel (RIGH-juhl). Nearby are other constellations: Gemini, Canis Major, or the Big Dog, and Canis Minor, or the Little Dog. Some of the summer constellations that are easy to recognize are Scorpius, Leo, and Virgo. What constellations do you know?

## Novas

No time to dally with the constellations, as there is much more to see. The Little Dipper fades into the distance as you steer your ship toward a web of glowing stars. Then, without any warning, a tiny star seems to explode in a burst of light. You are fortunate indeed. For you have witnessed a rare event in space—you have seen a **nova.**

A nova is a star that suddenly increases in brightness up to 100 times in just a few hours or days. Soon after it brightens, the nova slowly begins to grow dim again. Astronomers believe that almost all novas are members of binary-star systems. Gases from the companion star in the system occasionally strike the surface of the nova star. When this happens, a nuclear explosion results, and heat, light, and gases burst into space. See Figure 1–5.

**Figure 1–5** *In 1935, a star in the constellation Hercules erupted in a rare nova. A month later the same star, shown by the arrows, had returned to normal.*

La Estrella Polar está en la punta de un grupo de estrellas llamado la Osa menor. La Osa menor, a su vez, compone la **constelación** llamada Ursa u Osa menor. Las constelaciones son grupos de estrellas en que se creía ver figuras imaginarias de animales o personas. Mira la figura 1–4.

Una constelación famosa es la Osa mayor. Las siete estrellas en la espalda y cola del "oso" se ven fácilmente en el cielo del norte. Dos astros brillantes en la Osa mayor se conocen como las estrellas señaladoras, porque señalan hacia la estrella Polar.

En noches invernales despejadas, se ve la gran constelación de Orión, el Cazador. Tiene dos estrellas brillantes: Betelgeuze y Rigel. Cerca hay otras constelaciones: Géminis, Canis Mayor, o el Can Mayor, y Canis Menor, o el Can Menor. Algunas constelaciones del verano fáciles de reconocer son Escorpión, Leo y Virgo. ¿Qué constelaciones conoces tú?

## Novas

No hay tiempo que perder, ya que queda mucho por ver. La Osa Menor se desvanece en la lejanía cuando guías tu nave hacia una red de estrellas luminosas. De repente un astro diminuto parece explotar en un estallido de luz. ¡Pero qué suerte! Acabas de presenciar un acontecimiento raro. Has visto una **nova.**

Es un astro que repentinamente, en pocas horas o días, se vuelve hasta 100 veces más brillante. Luego, poco a poco, vuelve a su brillo normal. Los astrónomos creen que casi todas las novas pertenecen a sistemas binarios. Los gases del astro compañero de vez en cuando chocan con la superficie de la nova. Cuando esto pasa, hay una explosión nuclear y calor, luz y gases estallan en el espacio. Mira la figura 1–5.

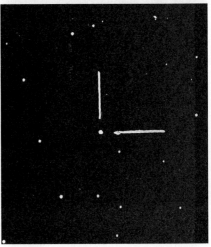

**Figura 1–5** *En 1935 un astro de la constelación Hércules irrumpió en una nova rara. Un mes después, este astro, señalado aquí por dos flechas, había vuelto a su estado normal.*

**Figure 1–6** *The Pleiades is an open cluster of stars (right). The Hercules cluster of stars is globular (left).*

## Star Clusters

When the light from the nova finally fades, you are able again to pay close attention to the mass of stars you are approaching. When you do, you notice that although there are stars almost everywhere you can see, a great many stars seem to be grouped in huge clusters.

There are two types of star clusters. See Figure 1–6. Open clusters such as the Pleiades are not well organized and contain hundreds of stars. Globular clusters, which are more common, are arranged in a spherical, or round, shape. Globular clusters, such as the cluster in the constellation Hercules, contain more than 100,000 stars.

Star clusters appear to the unaided eye on Earth as one star or as a faint, white cloud. Why do you think that you cannot see the individual stars in a cluster?

## Nebulae

Once you have passed what seems like a thousand or more globular clusters, you begin to notice that the number of stars is thinning. You are rapidly approaching an area of space that seems empty. But before you get there, it is time to put on a special pair of glasses. Up until now you have seen with your eyes alone, so you have been limited to seeing only the visible light rays your eyes can detect. The special glasses will allow you to see all the different kinds of rays stars can give off.

A_CTIVITY

**DOING**

*Tube Constellations*

**1.** Obtain a thick cardboard tube, such as a mailing tube, a flashlight, a straight pin, tape, and black construction paper.

**2.** With the pin, punch out a constellation on the black construction paper. Use Figure 1–4 as a guide. *Hint:* You may want to use different size pins to show stars of different brightness.

**3.** Tape the construction paper over one end of the tube.

**4.** Insert a flashlight into the opposite end of the tube and project the constellation onto a flat, dark surface. Challenge your classmates to identify your tube constellations.

**Figura 1–6** *Las Pléyades es un cúmulo de estrellas abierto (derecha). El cúmulo Hércules es globular (izquierda).*

## Cúmulos de estrellas

Cuando por fin se desvanece la luz de la nova, puedes concentrarte otra vez en los cúmulos de estrellas que ves ante ti. Entonces notas que aunque hay estrellas por todas partes, muchas se agrupan en cúmulos enormes.

Hay dos clases de cúmulos. Mira la figura 1–6. Los cúmulos abiertos, como Pléyades, contienen cientos de astros, no muy ordenados. Los cúmulos globulares, más comunes, tienen una forma esférica, o redonda. Estos, por ejemplo el de la constelación Hércules, contienen más de 100,000 estrellas.

A simple vista, desde la Tierra, los cúmulos parecen una estrella o una tenue nube blanca. ¿Por qué crees que no se pueden ver los astros individuales de los cúmulos?

## Nebulosas

Al pasar lo que parece ser mil o más cúmulos globulares, te das cuenta que el número de estrellas disminuye. Rápidamente te acercas a una zona que, parece vacía. Pero, antes de alcanzarla, debes ponerte, gafas especiales. Hasta ahora has observado todo a simple vista, y has podido ver sólo los rayos de luz visibles con los ojos. Las gafas especiales te dejarán ver todas las clases de rayos que emiten los astros.

**Figure 1–7** *Most stars are born in the gas and dust that make up a nebula. The photographs show the Red Nebula (right) and the Tarantula Nebula (left).*

You are completely unprepared for the spectacle that awaits you when you put on your glasses. To your left you notice a mass of brilliant stars that shine mainly with X-rays. Ahead you see stars beaming ultraviolet light at you. Strangely enough, almost all the stars seem to be giving off some radio waves as well. You wonder briefly why you have never heard the stars on your radio. Then you remember that astronomers do just that when they "listen" to the sky with radio telescopes.

Of all the views your glasses give you, there is one that seems most exciting. Now that you can see infrared rays—or heat rays—an entirely new universe is revealed. And nothing could be more spectacular than the huge clouds of dust and gas you see glowing between the stars. Each massive cloud, probably the birthplace of new stars, is called a **nebula.** See Figure 1–7.

## Galaxies

You began this chapter by learning how astronomer Harlow Shapley believed the entire universe could be found in one huge **galaxy,** the Milky Way. In 1755, long before Shapley was born, the German philosopher-scientist Immanuel Kant suggested a different theory. Kant believed that the sun was part of a vast galaxy, but that there were other "island universes," or galaxies, scattered throughout space as well.

Your ship has finally reached the area of space that seemed empty before. You are about to leave the Milky Way galaxy. Was Shapley right—will there

### ACTIVITY
### READING

*Psychohistory*

Interested in societies of the future when people have moved to distant planets? Want to know how science and history can be combined into a single subject that can be used to rule the universe? If so, then you are guaranteed to enjoy the *Foundation Series* by Isaac Asimov.

**Figura 1–7** *La mayoría de los astros nacen en el gas y polvo de una nebulosa. Estas fotografías muestran la Nebulosa Roja (derecha) y la Nebulosa Tarántula (izquierda).*

No tenías ninguna idea del espectáculo que surgiría al ponerte las gafas. A tu izquierda, una masa de estrellas luminosas que brillan mayormente con rayos X. Adelante, estrellas de luz ultravioleta. Es curioso. Mas casi ves todos los astros también parecen emitir ondas radiales. De momento te preguntas por-que nunca has oído los astros por la radio. Pero recuerda que eso es lo que hacen los astrónomos cuando "escuchan" el cielo con radiotelescopios.

De todas las vistas que te ofrecen tus gafas, hay una más emocionante. Ahora que puedes ver rayos infrarrojos, o rayos de calor, aparece otro universo. Y nada más espectacular que las inmensas nubes de polvo y gases que brillan entre los astros. Estas imponentes nubes, probablemente cuna de nuevas estrellas, se llaman **nebulosas**. Mira la figura 1–7.

## Galaxias

Aprendiste al principio del capítulo que el astro-nómo Harlow Shapley creía que todo el universo se encontraba en una enorme **galaxia**, la Vía Láctea. En 1775, mucho antes de nacer Shapley, el filósofo-científico alemán Emanuel Kant propuso otra teoría. Kant creía que el sol pertenecía a una galaxia inmensa, pero que había además otros "uni-versos islas," o galaxias, dispersos por el firmamento.

Tu nave por fin alcanza la zona que antes parecía estar vacía. Estás a punto de salir de la Vía Láctea. ¿Tenía razón Shapley? ¿No habrá más que el vacío

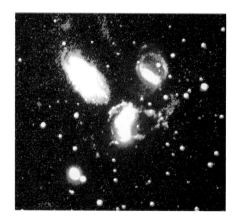

**Figure 1–8** *Each galaxy in this cluster of galaxies might hold several trillion or more stars. Astronomers believe there may be over 100 billion galaxies in the universe.*

**Figure 1–9** *Three different spiral galaxies are shown in these photographs. What is the major feature of a spiral galaxy?*

be nothing but empty space from here on? Or was Kant correct and will there be countless more worlds to visit? Seconds later the answer is clear. Before you, stretching out in every direction, thousands and thousands of galaxies shine in an awesome display of size and power. Even though the Milky Way is so large that it would take light more than 100,000 years to travel from one end to another, it is but one tiny galaxy in a sea of galaxies. **Galaxies, which contain various star groups, are the major features of the universe.** In fact, astronomers now believe there may be more than 100 billion major galaxies, each with billions of stars of its own! See Figure 1–8.

You cannot visit more than a handful of galaxies on your journey, but it really doesn't matter. For you quickly find that most galaxies fit one of three types. Many galaxies are **spiral galaxies.** See Figure 1–9. Spiral galaxies, such as Andromeda, which is 2 million light-years from Earth, are shaped like pinwheels. They have huge spiral arms that seem to reach out into space, ready to grab passing visitors that stray too close. The Milky Way, in which planet Earth is located, is another example of a spiral galaxy.

Galaxies that vary in shape from nearly spherical to flat disks are called **elliptical galaxies.** These galaxies contain very little dust and gas. The stars in elliptical galaxies are generally older than those in

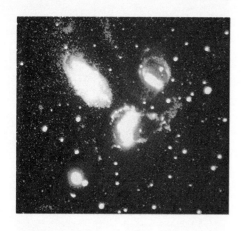

**Figura 1–8** *Cada galaxia en este grupo de galaxias puede contener varios billones o más de estrellas. Los astrónomos creen que habrá más de 100 mil millones de galaxias en el Universo.*

**Figura 1–9** *Estas fotografías muestran tres galaxias espirales. ¿Cuáles son las características fundamentales de una galaxia espiral?*

de aquí en adelante? ¿ O tenía razón Kant, y podría haber muchos más mundos que visitar? Pronto se ve la respuesta. Ante ti, por todas partes, brillan miles y miles de galaxias en un vislumbrante despliegue de grandeza y poder. Aunque la Vía Láctea es tan grande que la luz tomaría más de 100,000 años para atravesarla, es sólo una galaxia minúscula en un mar de galaxias. **Las galaxias, que comprenden varios grupos de astros, son el rasgo fundamental del universo.** De hecho, hoy se cree que puede haber más de 100 mil millones de galaxias mayores, ¡y cada una con miles de millones de astros! Mira la figura 1–8.

Podrás visitar sólo un puñado de galaxias, pero no importa. Pues pronto ves que la mayoría pertenece a una de tres categorías. Muchas son **galaxias espirales**. Mira la figura 1–9. Estas galaxias, como Andrómeda, a dos millones de años luz de la Tierra, tienen forma de molinillos de viento con enormes brazos espirales que parecen alargarse, prestos a atrapar a cualquier pasajero que se arrime demasiado. La Vía Láctea, en que está la Tierra, es otro ejemplo de una galaxia espiral.

Las **galaxias elípticas** varían en forma, desde casi esféricas hasta discos planos. Contienen poco polvo y gas. Sus astros generalmente son más viejos que los

other types of galaxies. This should not be surprising, since you learned that stars are born in huge clouds of gas and dust (nebula), which are rare in elliptical galaxies.

The third type of galaxy does not have the orderly shape of either the elliptical or spiral galaxies. These galaxies are called irregular galaxies. Irregular galaxies have no definite shape. The Large and Small Magellanic Clouds are irregular galaxies. They are the closest galaxies to the Milky Way. Several hundred irregular galaxies have been observed by astronomers, but they are much less common than spiral or elliptical galaxies.

## The Milky Way Galaxy

It is almost time for our journey to end. You have traveled in a huge circle. In the distance you see the familiar spiral shape of your own galaxy, the Milky Way. In your mind, at least, you are the first person to observe the Milky Way from outside the galaxy. From this distance you can see that the Milky Way is a huge pinwheel-shaped disk with a bulge in the center. See Figure 1–11.

Most of the older stars in the Milky Way are found near the nucleus, or center, of the galaxy. The stars there are crowded together thousands of times more densely than in the spiral arms. This nucleus,

**Figure 1–10** *Elliptical galaxies, such as the giant M87 galaxy, are oval-shaped and do not contain spiral arms (top). Irregular galaxies have no definite shape (bottom).*

**Figure 1–11** *From the side, the Milky Way appears to be a narrow disk with a bulge in the center. Seen from the front, the galaxy reveals its spiral structure.*

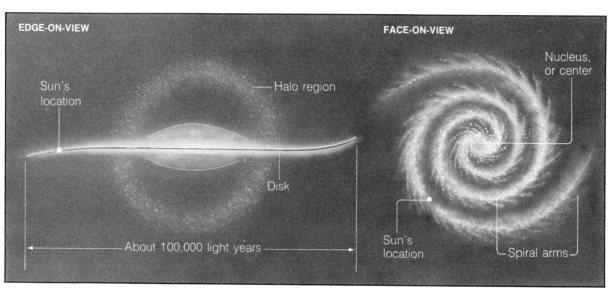

EDGE-ON-VIEW

FACE-ON-VIEW

Nucleus, or center

Sun's location

Halo region

Disk

About 100,000 light years

Sun's location

Spiral arms

de otros tipos de galaxias. Esto no debe resultar sorprendente. Recuerda que los astros nacen en enormes nubes de gases y polvo (nebulosas) que son raras en galaxias elípticas.

El tercer tipo de galaxia no tiene la forma ordenada de las elípticas o de las espirales. Son las galaxias irregulares. Carecen de forma definida. Las nubes mayor y menor de Magallanes son galaxias irregulares. Éstas son las galaxias más próximas a la Vía Láctea. Los astrónomos han observado varias centenas de galaxias irregulares, pero son mucho menos comunes que las galaxias espirales y elípticas.

## La galaxia de la Vía Láctea

Ya se acerca el final de nuestro viaje. Has viajado en un enorme círculo. A lo lejos ves la conocida forma espiral de tu galaxia, la Vía Láctea. Por lo menos en tu mente eres el primero en observar la Vía Láctea desde fuera de la galaxia. A esta distancia parece un enorme disco con la forma de un molinillo de viento. Su centro parece abultarse. Mira la figura 1–11.

La mayoría de los astros más antiguos de la Vía Láctea están cerca del núcleo, o centro, de la galaxia. Allí las estrellas están miles de veces más apretadas que en los brazos espirales. Este núcleo, a través de

**Figura 1–10** *Las galaxias elípticas, tales como la enorme galaxia M87, tienen una forma ovalada y carecen de brazos espirales (arriba). Las galaxias irregulares no tienen forma precisa (abajo).*

**Figura 1–11** *Vista de lado, la Vía Láctea parece un disco angosto con una protuberancia en el centro. Vista de frente, revela su estructura en forma de espiral.*

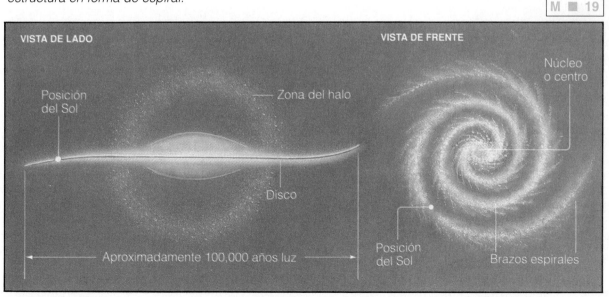

VISTA DE LADO

VISTA DE FRENTE

Núcleo o centro

Posición del Sol

Zona del halo

Disco

Aproximadamente 100,000 años luz

Posición del Sol

Brazos espirales

almost 20,000 light-years across, is hidden from our view on Earth by thick clouds of hot dust and gases.

Scientists estimate the Milky Way to be about 100,000 light-years in diameter and about 15,000 light-years thick. So even at the speed of light, it would take 100,000 years to travel across the Milky Way! If you could spot the light from Earth's sun, shining among the 100 billion stars in the Milky Way, you would notice that the sun is located in one of the pinwheel's spiral arms, almost 30,000 light-years from the central bulge. Earth's sun, along with many of the stars in the spiral arms, is among the younger stars in the Milky Way.

As you approach the Milky Way from above, you notice that all its many stars are rotating counter-clockwise about its center. In fact, scientists estimate that it takes our sun and its planets about 200 million years to rotate once about the center of the galaxy.

Well, your trip was an exciting one, but it is time to come back to Earth. You have traveled unimaginable distances in your mind and returned safely. Now it is time to look into how the extraordinarily beautiful and majestic universe formed. For the remainder of your study of stars and galaxies, you will have to travel through the pages of this textbook. But don't worry—it won't be any more dangerous than your trip through the universe.

**Figure 1–12** *This edge-on-view of the Milky Way was made by plotting the locations of over 7000 known stars. Where is the sun located in the Milky Way?*

casi 20,000 años luz, no se ve desde la Tierra por las gruesas nubes de gases y polvo calientes.

Los científicos calculan que la Vía Láctea tiene un diámetro de unos 100,000 años luz y un grosor de unos 15,000 años luz. Aun a la velocidad de la luz, ¡tomaría 100,000 años atravesarla! Si pudieras ver la luz del sol, reluciendo entre 100 mil millones de astros, observarías que el sol está en uno de los brazos espirales de la Vía Láctea, a casi 30,000 años luz de la prominencia del centro. El sol, y muchos astros en los brazos espirales, se cuentan entre los astros jóvenes de la Vía Láctea.

Al acercarte a la Vía Láctea desde arriba, notas que las estrellas giran alrededor de su centro en sentido contrario a las agujas del reloj. De hecho, se calcula que el sol y los planetas toman unos 200 millones de años para darle una vuelta al centro.

Bueno, tu viaje fue emocionante, pero ya es hora de regresar. En tu mente has cruzado distancias inconcebibles y has regresado a salvo. Ahora debes investigar cómo se formó el extraordinariamente hermoso y majestuoso universo. En lo que queda de tu estudio de los astros y galaxias, tendrás que viajar por las páginas de este libro. ¡Pero no te preocupes! No será más peligroso que tu viaje por el universo.

**Figura 1–12** *Esta vista lateral de la Vía Láctea se hizo ubicando las posiciones de más de 7000 astros conocidos. ¿Dónde se encuentra el Sol en la Vía Láctea?*

# CONNECTIONS

## Signs of the Zodiac

About 2000 years ago, astronomers wondered what the sky would look like if the stars could be seen during the day. Based on their observations of the night sky, some astronomers determined that during the daytime the sun would appear to move across the sky, entering a different constellation each month. These twelve constellations, one per month, came to be called the *zodiac*. Each constellation was called a sign of the zodiac. Many ancient people believed that the month a person was born in, and hence that person's sign, influenced the person's behavior, emotions, and even his or her fate. Even today, thousands of years later, some people still believe in the powers of the zodiac and read their horoscope daily. Most people read their horoscope for fun, however, not because they believe it to be true.

The illustration shows the original symbols for the twelve signs of the zodiac and the constellation each sign relates to. Many of these symbols may be familiar to you, as they are commonly used in jewelry. Under what sign were you born? Do you know how your emotions are supposed to be affected by your sign?

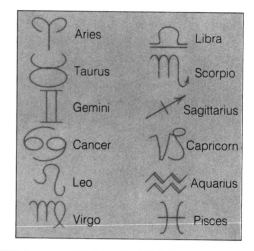

| | | | |
|---|---|---|---|
| ♈ | Aries | ♎ | Libra |
| ♉ | Taurus | ♏ | Scorpio |
| ♊ | Gemini | ♐ | Sagittarius |
| ♋ | Cancer | ♑ | Capricorn |
| ♌ | Leo | ♒ | Aquarius |
| ♍ | Virgo | ♓ | Pisces |

## 1–1 Section Review

1. Why are galaxies considered the major features of the universe?
2. Name and describe the three main types of galaxies.
3. Many binary stars are called eclipsing binaries. Explain why this term is appropriate. (*Hint:* Think about Algol when you answer this question.)

**Connections—*Science and Technology***

4. How has our ability to detect "invisible" forms of light contributed to our knowledge of the universe?

# CONEXIONES

## Los signos del zodíaco

Hace unos 2000 años, los astrónomos se preguntaron cómo sería el cielo si las estrellas se vieran de día. Basándose en observaciones del cielo nocturno, algunos concluyeron que de día el sol parecería atravesar por el cielo, entrando en una nueva constelación cada mes. Las doce constelaciones (una por cada mes) se llamaron el zodíaco y se identificó cada una con un signo del *zodíaco*. Mucha gente antigua creía que el mes—y su signo—en que nacía una persona influía en su conducta, sentimientos y hasta en su destino. Aun hoy, miles de años después, hay gente que cree en el poder del zodíaco, y lee su horóscopo todos los días. La mayoría, sin embargo, lo hace por diversión, no porque crean en él.

La ilustración muestra los símbolos originales de los signos del zodíaco y las constelaciones correspondientes. Quizás conoces los símbolos, ya que se usan mucho en las joyas. ¿Bajo qué signo naciste tú?¿Sabes cómo se supone que tu signo influya en tus sentimientos?

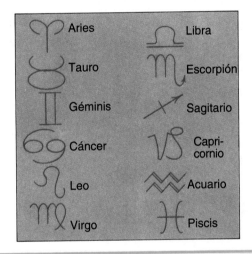

Aries · Libra
Tauro · Escorpión
Géminis · Sagitario
Cáncer · Capricornio
Leo · Acuario
Virgo · Piscis

## 1–1 Repaso de la sección

1. ¿Por qué se consideran las galaxias como el rasgo fundamental del universo?
2. Nombra y describe los tres tipos principales de galaxias.
3. Muchas estrellas binarias se llaman binarias eclipsadas. Explica por qué se les dió este nombre. (*Pista:* Piensa en Algol.)

**Conexiones—*Ciencia y tecnología***

4. ¿Cómo contribuye la capacidad de detectar formas "invisibles" de luz a nuestro conocimiento del universo?

## Guide for Reading

*Focus on these questions as you read.*

▶ How does a spectroscope provide information about distant stars?

▶ According to the big-bang theory, how did the universe form?

# 1-2 Formation of the Universe

Astronomers use various telescopes to study stars. Optical telescopes detect visible light from stars. Radio telescopes detect radio waves emitted by stars. X-ray telescopes detect X-rays; ultraviolet telescopes detect ultraviolet rays. Finally, infrared telescopes examine infrared radiation from stars. Since stars give off some or all of these types of rays, telescopes are important tools for the astronomer.

Telescopes, however, are not the only tools of astronomers. An equally important tool is the **spectroscope.** Although visible light from stars appears white to your eyes, the light given off by stars usually contains a mixture of several different colors, all of which combine to make white light. A spectroscope can break up the light from a distant star into its characteristic colors. See Figure 1-14.

When light enters a spectroscope, the light is first focused into a beam by a lens. The beam of light then passes through a prism. A prism separates light into its different colors. (If you have a prism, you can prove this for yourself.) The band of colors formed when light passes through a prism is called

**Figure 1-13** *Telescopes have been developed to detect the many types of light stars emit—both visible and invisible. The photograph of the Andromeda Galaxy was taken using an infrared telescope (right). The image of the galaxy called Centaurus A was taken with a radio telescope (top left). Parts of the constellation Sagittarius are seen in this X-ray photograph (bottom left).*

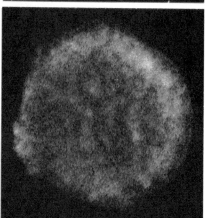

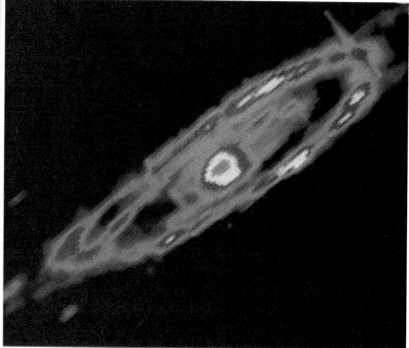

# 1–2 Formación del universo

Los astrónomos estudian los astros con varios telescopios. Detectan su luz visible con telescopios ópticos. El radiotelescopio detecta sus ondas de radio. El de rayos-X capta rayos-X y el de rayos ultravioleta la radiación ultravioleta. El de rayos infrarrojos examina la radiación infrarroja. Como los astros emiten algunos, o todos de estos rayos, los telescopios son herramientas claves para el astrónomo.

Pero los telescopios no son sus únicas herramientas. De igual importancia es el **espectroscopio**. Aunque a simple vista la luz visible de los astros parece blanca, su luz usualmente contiene varios colores, que en conjunto producen la luz blanca. El espectroscopio separa la luz de un astro lejano en sus colores característicos. Mira la figura 1–14.

Cuando la luz llega a un espectroscopio un lente la enfoca en un rayo que luego pasa por un prisma. El prisma separa la luz en sus diversos colores. (Si tienes un prisma, puedes comprobarlo.) La banda de colores que se forma al pasar la luz por un prisma se

**Figura 1–13** *Se han diseñado telescopios para detectar los muchos tipos de luz que emiten los astros—visible e invisible. La fotografía de la Galaxia Andrómeda usando un telescopio para luz infrarroja (derecha). La imagen de la galaxia Centauro A se tomó con un radiotelescopio (izquierda arriba). Se ve parte de la constelación Sagitario en esta fotografía de rayos X (izquierda abajo).*

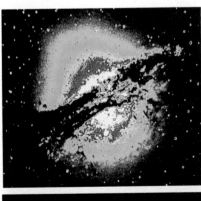

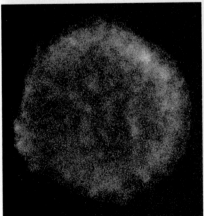

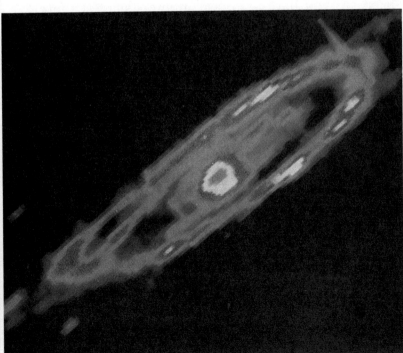

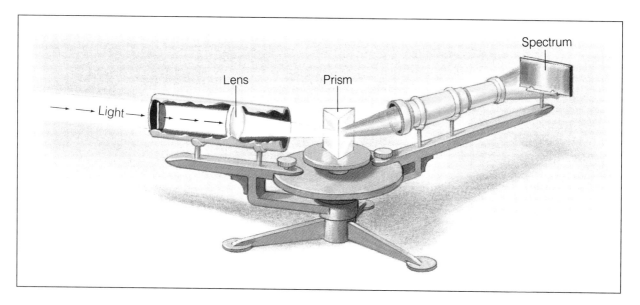

a **spectrum.** The kind of spectrum produced by the light from a star tells astronomers a lot about that star.

Figure 1–14 *In a spectroscope, light passes through a prism and is broken into a band of colors called a spectrum.*

## Stars on the Move

Every single object in the universe is on the move. The moon, for example, moves around the Earth. The Earth, in turn, travels around the sun. The sun moves about the center of the Milky Way galaxy. As you have read, astronomers suggest there may be as many as 100 billion major galaxies. And like the other objects in space, each and every galaxy is on the move. By using a spectroscope, astronomers can determine whether a particular galaxy is moving toward the Earth or away from the Earth.

## The Red Shift

Drop a stone into a pool of water and you will see water waves traveling away from the stone in all directions. The distance from the top of one wave (crest) to the top of the next wave is called the wavelength.

Light from stars travels to Earth as light waves. You have read that a spectroscope breaks up light into a spectrum. This happens because each color of light has a different wavelength. When light strikes the prism in a spectroscope, the prism bends the

ctivity Bank

All the Colors of the Rainbow, p.146

Figure 1–15 *Despite the vastness of space, galaxies do collide on occasion, as demonstrated by this rare photograph of two galaxies colliding. Such collisions may last many millions of years.*

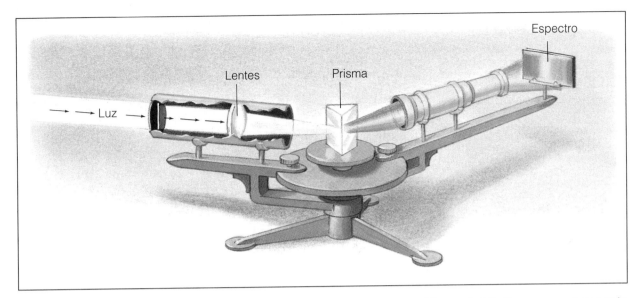

**Figura 1–14** *En un espectroscopio, la luz atraviesa un prisma y se separa en una banda de colores que se llama un espectro.*

llama un **espectro**. La clase de espectro que forma la luz de un astro les dice mucho a los astrónomos del astro.

## Las estrellas en marcha

Todos los objetos del universo están en movimiento. La luna le da vueltas a la Tierra. La Tierra a su vez le da vueltas al sol. El sol gira alrededor del centro de la Vía Láctea. Como ya sabes, los astrónomos calculan en 100 mil millones la cifra de galaxias mayores. Y como los demás objetos del universo, cada galaxia está en marcha. Con el espectroscopio, un astrónomo puede saber si una galaxia particular se mueve hacia la Tierra o si se aleja.

## Desplazamiento hacia el rojo

Deja caer una piedra en un charco de agua y verás ondas que se alejan de la piedra en todas direcciones. La distancia entre la cima de una onda (cresta) y la próxima se llama la longitud de onda.

La luz estelar viaja a la Tierra como ondas de luz. Ya leíste que el espectroscopio separa la luz en un espectro. Esto pasa porque cada color de la luz tiene una longitud de onda diferente. Al dar en el prisma del espectroscopio, la luz se dobla según la longitud de onda de cada color. El prisma dobla

**P**ozo de actividades

Todos los colores del arco iris, p. 146

**Figura 1–15** *A pesar de la inmensidad del espacio, de vez en cuando las galaxias chocan, como lo desmuestra esta fotografía rara de la colisión de dos galaxias. Tales choques pueden durar muchos millones de años.*

light according to the wavelength of each color. Some wavelengths are bent more than others by the prism. So the white light that enters the prism comes out as a band of colors. Each color has a different wavelength.

Suppose a star is rapidly approaching the Earth. The light waves from the star will be compressed, or pushed together. In fact, wavelengths from an approaching star often appear shorter than they really are. Shorter wavelengths of light are characteristic of blue and violet light. So the entire spectrum of an approaching star appears to be shifted slightly toward the blue end of the spectrum. This shifting is called the blue shift.

If a star is moving away from the Earth, the light waves will be slightly expanded as they approach the Earth. The wavelengths of the light will appear longer than they really are. Longer wavelengths of light are characteristic of the red end of the spectrum. So the spectrum of a star moving away from the Earth appears to be shifted slightly toward the red end. This is called the **red shift.** Astronomers know that the more the spectrum of light is shifted toward the blue or red end of the spectrum, the faster the star is moving toward or away from the Earth.

The apparent change in the wavelengths of light that occurs when an object is moving toward or away from the Earth is called the **Doppler effect.** You have probably "heard" another kind of Doppler effect right here on Earth. If you are in a car at a railroad crossing when a train is approaching, the first sound of the train's whistle will be high-pitched. The sound of the whistle will become low-pitched as the train passes by and moves away from you. In this example, the Doppler effect involves sound waves. But the same principle applies to light waves moving toward or away from Earth. See Figure 1–16.

When astronomers first used the spectroscope to study the light from stars in distant galaxies, they had a surprise. None of the light from distant galaxies showed a blue shift. That is, none of the galaxies was moving toward the Earth. Instead, the light from every distant galaxy showed a red shift. Every galaxy in the universe seemed to be moving away from the Earth.

## ACTIVITY

### THINKING

*Red or Blue Shift?*

The top spectrum represents a star not moving toward or away from Earth. The bottom two spectra show what would happen if the star were moving with respect to Earth.

**1.** Compare the bottom two spectra with the top spectrum.

**2.** Determine which spectrum is of a star moving toward Earth and which is of a star moving away.

Explain your answer in terms of red and blue shift.

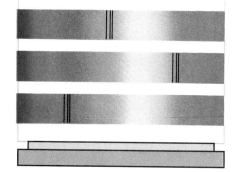

algunas longitudes más que otras. Así que la luz blanca que atraviesa un prisma sale como una banda de colores, cada uno con una longitud de onda diferente.

Digamos que un astro se acerca rápidamente a la Tierra. Sus ondas luminosas se comprimen, o amontonan. De hecho, las longitudes de onda de un astro que se acerca parecen en general más cortas de lo que realmente son. Las longitudes de onda más cortas son típicas de la luz azul y violeta. Por eso el espectro de un astro que se acerca parece desplazarse un poco hacia el extremo azul del espectro. A esto se le llama desplazarse hacia el azul.

Si un astro se aleja de la Tierra, sus ondas luminosas se alargarán al acercarse a la Tierra. Sus longitudes de onda parecerán más largas de lo que realmente son. Las longitudes de onda largas son típicas del extremo rojo del espectro. Por lo tanto el espectro de un astro que se aleja de la Tierra parece desviarse un poco hacia el extremo rojo. A esto se le llama **desplazamiento hacia el rojo.** Los astrónomos saben que cuanto más se desplaza el espectro hacia el extremo azul o rojo, con mayor velocidad la estrella se acerca, o aleja, de la Tierra.

El cambio aparente de las ondas luminosas cuando un objeto se acerca o se aleja de la Tierra se llama el **efecto Doppler.** Quizás has "oído" otro efecto Doppler aquí en la Tierra. Si esperas en un carro al cruce de un ferrocarril el primer silbido de un tren que se acerca sonará agudo. A medida que el tren pasa y se aleja, el silbido sonará más bajo. En este caso, el efecto Doppler se refiere a ondas sonoras. Pero el mismo principio se aplica a las ondas luminosas que se acercan o apartan de la Tierra. Mira la figura 1–16.

La primera vez que los astrónomos estudiaron la luz de galaxias distantes con un espectroscopio, se sorprendieron. No emitían luz con una desviación azul. Así que ninguna galaxia se estaba acercando a la Tierra. En su lugar, la luz de cada galaxia lejana mostraba una desviación roja, lo que significaba que todas las galaxias parecían alejarse de la Tierra.

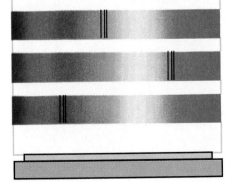

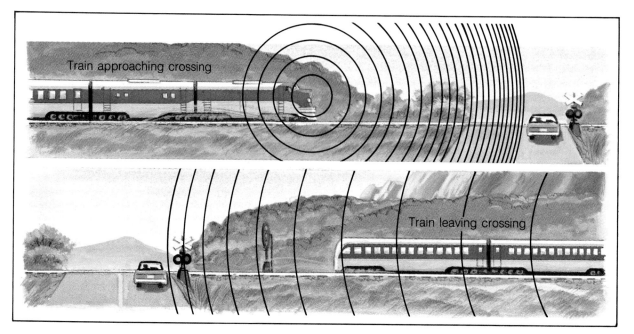

**Figure 1–16** *As the train approaches the crossing (top), sound waves are crowded together and reach the listener's ears with a high pitch. As the train leaves the crossing (bottom), sound waves are farther apart and have a lower pitch. What term is used to describe this effect?*

After examining the red shifts of distant galaxies, astronomers concluded that the universe is expanding. Galaxies near the edge of the universe are racing away from the center of the universe at tremendous speeds. Galaxies closer to the center are also moving outward, but at slower speeds. What can account for an expanding universe?

## The Big-Bang Theory

Astronomers believe that the expanding universe is the result of an enormous and powerful explosion called the big bang. The **big-bang theory** may explain how the universe formed. **The big-bang theory states that the universe began to expand with the explosion of concentrated matter and energy and has been expanding ever since.** According to the theory, all the matter and energy in the universe was once concentrated into a single place. This place, of course, was extremely hot and dense. Then some 15 to 20 billion years ago, an explosion—the big bang—shot the concentrated matter and energy in all directions. The fastest moving matter traveled farthest away. Energy, too, began moving away from the area of the big bang.

**Figure 1–17** *What does this illustration tell you about galaxies?*

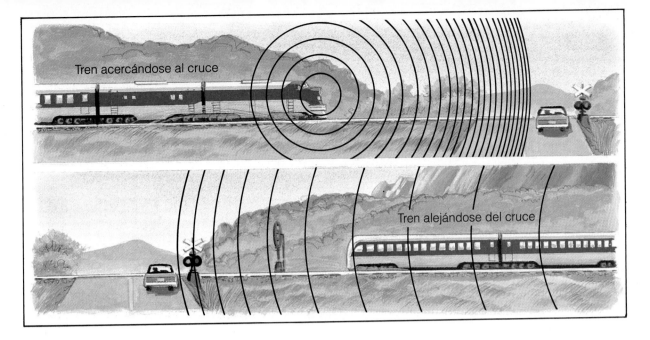

**Figura 1–16** *Cuando el tren se acerca al cruce (arriba), las ondas sonoras se juntan y suenan agudas a quien las escucha. Cuando se aleja el tren (abajo), las ondas sonoras se separan y tienen un tono más bajo. ¿Qué palabra se emplea para describir este efecto?*

Al analizar los desplazamientos hacia el rojo de galaxias lejanas, los astrónomos concluyeron que el universo se está expandiendo. Las galaxias cerca de sus límites se alejan del centro a velocidades enormes. Las galaxias próximas al centro también se alejan, pero con menos velocidad. ¿Cómo se explica la expansión del universo?

## Teoría de la Gran Explosión

Los astrónomos creen que la expansión del universo se debe a una enorme y poderosa explosión. La **teoría de la Gran Explosión** puede explicar la formación del universo. **La teoría de la Gran Explosión afirma que el universo comenzó a expandirse con la explosión de materia y energía concentrada, y que aún se está expandiendo.** Esta teoría postula que toda la materia y energía del universo se concentraba en un solo lugar, extremadamente caliente y denso. Y que hace 15 ó 20 mil millones de años una gran explosión disparó materia y energía concentrada en todas direcciones. La materia más veloz llegó más lejos. La energía también se alejaba del lugar de la Gran Explosión.

**Figura 1–17** *¿Qué te informa esta ilustración sobre las galaxias?*

## Activity Bank

Swing Your Partner, p.147

# ACTIVITY

*An Expanding Universe*

Use a balloon and small circles cut from sticky labels to make a model of an expanding universe. First, decide how to put your model together. What will represent the galaxies? How will the balloon enable you to show how the universe is expanding?

■ Do the galaxies get any larger as the universe expands?

■ What relationship exists between the speed of the galaxies moving apart and their initial distances from one another?

If the big-bang theory is correct, the energy left from the big bang will be evenly spread out throughout the universe. This energy is known as background radiation. And indeed, scientists have discovered that the background radiation is almost the same throughout the entire universe. This constant background radiation is one observation that supports the big-bang theory.

After the initial big bang, the force of **gravity** began to affect the matter racing outward in every direction. Gravity is a force of attraction between objects. All objects have a gravitational attraction for other objects. The more massive the object is, the stronger its gravitational attraction. This force of gravity began to pull matter into clumps.

At some time, the clumps formed huge clusters of matter. These clumps became the galaxies of the universe. But even as the galaxies were forming, the matter inside the galaxies continued to race away from the area where the big bang had occurred. And this is just what astronomers have discovered. All of the galaxies are speeding away from the center of the universe.

## An Open Universe

Most astronomers feel that the big-bang theory leads to two possible futures for the universe. Perhaps the galaxies will continue racing outward. In this case, the universe will continue to expand. Such a universe is called an open, eternal universe. But eternal does not mean "forever" when it comes to the universe. In an open universe, the stars will eventually die off as the last of their energy is released. So the future of an open universe is one in which there will be nothing left. An open universe leads to total emptiness. But even if the universe is open, its end will not occur for many billions of years.

## A Closed Universe

Most astronomers do not feel that the universe is an open universe. Instead, they suspect that the gravitational attraction between the galaxies will one day cause their movement away from each other to slow down. The expansion of the universe will finally

## Pozo de actividades

Columpia tu compañero,
p. 147

# ACTIVIDAD

## PARA AVERIGUAR

*Un universo que se expande*

Usa un globo y pequeños círculos hechos de etiquetas adhesivas para hacer un modelo de un universo que se expande. Primero, decide cómo vas a hacer tu modelo. ¿Qué representará las galaxias? ¿Cómo te permitirá el globo mostrar de qué manera se está expandiendo el Universo?

■ ¿Crecen las galaxias cuando se expande el universo?

■ ¿Cuál es la relación entre la velocidad de la separación de las galaxias y la distancia original entre ellas?

---

Si la teoría es correcta, la energía que queda de la Gran Explosión se esparcirá por todo el universo uniformemente. Esta energía se conoce como radiación de fondo. Y de hecho, los científicos han confirmado que la radiación de fondo es casi igual por todo el universo. Esta observación apoya la teoría de la Gran Explosión.

Después de la Gran Explosión, la fuerza de la **gravedad** comenzó a afectar la materia alejándose de prisa en todas direcciones. La gravedad es la fuerza de atracción entre los objetos. Todo objeto con su fuerza de gravedad atrae a otro objeto. Mientras más masivo es el objeto, mayor será su fuerza de atracción. Esta fuerza de la gravedad comenzó a juntar la materia en grupos.

Luego, estos grupos formaron vastos enjambres de materia, convirtiéndose en las galaxias del universo. Aun cuando las galaxias se estaban formando, la materia en las galaxias seguía alejándose del lugar de la Gran Explosión. Y es esto precisamente lo que han descubierto los astrónomos. Todas las galaxias se alejan velozmente del centro del universo.

## Un universo abierto

En general los astrónomos creen que la Gran Explosión sugiere dos destinos posibles para el universo. Quizás las galaxias sigan alejándose. Entonces el universo seguirá expandiéndose. Tal universo se llama un universo abierto eterno. Pero al hablar de este universo, eterno no significa "para siempre." En un universo abierto, las estrellas morirían con el tiempo al disparar su última gota de energía. En el futuro de un universo abierto, no quedaría nada. Terminaría en el vacío perfecto. Pero aún un universo abierto tardaría miles de millones de años en morir.

## El universo cerrado

La mayoría de los astrónomos no piensan que el universo sea abierto. Sospechan que un día la fuerza de atracción entre las galaxias reducirá el movimiento que las va separando. La expansión del universo por

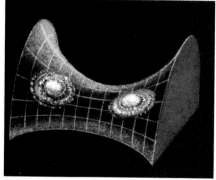

**Figure 1–18** *A closed universe will eventually contract. Scientists picture a closed universe as similar to the surface of a ball (top). An open universe will expand until all of the stars die off. Scientists picture an open universe in the shape of a saddle (bottom).*

come to a halt. Then gravity will begin to pull the galaxies back toward the center of the universe. When this happens, every galaxy will begin to show a blue shift in its spectrum. Recall that a blue shift means that a galaxy is moving toward the Earth.

As the galaxies race back toward the center of the universe, the matter and energy will again come closer and closer to the central area. After many billions of years, all the matter and energy will once again be packed into a small area. This area may be no larger than the period at the end of this sentence. Then another big bang will occur. The formation of a universe will begin all over again. A universe that periodically expands and then contracts back on itself is called a closed universe. In a closed universe, a big bang may occur once every 80 to 100 billion years.

## Quasars

If the universe is expanding, then objects near the edge of the universe are the oldest objects in the universe. Put another way, these objects took longer to reach their current position than objects closer to the center of the universe did. The most distant known objects in the universe are about 12 billion light-years from Earth. They are called **quasars** (KWAY-zahrz). The word quasar stands for quasi-stellar radio sources. The prefix *quasi-* means something like. The word *stellar* means star. So a quasar is a starlike object that gives off radio waves.

Quasars are among the most studied, and the most mysterious, objects in the universe. They give off mainly radio waves and X-rays. The mystery of quasars is the tremendous amount of energy they give off. Although they may seem too small to be galaxies, they give off more energy than 100 or more galaxies combined!

If the big-bang theory is correct, quasars at the edge of the universe were among the first objects formed after the big bang. In fact, scientists now believe that quasars may represent the earliest stages in

**Figure 1–19** *This quasar, seen through an X-ray telescope, is some 12 billion light-years from Earth. How long does it take the quasar's light to reach Earth?*

**Figura 1–18** *Un universo cerrado se encoge con el tiempo. Los científicos se imaginan tal universo como la superficie de una bola (arriba). Un universo abierto se extiende hasta que mueren todos los astros. Los científicos lo conciben como la forma de una silla de montar (abajo).*

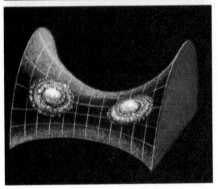

fin se detendrá. La gravedad comenzará a atraer las galaxias de nuevo hacia el centro del universo. Entonces cada galaxia comenzará a mostrar una desviación azul en su espectro. Recuerda que esto indica que la galaxia se acerca a la Tierra.

Al avanzar las galaxias de vuelta al centro del universo, la materia y energía volverán a acercarse a la zona céntrica. Después de miles de millones de años, toda la materia y energía se volverá a apiñar en un espacio reducido, quizás más pequeño que el punto al final de esta frase. Entonces habrá otra gran explosión. Una vez más comenzará a formarse el universo. Un universo que se expande y se contrae regularmente se llama un universo cerrado. En un universo cerrado, la Gran Explosión puede repetirse cada 80 ó 100 mil millones de años.

## Quasars

Si se expande el universo, los objetos próximos a sus límites son los objetos más antiguos. En otras palabras, estos objetos tomaron más tiempo en llegar a su posición actual que los más cercanos al centro. Los objetos conocidos más distantes del universo están a unos 12 mil millones de años luz de la Tierra. Se llaman **quasars**. Esta palabra significa fuente radial cuasiestelar. El prefijo *cuasi-* significa "algo parecido a." *Estelar* significa estrella. Un quasar es un objeto parecido a un astro que emite ondas radiales.

El quasar es uno de los objetos más estudiados y misteriosos del universo. Emite sobre todo ondas radiales y rayos X. El misterio del quasar es la enorme cantidad de energía que arroja. Aunque parece demasiado pequeño para ser una galaxia, ¡emite más energía que 100 o más galaxias juntas!

Si la teoría de la Gran Explosión es correcta, los quasars en la orilla del universo fueron unos de los primeros objetos en formarse después de la explosión. De hecho, se cree que pueden representar las

**Figura 1–19** *Este quasar, visto por un telescopio para rayos X, está a unos 12 mil millones de años luz de la Tierra. ¿Cuánto tiempo le toma a la luz del quasar alcanzar la Tierra?*

the formation of a galaxy. So when scientists observe quasars, they are observing the very edge and the very beginning of the universe. Keep in mind that the light from a quasar 12 billion light-years from the Earth has traveled more than 12 billion years to reach the Earth. Astronomers observing quasars are, in a sense, looking back into time.

## 1–2 Section Review

1. How does a spectroscope enable astronomers to determine the characteristics of distant stars and galaxies?
2. Briefly describe the big bang. What two pieces of information provide evidence of the big bang?
3. What role did gravity play in the formation of galaxies?

**Connection—*Social Studies***

4. The German philosopher Nietzsche went mad because he believed that he had already taken every action he took. How did the concept of a closed universe affect Nietzche's beliefs?

### Guide for Reading

*Focus on this question as you read.*

▶ *How do the size, mass, color, temperature, and brightness of stars vary?*

# 1–3 Characteristics of Stars

Astronomers estimate that there may be more than 200 billion billion stars in the universe. **Stars differ in many features, including size, mass, color, temperature, and brightness.** It might seem an impossible task for astronomers to study so many different stars. While stars do vary in a great many ways, however, there are certain forces that govern all stars. By studying the stars that can be examined in detail and the forces that they must obey, astronomers gain knowledge about the vast numbers of stars they cannot closely observe.

## How Large Are Stars?

Most stars are so far away that they appear as tiny points of light through even the most powerful

primeras etapas en la formación de una galaxia. Así que al observar los quasars, los científicos ven el borde y el principio del universo. Recuerda que la luz de un quasar a 12 mil millones de años luz de la Tierra viaja 12 mil millones de años para alcanzarnos. Los astrónomos que observan un quasar, de cierta manera contemplan el pasado.

## 1–2 Repaso de la sección

1. ¿Cómo les permite el espectroscopio a los astrónomos determinar los rasgos de los astros y galaxias distantes?
2. Describe la Gran Explosión. ¿Cuáles dos datos son los que prueban lo que ocurrió?
3. ¿Cuál fue el papel de la gravedad en la formación de las galaxias?

**Conexión—*Estudios sociales***
4. El filósofo alemán Nietzsche se volvió loco pensando que ya había tomado todas las acciones que tomó. ¿Cómo fue que el concepto del universo cerrado afectó sus creencias?

**Guía para la lectura**
*Piensa en esta pregunta mientras lees.*

▶ *¿Cómo varían el tamaño, masa, color, temperatura y brillo de las estrellas?*

# 1–3 Características de los astros

Se calcula que hay más de 200 mil millones de astros en el universo. **Los astros difieren en muchos aspectos, incluyendo tamaño, masa, color, temperatura y brillo.** Parecerá imposible que los astrónomos puedan estudiar tantas estrellas diferentes. Pero a pesar de su gran variedad, hay ciertas fuerzas que las rigen a todas. Los astrónomos aprenden sobre los muchos astros que no pueden estudiar de cerca, estudiando a los astros y las fuerzas que los rigen de los que sí pueden observar en detalle.

## ¿Cuán grandes son los astros?

En general los astros están tan lejos que parecen puntos diminutos de luz aún a través de los mejores

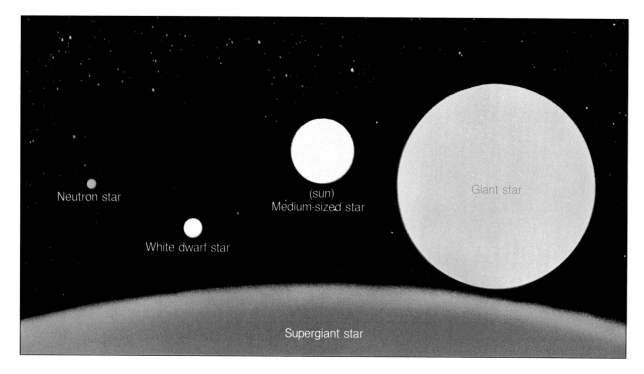

**Figure 1–20** *Stars come in a variety of sizes. What are the largest stars called? The smallest?*

telescopes. However, looks can be deceiving. For stars actually vary tremendously in size. Astronomers have divided stars into five main groups by size. See Figure 1–20.

Our sun has a diameter of about 1,392,000 kilometers, or about 109 times the diameter of Earth. That may seem enormous to you, but the sun is actually a medium-sized star. Medium-sized stars make up the majority of the stars you can see in the sky. They vary in size from about one-tenth the size of the sun to about ten times its size. Many of these stars are very bright. Sirius, for example, is about twice the diameter of the sun and is the brightest star in the night sky.

Stars with diameters about 10 to 100 times as large as the sun are called **giant stars.** For example, the diameter of the orange giant Aldebaran is 36 times the sun's diameter. Even the giant stars, however, seem tiny in comparison to the largest of all stars—the **supergiant stars.** Supergiants have diameters up to 1000 times the diameter of the sun. Some of the best-known supergiants are Rigel, Betelgeuse, and Antares. To get some idea of just how large these stars can be, suppose the red supergiant Antares were to replace the sun. It would burn Earth to cinders; in fact, it would extend well

A CTIVITY

**WRITING**

*A Wondrous Journey*

Write a story describing the wondrous sights you would see if you could take a journey from one end of the Milky Way to the other. In your story use at least five words from the vocabulary list at the end of the chapter.

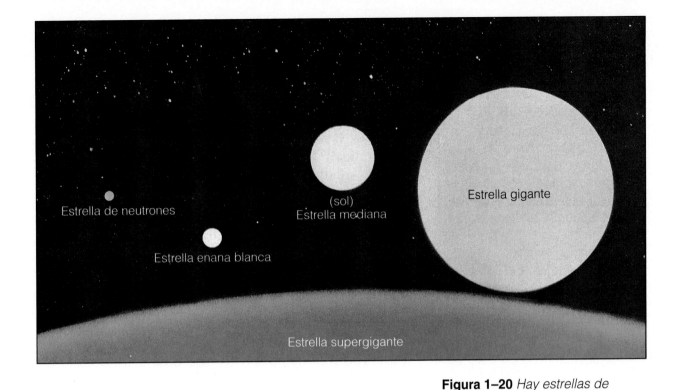

Estrella de neutrones

Estrella enana blanca

(sol)
Estrella mediana

Estrella gigante

Estrella supergigante

Figura 1–20 *Hay estrellas de varios tamaños. ¿Cuáles son las más grandes? ¿Las más pequeñas?*

telescopios. Pero las apariencias a veces engañan. Los astros varían enormemente en tamaño. Los astrónomos los han dividido en cinco grupos según el tamaño. Mira la figura 1–20.

El sol tiene un diámetro de 1,329,000 kilómetros, unas 109 veces mayor que el de la Tierra. Aunque parezca enorme, el sol es una estrella de tamaño mediano. Tales astros componen la mayoría de las estrellas que vemos. Varían en tamaño entre un décimo y 10 veces mayor que el tamaño del sol. Muchas son muy brillantes. Así Sirio tiene un diámetro el doble del sol y es el astro más brillante del firmamento.

Los astros con diámetros entre 10 y 100 veces mayores que el sol se llaman **estrellas gigantes**. El diámetro de la estrella gigante anaranjada Aldebarán es 36 veces mayor que el del sol. Pero aún estas gigantes estrellas parecen minúsculas al lado de las más grandes—las **estrellas supergigantes**. Estas tienen un diámetro hasta 1,000 veces mayor que el sol. Algunas supergigantes son Rigel, Betelgeuse y Antares. Para tener una idea de su tamaño, imaginemos que la supergigante roja Antares desplazara al sol. Reduciría la Tierra a cenizas. De hecho, se extendería

## ACTIVIDAD
### PARA ESCRIBIR

*Un viaje maravilloso*

Escribe un cuento en que describes las cosas maravillosas que verías en un viaje a través de la Vía Láctea de un extremo al otro. Emplea por lo menos cinco palabras del vocabulario al final del capítulo.

beyond planet Mars. Supergiants, however, pay a price for their huge size. They die off quickly and are the shortest-lived stars in the universe.

Not all stars are larger than the sun. Some, such as **white dwarfs,** are even smaller than Earth. The smallest known white dwarf, Van Maanen's star, has a diameter that is less than the distance across the continent of Asia.

The smallest stars of all are called **neutron stars**. A typical neutron star has a diameter of only about 16 kilometers. That may be less than the total distance you travel to and from school.

## Composition of Stars

Suppose you were given an unknown substance and asked to discover what it was made of. You might start by looking closely at the object from all sides. You might touch it to see how it feels and smell it to see if you could recognize its aroma. You would probably want to perform some other tests on it as well.

Astronomers cannot take a bit of a star and test it to see what it is made of. But they can determine the composition of stars, even stars many light-years from Earth. To determine the composition of a star, astronomers turn to the spectroscope.

How can a spectroscope show what a star is made of? Let's begin with the simple example of ordinary table salt. Table salt, or sodium chloride, is made of the elements sodium and chlorine. If table salt is placed in a flame, the flame will burn bright yellow.

**Figure 1–21** *Scientists cannot take a bit of a star from the Large Magellanic Cloud in order to study the star's composition. How do astronomers know what elements make up the stars in the Magellanic Cloud?*

más allá del planeta Marte. Pero la supergigante paga caro por su enorme tamaño. Perece antes que cualquier otra estrella del universo.

Todas las estrellas no son más grandes que el sol. Las **enanas blancas** son aún más pequeñas que la Tierra. La más pequeña de todas, Van Maanen, tiene un diámetro inferior que el largo del continente Asia.

Los astros más pequeños son las **estrellas de neutrones**. Típicamente tienen un diámetro de unos 16 kilómetros, quizás menos de lo que caminas diariamente entre tu casa y la escuela.

## Composición de las estrellas

Si te dieran una substancia desconocida para descubrir su composición, podrías empezar por observar el objeto desde todos sus lados. Podrías palparlo y olerlo para ver si el tacto u olor lo identifican. Probablemente querrás hacer otras pruebas.

Los astrónomos no pueden tomar una muestra de una estrella para estudiarla. Pero sí pueden determinar su composición, aún la de las más lejanas. Para lograrlo, hacen uso del espectroscopio.

¿Cómo puede el espectroscopio revelar de que está hecho un astro? Comencemos con el ejemplo de la sal de mesa, o sea el cloruro de sodio. Consiste de los elementos sodio y cloruro. Si se echa en una llama, la llama se vuelve un amarillo vivo.

**Figura 1–21** *Los científicos no pueden tomar un pedacito de un astro de las nube mayor de Magallanes para estudiar su composición. ¿Cómo saben los astrónomos de qué elementos se componen los astros de la nube de Magallanes?*

The yellow flame is caused by the burning of the sodium in salt. A yellow flame, then, is a characteristic of burning sodium.

Suppose the yellow light from the flame is passed through a spectroscope. No matter how many times this is done, two thin lines will always appear in the spectrum produced by the spectroscope. These two thin lines will always appear in exactly the same place in the spectrum. See Figure 1–22. In fact, no other element will produce the same two lines as sodium. In a way, these two lines are the "fingerprint" of the element sodium.

Other elements also produce a characteristic set of lines when they are burned and the light given off is passed through a spectroscope. So every known element has a fingerprint. By passing the light from a star through a spectroscope, astronomers can determine exactly what elements are in that star. How? They compare the spectral lines from the star to the spectral lines, or fingerprints, of the known elements.

By using the spectroscope, astronomers have found that almost all stars have the same general composition. The most common element in stars is hydrogen. Hydrogen is the lightest element. It makes up 60 to 80 percent of the total mass of a star. Helium is the second most common element in a typical star. It is the second lightest element. In fact, the combination of hydrogen and helium makes up about 96 to 99 percent of a star's mass. All other elements in a star total little more than 4 percent of the star's mass. These other elements often include oxygen, neon, carbon, and nitrogen.

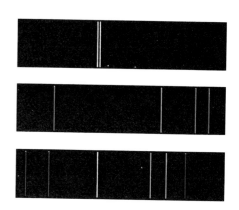

**Figure 1–22** *With the spectrum produced by a spectroscope, scientists can identify the elements in distant stars. These spectra are of the elements sodium (top), hydrogen (center), and helium (bottom).*

## Surface Temperature of Stars

Are you familiar with the heating coil on top of an electric stove? When the stove is off, the coil is dark. Then, when the stove is turned on, the coil begins to change color. Soon the coil is bright red, and you know that it is very hot. As you can see, the color a hot object gives off is a good indicator of its temperature.

The sun is a yellow star. But stars come in many other colors. By studying the color of a star, astronomers can determine its surface temperature.

La llama amarilla es producto del sodio que se quema. Así que una característica del sodio al consumirse en el fuego es este tipo de llama.

Si la luz de una llama amarilla se pasa por un espectroscopio, no importa cuantas veces, siempre aparecen dos rayas finas en su espectro. Estas dos rayas finas siempre aparecen exactamente en el mismo lugar del espectro. Mira la figura 1–22. De hecho, ningún otro elemento producirá estas dos rayas tal como el sodio. De cierta forma, son las "huellas digitales" del elemento sodio.

Los demás elementos también producen rayas características cuando se queman y su luz atraviesa un espectroscopio. Así todos los elementos tienen su huella digital. Con un espectroscopio, los astrónomos pueden determinar cuáles son los elementos de un astro. ¿Cómo? Ellos comparan las rayas del espectro del astro a las rayas, o huellas digitales de elementos conocidos.

Mediante el uso del espectroscopio los astrónomos han descubierto que casi todas las estrellas se componen de los mismos elementos. Su elemento más común es el hidrógeno. Es el más liviano. Compone de un 60 a un 80 por ciento de la masa total de un astro. El helio es el segundo elemento más común de un astro típico. Y es el segundo más liviano. La combinación de hidrógeno y helio forma entre el 96 y el 99 por ciento de la masa de un astro. Los demás elementos forman un 4 por ciento de su masa. Por lo general éstos incluyen oxígeno, neón, carbón y nitrógeno.

**Figura 1–22** *Con el espectro que produce un espectroscopio, los científicos identifican los elementos de astros lejanos. Estos espectros son de los elementos sodio (arriba), hidrógeno (medio) y helio (abajo).*

## Temperatura de la superficie de los astros

¿Conoces el serpentín calentador de la estufa eléctrica? Cuando la estufa está apagada, el serpentín está oscuro. Cuando se prende, va cambiando de color. Pronto es de un rojo vivo, y sabemos que está muy caliente. Como ves, el color de un objeto caliente es un buen índice de su temperatura.

El sol es amarillo. Pero hay astros de muchos colores. Mediante el estudio de sus colores, se puede determinar la temperatura de la superficie de un astro.

| STAR COLORS AND SURFACE TEMPERATURES | | |
|---|---|---|
| **Color** | **Average Surface Temperatures (°C)** | **Examples** |
| **Blue or blue-white** | 35,000 | Zeta Eridani Spica Algol |
| **White** | 10,000 | Sirius Vega |
| **Yellow** | 6000 | Procyon Sun Alpha Centauri A |
| **Red-orange** | 5000 | Alpha Centauri B |
| **Red** | 3000 | Proxima Centauri Barnard's star |

**Figure 1–23** *How do scientists use color to determine the surface temperature of distant stars?*

Keep in mind that the surface temperature of a star is much lower than the temperature in the star's center, or core. For example, the sun has a surface temperature of about 6000°C. Yet the temperature of the sun's core can reach 15,000,000°C.

Using color as their guide, astronomers have determined that the surface temperature of the hottest stars is about 50,000°C. Such stars shine with a blue-white light. Red stars, which are among the coolest stars, have a surface temperature of about 3000°C. Most other stars have surface temperatures between these two extremes. See Figure 1–23.

## Brightness of Stars

Suppose you were given a small flashlight and a large spotlight. You know, of course, that the spotlight is much bigger and brighter than the flashlight is. However, if a friend held the dim flashlight about a meter away from you and another friend held the spotlight a long distance away, the flashlight would appear brighter. So the brightness you saw would depend on the strength of the light, the size of the light source, and the distance the light source was from your eyes.

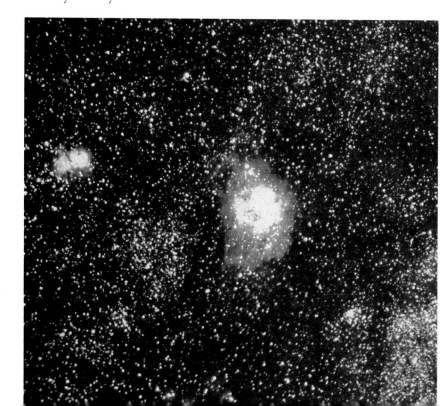

**Figure 1–24** *The brightness of these stars in the Trifid Nebula, as seen from Earth, is called absolute brightness. What term is used for the actual brightness of a particular star?*

| COLORES DE ASTROS Y TEMPE-RATURAS DE LA SUPERFICIE | | |
|---|---|---|
| Color | Temperatura media de la superficie (°C) | Ejemplos |
| Azul o blanco azulado | 35,000 | Zeta Erídano Spica Algol |
| Blanco | 10,000 | Sirio Vega |
| Amarillo | 6000 | Proción Sol Alfa Centauro A |
| Rojo ana-ranjado | 5000 | Alfa Centauro A |
| Rojo | 3000 | Próxima Centauro Estrella de Barnard |

**Figura 1–23** *¿Cómo usan los científicos el color para determinar la temperatura de la superficie de astros lejanos?*

Recuerda que la temperatura en la superficie de un astro es mucho más baja que la del centro, o núcleo, del astro. Por ejemplo, en la superficie del sol la temperatura es de unos 6000°C, en su núcleo alcanza los 15,000,000°C.

Mediante los colores, los astrónomos han determinado que la temperatura de la superficie de los astros más calientes alcanza unos 50,000°C. Brillan con una luz blanca azulada. En las estrellas rojas la temperatura sólo alcanza unos 3000°C. La mayoría de las demás estrellas tienen temperaturas entre estos dos extremos. Mira la figura 1–23.

## El brillo de las estrellas

Supongamos que te dan una linterna pequeña y un foco grande. Desde luego, el foco es mucho más grande y brillante que la linterna. Pero si un amigo tuviera la linterna a un metro de donde tú estás y otro amigo el foco a una gran distancia, la linterna parecería brillar más. Así que el brillo que observas dependería de la capacidad de la luz, el tamaño de la fuente de luz y su distancia de ti.

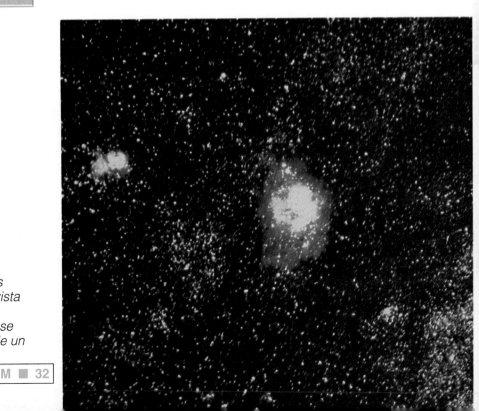

**Figura 1–24** *El brillo de estos astros en la Nebulosa Trifid, vista desde la Tierra, se llama brillo absoluto. ¿Qué palabra se usa para el brillo verdadero de un astro en particular?*

The brightness of a star depends on its size, its surface temperature, and its distance from Earth. When you look at the night sky, some stars appear brighter than others. As in the case of the flashlight and the spotlight, however, the star that appears brighter may not really be brighter at all. So astronomers call the brightness of a star as it appears from Earth its **apparent magnitude.**

If astronomers could take two stars and place them exactly the same distance from Earth, they could easily tell which star was really brighter. Astronomers cannot move stars, of course, but they can calculate a star's actual brightness. The amount of light a star actually gives off is called its **absolute magnitude.**

The brightness of most stars is constant. Some stars, however, vary in brightness and are called variable stars. One type of variable star changes size as well as brightness in regular cycles. Stars of this type are called pulsating variable stars. The North Star, Polaris, for example, changes from bright to dim and back again in a four-day cycle. Astronomers call these pulsating stars Cepheid (SEF-ee-id) variables because the first one was discovered in a group of stars called Cepheus.

## The Hertzsprung-Russell Diagram

In the early 1900s, Danish astronomer Ejnar Hertzsprung and American astronomer Henry Norris Russell, working independently, found a relationship between the absolute magnitude and the temperature of stars. They discovered that as the absolute magnitude of stars increases, the temperature usually also increases. The relationship between the absolute magnitude and the surface temperature is shown in Figure 1–25 on page 34. You can see a definite pattern. This pattern forms the **Hertzsprung-Russell (H-R) diagram**. The Hertzsprung-Russell diagram is the single most important diagram astronomers use today.

On the Hertzsprung-Russell diagram, the surface temperature of stars is plotted along the horizontal axis. The absolute magnitude, or actual brightness, of stars is plotted along the vertical axis. If you study Figure 1–25, you will see that most stars fall in an

El brillo de un astro depende de su tamaño, su temperatura y su distancia de la Tierra. Al mirar el firmamento, algunos astros parecen brillar más que otros. Pero como en el caso de la linterna y el foco, el astro aparentemente más brillante quizás no lo sea en realidad. Por eso los astrónomos le llaman al brillo de un astro tal como se ve desde la Tierra su **magnitud aparente.**

Si se pudiera tomar dos estrellas y ponerlas a la misma distancia de la Tierra, sería fácil saber cuál es en verdad la más brillante. Los astrónomos no pueden, desde luego, mover los astros pero sí pueden calcular su brillo verdadero. La cantidad de luz que realmente emite un astro se llama **magnitud absoluta.**

El brillo es constante en la mayoria de las estrellas, aunque algunas tienen brillo constante y variable. Una clase de estrella variable, además de su brillo, cambia de tamaño en ciclos regulares. A esta clase se les llama estrellas variables pulsantes. La Estrella del Norte, Estrella Polar por ejemplo, cambia de brillante a opaco y viceversa, en un ciclo de cuatro días. Los astrónomos las llaman Cepheid, porque fueron descubiertas entre un grupo de estrellas llamadas Cefeo.

## Diagrama de Hertzsprung-Russell

A prinicipios de siglo, dos astrónomos, el danés Ejnar Hertzsprung y el americano Henry Norris Russell, descubrieron independientemente una relación entre la magnitud absoluta de las estrellas y su temperatura. Encontraron que al incrementarse la magnitud absoluta, también se incrementa su temperatura. Esta relación se muestra en la figura 1–25 de la página 34. Podrás ver un patrón claro. Este patrón forma el **diagrama de Hertzsprung-Russell (H-R)**, el diagrama más importante para los astrónomos hoy en día.

En el diagrama Hertzsprung-Russell, la temperatura de la superficie de los astros aparece en el eje horizontal. La magnitud absoluta, o brillo verdadero, aparece en el eje vertical. Estudia la figura 1–25 y verás que la mayoría de los astros están en un área

### ACTIVIDAD

**PARA AVERIGUAR**

*Absolutamente evidente*

Consigue dos linternas del mismo tamaño y con focos de igual voltaje. Trabaja con dos compañeros(as) de clase para hacer un experimento que muestre la diferencia entre magnitud absoluta y magnitud aparente.

■ ¿Se te ocurre alguna situación de la vida real en que el concepto de magnitud absoluta y magnitud aparente es pertinente?

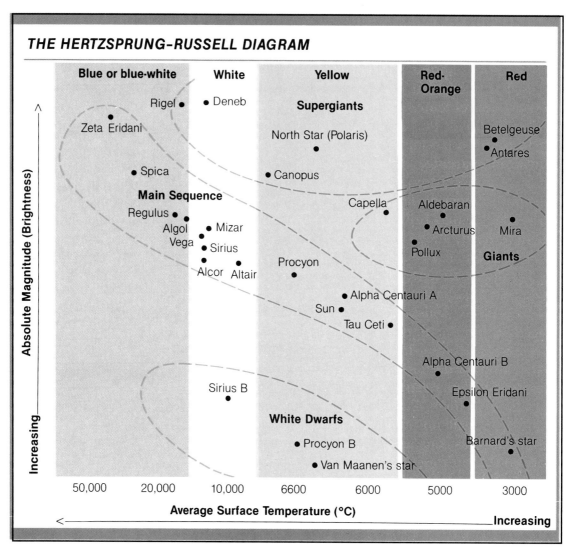

## THE HERTZSPRUNG-RUSSELL DIAGRAM

| Blue or blue-white | White | Yellow | Red-Orange | Red |

- Rigel
- Deneb
- Zeta Eridani

**Supergiants**

- Betelgeuse
- Antares
- North Star (Polaris)
- Spica
- Canopus

**Main Sequence**

- Capella
- Aldebaran
- Regulus
- Arcturus
- Mira
- Algol
- Mizar
- Vega
- Pollux
- Sirius

**Giants**

- Alcor  Altair
- Procyon
- Alpha Centauri A
- Sun
- Tau Ceti
- Alpha Centauri B
- Epsilon Eridani
- Sirius B
- Barnard's star

**White Dwarfs**

- Procyon B
- Van Maanen's star

Absolute Magnitude (Brightness)

Increasing

50,000   20,000   10,000   6600   6000   5000   3000

**Average Surface Temperature (°C)**

Increasing

**Figure 1–25** *The Hertzsprung-Russell diagram shows that, for most stars, as the absolute magnitude increases, the surface temperature also increases.*

area from the upper left corner to the lower right corner. This area is called the main sequence. The stars within this area are called **main-sequence stars.**

Main-sequence stars make up more than 90 percent of the stars in the sky. The hottest main-sequence stars shine with a blue or blue-white light and are located in the upper left corner of the H-R diagram. Cool, dim main-sequence stars appear in the lower right corner.

The Hertzsprung-Russell diagram also identifies the other 10 percent of stars. These stars are no longer on the main sequence. They have changed to their present condition as they have aged. In the area above the main sequence are stars called red

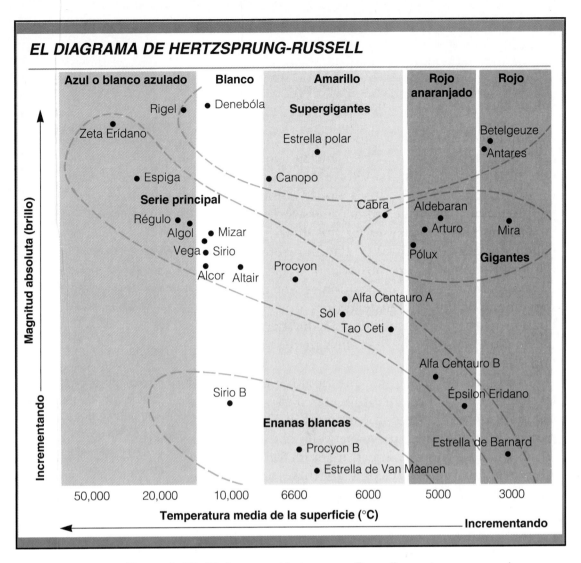

# EL DIAGRAMA DE HERTZSPRUNG-RUSSELL

**Azul o blanco azulado**  **Blanco**  **Amarillo**  **Rojo anaranjado**  **Rojo**

**Magnitud absoluta (brillo)**

Rigel ● ● Denebóla
● Zeta Erídano
**Supergigantes**
Estrella polar ●
● Betelgeuze
● Antares

● Espiga
● Canopo
Cabra ●
Aldebaran ●
**Serie principal**
Régulo ● ●
Algol ● ● Mizar
Vega ● ● Sirio
● Arturo
Pólux ●
Mira ●
**Gigantes**
Alcor Altair
Procyon ●

● Alfa Centauro A
Sol ●
Tao Ceti ●

Alfa Centauro B ●

Épsilon Eridano ●

Sirio B ●

**Enanas blancas**

Estrella de Barnard ●

● Procyon B

● Estrella de Van Maanen

**Incrementando**

50,000   20,000   10,000   6600   6000   5000   3000

**Temperatura media de la superficie (°C)**

**Incrementando**

**Figura 1–25** *El diagrama Hertzsprung-Russell muestra que, para la mayoría de las estrellas, cuando incrementa la magnitud absoluta, la temperatura de superficie también incrementa.*

que va desde la parte izquierda superior hasta la parte derecha inferior. Esta área se conoce como la secuencia principal. Los astros en esta zona se llaman **estrellas de la secuencia principal**.

Estas estrellas constituyen más del 90 por ciento de todos los astros. Las estrellas más calientes brillan con luz azul o blanca azulada y se ubican en la parte izquierda superior del diagrama H-R. Las que son frías y obscuras están en la parte derecha inferior.

El diagrama H-R además identifica el otro 10 por ciento de los astros. No aparecen en la secuencia principal. Llegaron a su estado actual al envejecer. En el área sobre la secuencia principal están las

giants and supergiants. In the area below the main sequence are the white dwarfs. These white dwarfs are smaller and dimmer than main-sequence stars.

## Measuring Star Distance

Since we cannot travel to stars and there certainly aren't any tape measures long enough to stretch anyway, how do astronomers determine the distance to different stars? Actually, it's a pretty complicated problem and sometimes some guesswork is involved.

One method of measuring the distance to stars is called **parallax** (PAR-uh-laks). Parallax refers to the apparent change in the position of a star in the sky. This apparent change in position is not due to the movement of the star. Instead, it is due to the change in the Earth's position as the Earth moves around the sun. So the star stays in the same place and the Earth moves.

In Figure 1–26, you can see how parallax is used to determine the distance to a star. First, the apparent position of the star in June and in December is noted. A line is then drawn between the Earth's position in these months and the center of the sun. This straight line will become the base of a triangle. The length of this base line is known to astronomers because it has already been carefully measured.

Next, a diagonal line is drawn from each end of the base line to the apparent position of the star in June and in December. These three lines form a triangle. The tip of the triangle is the true position of the star. Then a vertical line is drawn from the true position of the star to the base of the triangle. This line, labeled X, is the actual distance to the star. Since astronomers can determine the angles within the parallax triangle, they can calculate the length of line X. In this way, they can measure the true distance from the Earth to the star.

Parallax is a reliable method for measuring the distance to stars relatively close to Earth. The distance to stars more than 100 light-years away, however, cannot be found using parallax. Why? The angles within the parallax triangle are too small to be accurately measured.

To determine the distance to a star more than 100 light-years away, astronomers use the brightness

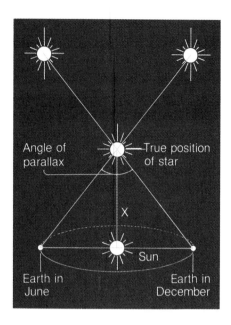

**Figure 1–26** *Scientists can use an apparent change in position called parallax to measure star distance. By calculating the length of the line marked X, they can find the actual distance to the star.*

estrellas gigantes y supergigantes. En el área debajo de la secuencia principal están las enanas blancas. Estas estrellas son más pequeñas y obscuras que las de la secuencia principal.

## Cómo medir las distancias de los astros

Si no podemos ir a las estrellas ni tenemos cintas métricas que las alcance, ¿cómo determinamos su distancia de la Tierra? La verdad es que es un problema complicado y la solución a veces incluye conjeturas.

Un método para medir la distancia de los astros se llama **paralaje**. Paralaje es el cambio aparente en la posición de un astro en el firmamento. Este cambio aparente no se debe al movimiento del astro, sino al cambio en la posición de la Tierra al moverse alrededor del sol. Así es que la estrella se está quieta y es la Tierra la que se mueve.

En la figura 1–26, puedes ver cómo se usa el paralaje para determinar la distancia de una estrella. Primero se fija su posición aparente en junio y en diciembre. Luego se traza una línea entre la posición de la Tierra en estos meses y el centro del sol. Esta recta será la base de un triángulo. Los astrónomos conocen la medida de esta base porque ya se ha tomado cuidadosamente.

Ahora se traza una línea diagonal entre cada extremo de la base y la posición aparente del astro en junio y en diciembre. Estas tres líneas forman un triángulo. La punta del triángulo representa la verdadera posición del astro. Luego se traza una línea vertical de la posición verdadera del astro a la base del triángulo. Esta línea, marcada X, representa la verdadera distancia del astro. Como los astrónomos pueden determinar los ángulos del triángulo de paralaje, pueden calcular el largo de la línea X. Así miden la verdadera distancia entre la Tierra y el astro.

Paralaje es una manera segura de medir la distancia de estrellas próximas a la Tierra. Para distancias mayores de 100 años luz, sin embargo, este método no sirve. ¿Por qué? Por que los ángulos en el triángulo paralaje son demasiado pequeños para medirlos con precisión.

Para saber la distancia de un astro a más de 100 años luz de la Tierra, los astrónomos estudian su brillo.

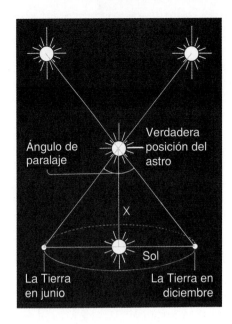

**Figura 1–26** *Los científicos pueden usar un cambio aparente de posición, llamado paralaje, para medir la distancia de un astro. Calculando el largo de la línea marcada X, pueden obtener la verdadera distancia del astro.*

of the star. They plug the star's apparent magnitude and its absolute magnitude into a complicated formula. The formula provides a close approximation of the distance to that star.

Neither brightness nor parallax will work when a star is more than 7 million light-years from Earth—and most stars are at least that far away. To determine the distance to these stars, astronomers once again use the spectroscope. As you have read, light from a star moving away from Earth has a red shift in its spectrum. Astronomers measure the amount of red shift in a star's spectrum and use complex formulas to calculate how far from Earth a star is located. This method of calculating star distances is controversial, and not all scientists agree as to just how far away many stars are from Earth.

## Why Stars Shine

You have learned how light from a star can be used to determine its composition, surface temperature, and distance. But what exactly causes a star to shine? To answer this question, you must look deep into the core of the star.

Within the core of a star, gravitational forces are extremely strong. In fact, gravity pulls together the

**Figure 1–27** *Although we think of the sun as giving off only visible light, these photographs prove us wrong. The photograph on the right is a combination of an X-ray and ultraviolet light. The photograph on the left shows our sun as seen through a radio telescope.*

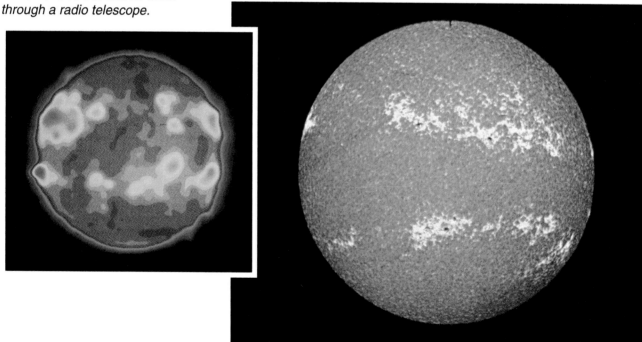

Ellos insertan las magnitudes aparente y absoluta del astro en una fórmula complicada. La fórmula proporciona una buena aproximación de la distancia del astro.

Ni el brillo ni el paralaje sirven para un astro a más de 7 millones de años luz de la Tierra, y la mayoría están más lejos. Para determinar la distancia de estas estrellas, los astrónomos de nuevo emplean el espectroscopio. Como ya sabes, la luz de un astro que se aleja de la Tierra tiene en su espectro un desplazamiento al rojo. Los astrónomos miden ese desplazamiento y emplean fórmulas complicadas para calcular la distancia del astro. Este método para medir distancias es controversial. Los científicos no están de acuerdo en cuanto a las distancias entre la Tierra y muchas estrellas.

## Por qué brillan las estrellas

Aprendiste cómo se emplea la luz de un astro para determinar su composición, su temperatura y su distancia. Pero, ¿exáctamente por qué brillan las estrellas? Para contestar esto, debes mirar muy dentro del núcleo de un astro.

Aquí, la fuerza de gravedad es muy poderosa. De hecho, es la gravedad que comprime los átomos de

**Figura 1–27** *Aunque pensamos que el sol sólo emite luz visible, estas fotografías comprueban que estamos equivocados. La fotografía a la derecha combina luz de rayos X y ultravioleta. La de la izquierda nos muestra el sol tal como se ve con un radiotelescopio.*

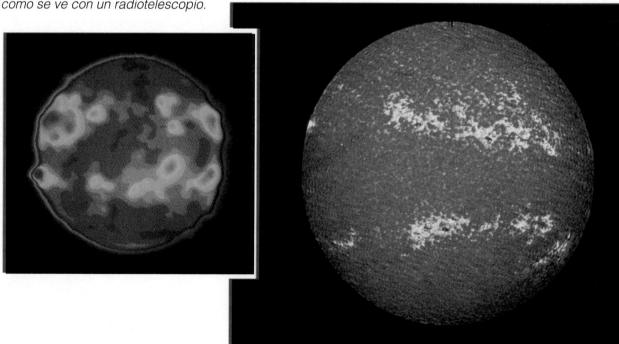

atoms of hydrogen gas in the core so tightly that they become fused together. This process is called **nuclear fusion.** During nuclear fusion, hydrogen atoms are fused to form helium atoms. Nuclear fusion, then, allows a star to produce a new element by combining other elements.

The sun changes about 600 billion kilograms of hydrogen into 595.8 billion kilograms of helium every second. As you can see from these numbers, during this fusion process 4.2 billion kilograms of the original mass of the hydrogen seem to be lost every second. Magic? Not really. The missing mass has been changed into energy. Most of the rest of the mass is changed into heat and light. And that is why a star shines. Of course, not all the light from nuclear fusion is visible light. Some of it may be infrared radiation, ultraviolet radiation, radio waves, and X-rays.

Back on Earth, nuclear fusion can be both constructive and destructive. The most destructive force known is the hydrogen bomb, in which hydrogen atoms are fused to form helium atoms, and huge amounts of energy are released. But one day nuclear fusion may become the most constructive force known. For controlled nuclear fusion in a nuclear-power plant would provide unlimited energy that is relatively pollution-free. Scientists hope that sometime in the next century nuclear-fusion power plants may solve much of Earth's energy needs.

## ACTIVITY — CALCULATING

*Fusion Power*

Our sun changes 600 billion kilograms of hydrogen into 595.8 billion kilograms of helium every second. The remaining 4.2 billion kilograms are changed into the energy that pours out from the sun.

Determine how many grams of hydrogen are converted into energy in one minute. In one hour.

## 1–3 Section Review

1. Describe how stars vary in size, composition, temperature, color, mass, and brightness.
2. How do astronomers determine the surface temperature of stars?
3. Compare absolute magnitude and apparent magnitude.

**Critical Thinking—*Making Inferences***
4. Why does the parallax method of measuring star distances require observations of a star made six months apart?

gas de hidrógeno en el núcleo tanto que se fusionan. Este proceso se llama **fusión nuclear**. En este proceso los átomos de hidrógeno se fusionan y producen átomos de helio. Así permite que un astro produzca un nuevo elemento al combinar otros.

El sol cambia 600 mil millones de kilogramos de hidrógeno a 595.8 mil millones de kilogramos de helio cada segundo. Como ves, en el proceso de fusión 4.2 mil millones de kilogramos de la masa original de hidrógeno parece perderse cada segundo. ¿Es magia? No. La masa ausente se ha convertido en energía. La mayor parte restante se convierte en calor y luz. Y es por eso que una estrella brilla. Claro que no toda la luz de la fusión nuclear es visible. Alguna puede que sea radiación infrarroja o ultravioleta, ondas radiales y rayos X.

En la Tierra la fusión nuclear puede ser constructiva o destructiva. La fuerza más destructiva que se concoce es la bomba de hidrógeno que fusiona átomos de hidrógeno en átomos de helio, arrojando enormes cantidades de energía. Pero algún día la fusión nuclear podrá ser la fuerza más constructiva que se concozca. Pues la fusión nuclear controlada en una planta de energía nuclear proveería energía ilimitada y libre de contaminación. Los científicos esperan que en el próximo siglo tales plantas provean casi toda la energía que se necesite en la Tierra.

# ACTIVIDAD

## PARA CALCULAR

*Energía de fusión*

El sol cambia 600 mil millones de kilogramos de hidrógeno en 595.8 mil millones de kilogramos de helio cada segundo. Los 4200 millones de kilogramos restantes se convierten en la energía que fluye del sol.

Determina cuántos gramos de hidrógeno se transforman en energía en un minuto, en una hora.

## 1–3 Repaso de la sección

1. Describe cómo los astros varían en tamaño, composición, temperatura, color, masa y brillo?
2. ¿Cómo determinan los atrónomos la temperatura de las estrellas?
3. Compara la magnitud absoluta y la magnitud aparente.

**Pensamiento crítico—*Hacer inferencias***

4. ¿Por qué el método de paralaje para medir la distancia entre estrellas requiere observaciones de un astro cada seis meses?

# PROBLEM Solving

## A Question of Intensity

Light intensity can be simply defined as the amount of light that falls on a given area. The intensity of a star is of great interest to astronomers. But astronomers are not the only ones who need to know about light intensity. Anyone who uses a camera understands the importance of light intensity on the quality of his or her photographs and how it affects the type of film that must be used. But how does the intensity of light change as you move farther away from a light source?

### Relating Cause and Effect

Using a light source, a light meter, and a one-meter cardboard square, determine how light intensity changes over distance. Explain the results of your experiment (*Hint:* The total amount of light does not change over distance.)

# 1–4 A Special Star: Our Sun

About 150 million kilometers from Earth there is a very important star—our sun. The sun is not unusual compared to other stars in the universe. It is a medium-sized, middle-aged yellow star about 4.6 billion years old. But without the sun, there would be no life on Earth.

## Layers of the Sun

The sun is a ball-shaped object made of extremely hot gases. It is an average star in terms of size, temperature, and mass. It measures 1.35 million

# PROBLEMA a resolver

## Cuestión de intensidad

Definimos la intensidad de la luz como la cantidad de luz que cubre cierta área. La intensidad de un astro es muy importante para los astrónomos. Pero ellos no son los únicos que deben conocer la intensidad de la luz. Cualquiera que use una cámara reconoce su importancia para la calidad de sus fotografías y la selección apropiada de la película. ¿Pero cómo cambia la intensidad luminosa al alejarse uno de la fuente de luz?

### Relación de causa y efecto

Usa una fuente de luz, un fotómetro y un cuadrado de cartón de un metro de lado para determinar cómo cambia la intensidad de la luz con la distancia. Explica los resultados (*Pista:* La cantidad total de luz no cambia con la distancia.)

---

## Guía para la lectura

*Piensa en esta pregunta mientras lees.*

▶ *¿Cuáles son las cuatro capas principales del sol y en qué se diferencian?*

## 1–4 Una estrella especial: nuestro sol

A unos 150 millones de kilómetros de la Tierra hay un astro muy importante, nuestro sol. No es excepcional comparado con otros astros. Es un astro amarillo de edad y tamaño medianos, de unos 4.6 mil millones de años. Pero sin el sol no habría vida en la Tierra.

### Capas del sol

El sol es un objeto esférico formado de gases muy calientes. Es un astro de regular tamaño, temperatura y masa. Mide 1.35 millones de kilómetros

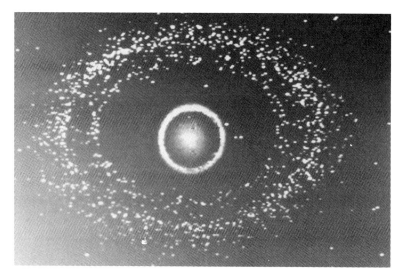

**Figure 1–28** *This computer-enhanced photograph surprised astronomers when it revealed a giant ring of dust circling the sun. The ring is almost 1.5 million kilometers from the sun.*

kilometers in diameter. If the sun were hollow, more than 1 million planet Earths could fit inside it! Although the sun's volume is more than 1 million times greater than that of Earth, its density is only one quarter that of Earth. Why do you think the Earth is more dense than the sun?

Since the sun is made only of gases, there are no clear boundaries within it. But four main layers can be distinguished. **Three layers make up the sun's atmosphere, and one layer makes up its interior.** See Figure 1–29.

**Figure 1–29** *The three main layers of the sun's atmosphere are the corona, the chromosphere, and the photosphere. What is the hottest part of the sun?*

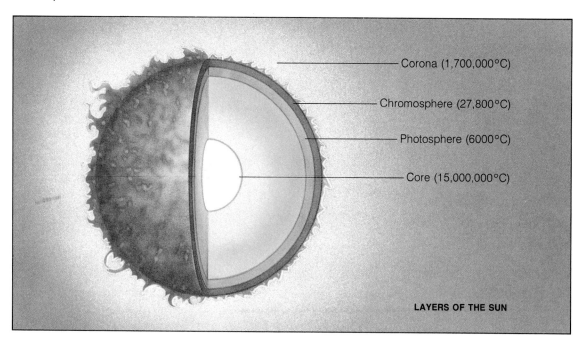

Corona (1,700,000°C)

Chromosphere (27,800°C)

Photosphere (6000°C)

Core (15,000,000°C)

**LAYERS OF THE SUN**

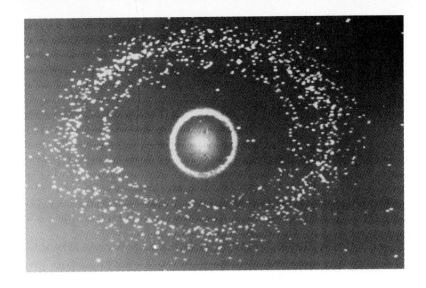

**Figura 1–28** *Esta fotografía realizada por computadora sorprendió a los astrónomos al revelar un anillo enorme de polvo girando alrededor del sol. El anillo está casi a 1.5 millones de kilómetros del sol.*

de diámetro. Si fuera hueco, ¡cabrían más de 1 millón de planetas Tierra en él! Aunque su volumen es tantas veces mayor que el de la Tierra, su densidad es de sólo una cuarta parte la de la Tierra. ¿Por qué será la Tierra más densa que el sol?

Como está hecho sólo de gases, el sol no tiene límites definidos. Pero se pueden distinguir cuatro capas. **Tres de ellas forman la atmósfera solar y una forma su interior.** Mira la figura 1–29.

**Figura 1–29** *Las tres capas principales de la atmósfera del Sol son la corona, la cromosfera y la fotosfera. ¿Cuál es la zona más caliente del sol?*

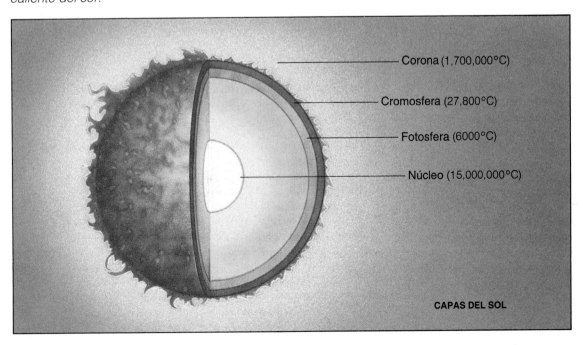

Corona (1,700,000°C)

Cromosfera (27,800°C)

Fotosfera (6000°C)

Núcleo (15,000,000°C)

**CAPAS DEL SOL**

**Figure 1–30** *The sun's corona becomes visible during a total solar eclipse. What object in space blocks out the rest of the sun during a solar eclipse?*

How Can You Observe the Sun Safely?, p.148

# ACTIVITY

## WRITING

*Word Search*

Have you ever wondered about the origins of words? Very often, especially in science, you can figure out the meaning of a word if you understand its parts. The terms *photosphere* and *chromosphere* are good examples.

Using reference materials, look up the meanings of the parts *chromo-, photo-,* and *-sphere.* How do they relate to the terms scientists use for parts of the sun's atmosphere?

**CORONA** The outermost layer of the sun's atmosphere is called the **corona** (kuh-ROH-nuh). Gas particles in the corona can reach temperatures up to 1,700,000°C. But if a spacecraft could pass through the corona and be shielded from the rest of the sun's heat, the temperature of the spacecraft would barely rise! The reason for this is simple. The gas particles in the corona are spread so far apart that not enough particles would strike the spacecraft at any one time to cause a rise in temperature.

**CHROMOSPHERE** Beneath the corona is the middle layer of the sun's atmosphere, the **chromosphere** (KROH-muh-sfir). The chromosphere is several thousand kilometers thick. But sometimes gases in the chromosphere suddenly flare up and stream as far as 16,000 kilometers into space. Temperatures in the chromosphere average 27,800°C.

**PHOTOSPHERE** The innermost layer of the sun's atmosphere is called the **photosphere.** The photosphere is about 550 kilometers thick and is often referred to as the surface of the sun. Temperatures in the photosphere usually do not exceed 6000°C.

**CORE** You may have noticed that the temperature decreases greatly from the corona through the photosphere. But the temperature begins to rise again in the interior of the sun. The interior of the sun includes all of the sun except the three layers of the atmosphere. At the edge of the sun's interior, near the photosphere, temperatures may reach 1 million degrees Celsius. But in the center of the sun, called the **core,** temperatures may reach up to 15 million degrees Celsius. It is here in the sun's core that hydrogen and helium gases churn in constant motion, and hydrogen atoms are fused into helium atoms, releasing the sun's energy as heat and light.

## The Active Sun

The sun is a relatively calm star compared to stars that expand and contract or erupt violently from time to time. But there is still a lot of activity going on in the sun.

**PROMINENCES** Many kinds of violent storms occur on the sun. One such solar storm is called

**Figura 1–30** *La corona del sol se vuelve visible durante un eclipse solar total. ¿Qué objeto en el espacio oculta el resto del sol durante el eclipse?*

Ｐozo de actividades

¿Cómo puedes observar el sol sin peligro?, p. 148

Ａctividad

**PARA ESCRIBIR**

*En busca de palabras*

¿Te has preguntado sobre el origen de las palabras? Muchas veces, especialmente en las ciencias, se puede deducir el significado de una palabra si conoces sus partes. Las palabras *fotosfera* y *cromosfera* son buenos ejemplos.

Usa materiales de consulta para averiguar el significado de *cromo-, foto-* y *-sfera* . ¿Qué relación tienen con las palabras que emplean los científicos para las partes de la atmósfera del sol?

**CORONA**     La capa exterior de la atmósfera solar se llama la **corona**. Partículas de gas en la corona alcanzan una temperatura de 1,700,000°C. Pero si una nave espacial pudiera atravesarla, protegida del resto del calor solar, ¡la temperatura de la nave apenas subiría! La razón es sencilla. Las partículas de gas están tan esparcidas que no habrían suficientes para chocar con la nave al mismo tiempo y afectar su temperatura.

**CROMOSFERA**     Debajo de la corona está la capa intermedia de la atmósfera solar, la **cromosfera**. Tiene un grosor de varios miles de kilómetros. Pero a veces brotan de momento gases de la cromosfera que fluyen hasta 16,000 kilómetros en el espacio. La temperatura media en la cromosfera es de unos 27,800°C.

**FOTOSFERA**     La capa interior de la atmósfera solar es la **fotosfera**. Tiene un grosor de 550 kilómetros y se conoce comunmente como la superficie solar. Puede alcanzar temperaturas de hasta 6,000°C.

**NÚCLEO**     Quizás notaste cómo baja la temperatura de la corona a la fotosfera. Pero la temperatura empieza a subir de nuevo en el interior del sol. El interior incluye todo el sol menos las tres capas de la atmósfera. En sus límites, cerca de la fotosfera, las temperaturas alcanzan 1,000,000°C. Pero en el centro solar, llamado el **núcleo**, las temperaturas suben hasta 15,000,000°C. Es aquí en el núcleo que los gases de hidrógeno y helio se agitan constantemente, y los átomos de hidrógeno se fusionan en átomos de helio, emitiendo la energía solar en forma de calor y luz.

## El sol activo

El sol es un astro casi quieto comparado con astros que se expanden y contraen o que estallan violentamente. Pero no obstante hay mucha actividad en el sol.

**PROTUBERANCIA SOLAR**     Existen muchas clases de tormentas violentas en el sol, una de ellas se llama

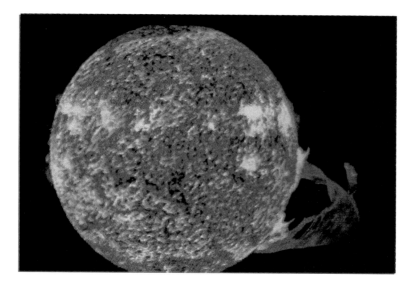

**Figure 1–31** *A huge solar prominence rises out of the sun like a twisted sheet of gas. What is a solar prominence?*

a **prominence** (PRAHM-uh-nuhns). Prominences are seen from Earth as huge bright arches or loops of gas. These twisted loops of hot gas usually originate in the chromosphere. Prominences sometimes bend backward and shower the gases back onto the sun. Other prominences from the chromosphere erupt to heights of a million kilometers or more above the sun's surface. During a solar prominence, gases and energy are sent into space. One incredibly large prominence, photographed on June 4, 1946, grew to almost the size of the sun in one hour before it disappeared a few hours later. Figure 1–31 shows a solar prominence shooting into space.

**SOLAR FLARES** Another kind of storm on the sun shows up as bright bursts of light on the sun's surface. These bursts of light are called **solar flares.** A solar flare usually does not last more than an hour. But during that time, the temperature of the solar-flare region can be twice that of the rest of the sun's surface. Huge amounts of energy are released into space during a solar flare.

**SOLAR WIND** A continuous stream of high-energy particles is released into space in all directions from the sun's corona. This stream is the **solar wind.** Solar flares sometimes increase the speed and strength of the solar wind. This increase in the solar wind can interfere with radio signals and telephone communications on Earth.

**SUNSPOTS** When astronomers observe the sun, they sometimes see dark areas on the sun's surface.

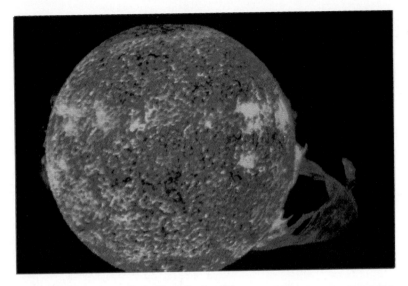

**Figura 1–31** *Una enorme protuberancia solar surge del sol como una plancha torcida de gas. ¿Qué es una protuberancia solar?*

**protuberancia solar**. Desde la Tierra parece un enorme arco brillante o anillo de gas. Usualmente se originan en la cromosfera. A veces se doblan hacia atrás y sus gases recaen en el sol. Otras protuberancias de la cromosfera alcanzan alturas de hasta un millón de kilómetros o más por encima de la superficie solar. La protuberancia lanza gases y energía al espacio. Una increíblemente grande, fotografiada el 4 de junio de 1946, se infló en una hora casi del tamaño del sol antes de desaparecer pocas horas después. La figura 1–31 muestra una protuberancia solar disparada al espacio.

**ERUPCIONES SOLARES** Otra clase de tormenta solar se parece a estallidos luminosos en su superficie. Estos estallidos se llaman **erupciones solares**. Por lo general no duran más de una hora. Mientras tanto su temperatura puede subir al doble de la del resto de la superficie. Cantidades enormes de energía se proyectan al espacio durante la erupción solar.

**VIENTO SOLAR** Desde la corona una ola constante de partículas de alta energía se emite al espacio en todas direcciones. Se conoce como el **viento solar**. A veces las erupciones solares aumentan la velocidad y potencia del viento solar. Entonces puede interferir con señales de radio y comunicaciones teléfonicas en la Tierra.

**MANCHAS SOLARES** Los astrónomos a veces ven áreas oscuras en la superficie del sol.

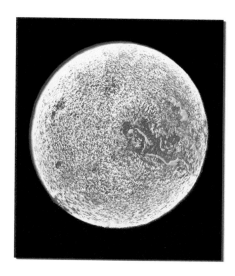

**Figure 1–32** *The green dots on the surface of the sun are colorized images of sunspots. What are sunspots?*

These dark areas are called **sunspots.** Sunspots appear dark because they are cooler than the rest of the sun's surface.

Sunspots are storms in the lower atmosphere of the sun. They may be as small as 16 kilometers in diameter or as large as 160,000 kilometers in diameter. The number of sunspots that appear on the sun at any one time is always changing. But periods of very active sunspot activity seem to occur every ten to eleven years. This activity interferes with communication systems on Earth.

Astronomers have observed that sunspots move across the sun's surface. This movement indicates that the gases in the sun spin, or rotate. The sun rotates on its **axis.** The axis is an imaginary vertical line through the center of the sun. Gases around the middle of the sun appear to rotate on the axis once every 25 days. But not all parts of the sun rotate at the same speed. Some parts of the sun take longer to rotate than others. What do you think accounts for this?

## 1–4 Section Review

1. List and describe the four main layers of the sun.
2. Describe four types of storms on the sun.
3. How have astronomers determined that the sun rotates on its axis?

**Connection—*Meteorology***
4. Explain the difference between the solar wind and winds on Earth.

### Guide for Reading

*Focus on these questions as you read.*

▶ *What is the life cycle of a star?*

▶ *How does the starting mass of a star relate to its evolution?*

# 1–5 The Evolution of Stars

Does it surprise you that the title of this section is called The Evolution of Stars? If you are like most people, you may think of evolution as something that deals with changes in living things. The definition of evolution, however, can be thought of in simple terms as change over time. Using that definition, many things can be considered to evolve. Planet Earth, for example, has changed greatly since it

**Figura 1–32** *Los puntos verdes sobre la superficie del Sol son manchas de sol coloreadas. ¿Qué son las manchas solares?*

Se llaman **manchas solares**. Parecen oscuras porque son menos caliente que el resto de la superficie.

Las manchas solares son tormentas en la átmosfera más baja del sol. Pueden tener tan poco como 16 kilómetros de diámetro o tanto como 160,000. La cantidad de manchas solares que aparecen en un dado momento varía. Pero parece que se intensifica esta actividad cada diez u once años, e interfiere con los sistemas de comunicación en la Tierra.

Se ha observado que las manchas solares atraviesan la superficie del sol. Esto indica que los gases solares dan vueltas, o giran. El sol gira sobre su **eje**. El eje es una línea vertical imaginaria que atraviesa el centro del sol. Gases alrededor del medio del sol parecen girar sobre un eje cada 25 días. Pero no todas las partes del sol giran a la misma velocidad. Algunas toman más tiempo que otras. ¿Qué podría explicar esto?

## 1–4 Repaso de la sección

1. Enumera y describe las cuatro capas del Sol.
2. Describe cuatro tipos de tormentas solares.
3. ¿Cómo determinaron los astrónomos que el sol gira sobre su eje?

**Conexión—*Meteorología***
4. Explica la diferencia entre el viento solar y los vientos terrestres.

# 1–5 La evolución de los astros

¿Te sorprende el nombre de esta sección? Quizás como mucha gente piensas que la evolución tiene que ver con el cambio en las cosas vivas. Pero la evolución puede definirse sencillamente como el cambio a través del tiempo. Con esta definición, se puede considerar la evolución de muchas cosas. La Tierra, por ejemplo, ha cambiado mucho desde

**Figure 1–33** *These rock formations in Arches National Park, Utah, demonstrate that planet Earth evolves, or changes, over time. What forces carved out the unusual rock formations?*

formed some 4.5 billion years ago. Rivers have carved canyons out of solid rock; plants have produced oxygen and turned a poisonous atmosphere into one in which animals can survive; mountains have risen, eroded away, and been carried as sediments to the sea.

Astronomers agree that stars also evolve, or change over time. The stars you see, including the sun, did not always look the way they do today. These stars will continue to change. Changes may take place over a few million years, or perhaps several billion years. Astronomers refer to the evolution of a star as the life cycle of a star.

Some stars have existed almost since the origin of the universe. Other stars, such as the sun, have come from the matter created by the first stars. From their studies of stars, astronomers have charted the life cycle of a star from its "birth" to its "death." According to the present theory of star evolution, the many different kinds of stars in the sky represent the various stages in the life cycle of a star.

## Protostars

You have read that galaxies contain huge clouds of dust and gases called nebulae. The most current theory of star formation states that new stars are born from the gases in a nebula. Over time, some of the hydrogen gas in a nebula is clumped together by gravity. The hydrogen atoms form a spinning cloud of gas within the nebula. Over millions of years more and more hydrogen gas is pulled into the spinning cloud. Collisions between hydrogen atoms become more frequent. These collisions cause the hydrogen gas to heat up.

**Figura 1–33** *Estas formaciones de roca en el Parque Nacional de Arches, Utah, demuestran que el planeta Tierra evoluciona, o cambia, a través del tiempo. ¿Qué fuerzas naturales esculpieron estas formaciones de roca inusuales?*

su formación hace unos 4.5 mil millones de años. Los ríos han abierto cañones donde hubo roca; las plantas han producido oxígeno y de una atmósfera tóxica, han hecho otra que da vida a los animales; han surgido montañas que luego, al erosionarse, se han convertido en sedimentos y han ido a parar al mar.

Los astrónomos creen que los astros también evolucionan, o cambian a través del tiempo. Los que vemos, incluso el sol, no siempre fueron como lo son hoy día. Y seguirán cambiando. El cambio puede tomar varios millones o miles de millones de años. A la evolución de un astro los astrónomos le llaman su ciclo de vida.

Algunos astros existen desde el origen del universo. Otros, como el sol, provienen de la materia creada por los primeros astros. Los astrónomos estudian el cielo de vida de los astros desde su "nacimiento" hasta su "muerte." De acuerdo a la teoría de evolución estelar actual, los astros en el cielo representan las distintas fases del ciclo de vida de una estrella.

## Protoestrellas

Ya sabes que las galaxias contienen nubes enormes de polvo y gases llamadas nebulosas. La última teoría dice que los astros nacen en los gases de las nebulosas. Paulatinamente, la gravedad comprime parte del gas de hidrógeno de la nebulosa. Los átomos de hidrógeno forman una nube giratoria de gas dentro de la nebulosa. A través de millones de años la nube se traga más y más gases de hidrógeno. Los átomos de hidrógeno chocan entre sí con más frecuencia y aumenta la temperatura del gas.

**Figure 1–34** *New stars and protostars are forming today in the dust and gas that make up the Orion Nebula. The sun formed in a similar nebula over 5 billion years ago.*

When the temperature within the spinning cloud reaches about 15,000,000°C, nuclear fusion begins. The great heat given off during nuclear fusion causes a new star, or **protostar,** to form. As a result of nuclear fusion, the protostar soon begins to shine and give off heat and light. At that point, a star is born.

## Medium-Sized Stars

Once a protostar forms, its life cycle is fixed. Everything that will happen to that star has already been determined. **The main factor that shapes the evolution of a star is how much mass it began with.**

For the first few billion years, the new star continues to shine as its hydrogen is changed into helium by nuclear fusion in the star's core. But eventually most of the star's original supply of hydrogen is used up. By this time, most of the star's core has been changed from hydrogen to helium. Then the helium core begins to shrink. As it shrinks, the core heats up again. The outer shell of the star is still composed mainly of hydrogen. The energy released by the heating of the helium core causes the outer hydrogen shell to expand greatly. As the outer shell expands, it cools and its color reddens. At this point, the star is a red giant. It is red because cooler stars shine red. And it is a giant because the star's outer shell has expanded from its original size.

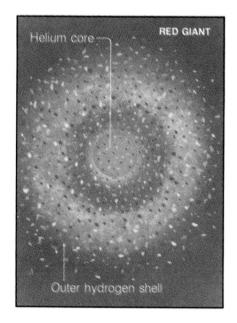

**Figure 1–35** *This illustration shows a red giant star. What does the red color of the outer shell indicate?*

**Figura 1–34** *Estrellas nuevas y protoestrellas se forman hoy día en el polvo y gas que componen la Nebulosa Orión. El Sol se formó en una nebulosa similar hace más de 5 mil millones de años.*

Cuando la temperatura en la nube giratoria llega a los 15,000,000°C, se inicia la fusión nuclear. La fusión nuclear produce el calor intenso que hace que se forme un nuevo astro, o una **protoestrella**. Gracias a la fusión nuclear, la protoestrella pronto comienza a brillar, y a emitir calor y luz. Ese es el momento en que nace una estrella.

## Astros de tamaño mediano

Al formarse la protoestrella, se fija su ciclo de vida. Todo su futuro ya está predeterminado. **El factor fundamental en la evolución de un astro es la cantidad de su masa original.**

Por varios miles de millones de años, el nuevo astro brilla mientras que en su núcleo la fusión nuclear cambia el hidrógeno en helio. Pero con el tiempo se va consumiendo el hidrógeno. Gran parte del núcleo pasa a ser helio. Entonces comienza a encogerse el núcleo de helio y a volver a calentarse. La cubierta exterior del astro todavía es mayormente hidrógeno. La energía que emite el núcleo de helio al calentarse hace que esta cubierta de hidrógeno se expanda mucho. Mientra se expande, baja su temperatura y se vuelve roja. La estrella es ahora una gigante roja. Es roja porque así brillan los astros menos calientes. Es una gigante porque su cubierta exterior se ha expandido de su tamaño original.

GIGANTE ROJA

Núcleo de helio

Cubierta exterior de hidrógeno

**Figura 1–35** *Esta ilustración muestra una estrella gigante roja. ¿Qué indica el color rojo de la cubierta exterior de hidrógeno?*

As the red giant ages, it continues to "burn" the hydrogen gas in its shell. The temperature within the helium core continues to get hotter and hotter too. At about 200,000,000°C, the helium atoms in the core fuse together to form carbon atoms. Around this time, the last of the hydrogen gas surrounding the red giant begins to drift away. This drifting gas forms a ring around the central core of the star. This ring is called a planetary nebula—although it has nothing to do with planets. See Figure 1–36.

At some point in the red giant's life, the last of the helium atoms in its core are fused into carbon atoms. The star begins to die. Without nuclear fusion taking place in its core, the star slowly cools and fades. Finally gravity causes the last of the star's matter to collapse inward. The matter is squeezed so tightly that the star becomes a tiny white dwarf.

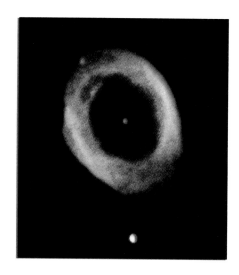

**Figure 1–36** *This ring nebula, or planetary nebula, is all that is left of the gases that once surrounded a red giant star.*

## White Dwarfs

The matter squeezed into a white dwarf is extremely dense. In fact, a single teaspoon of matter in a white dwarf may have a mass of several tons. But a white dwarf is not a dead star. It still shines with a cool white light.

At some point, the last of the white dwarf's energy is gone. It becomes a dead star. The length of time it takes a medium-sized star to become a white dwarf and die depends on the mass of the star when it first formed. It will take about 10 billion years for a medium-sized star such as the sun to evolve from formation to death. A smaller medium-sized star may take as long as 100 billion years. But a larger medium-sized star may die within only a few billion years. As you can see, the smaller the starting mass of a star, the longer it will live.

## Massive Stars

The evolution of a massive star is quite different from that of a medium-sized star. At formation, massive stars usually have at least six times as much mass as our sun. Massive stars start off like medium-sized stars. They continue on the same life-cycle path until they become red giants, or even supergiants. Unlike

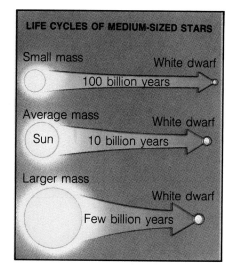

**Figure 1–37** *Medium-sized stars all end up as white dwarfs. What is the relationship between mass and the time it takes a medium-sized star to become a white dwarf?*

Mientras la gigante roja envejece, sigue "consumiendo" el gas exterior de hidrógeno. La temperatura en el núcleo de helio sigue aumentando más y más. Alcanza los 200,000,000°C y los átomos de helio se fusionan y forman átomos de carbón. Ahora lo que queda del gas de hidrógeno empieza a perderse y forma un anillo alrededor del núcleo. Este anillo se llama una nebulosa planetaria, aunque no tiene nada que ver con planetas. Mira la figura 1–36.

En algún momento en la vida de la gigante roja el último átomo de helio en el núcleo se fusiona en átomos de carbón. Empieza a morir. Sin fusión nuclear en el núcleo, poco a poco se enfría y apaga. Por fin la gravedad hace que la última materia sufra un colapso hacia adentro. La materia se comprime tanto que la estrella se vuelve una diminuta enana blanca.

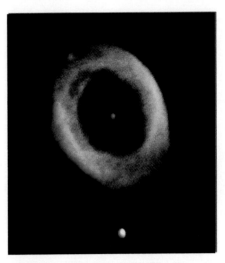

**Figura 1–36** *Esta nebulosa de anillo, o nebulosa planetaria, es todo lo que queda de los gases que una vez rodeaban la estrella roja gigante.*

## Enanas blancas

La materia comprimida en la enana blanca es tan densa que una cucharadita de esta materia puede tener una masa de varias toneladas. Pero la enana blanca no está muerta. Aún alumbra con un brillo blanco frío.

Llega un punto en que se acaba su energía. Muere la estrella. El tiempo que se toma un astro de tamaño mediano a convertirse en enana blanca y perecer depende de su masa original. Por ejemplo, la evolución del sol desde formarse hasta morir tomará unos 10 mil millones de años. Otro astro mediano más pequeño que el sol puede que tome hasta 100 mil millones de años. Uno más grande puede que muera en unos miles de millones de años. Como ves, mientras más pequeña la masa originaria, más larga es la vida del astro.

## Astros masivos

La evolución de un astro masivo es muy diferente al de uno mediano. Al formarse suele tener por lo menos seis veces más masa que el sol. Inicia su vida como los astros de tamaño mediano. Sigue el mismo ciclo de vida hasta convertirse en gigante roja o

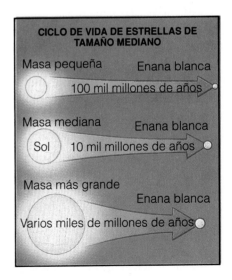

**Figura 1–37** *Estrellas de tamaño mediano terminan como enanas blancas. ¿Cuál es la relación entre la masa y el tiempo que le toma a tales estrellas convertirse en enanas blancas?*

**Figure 1–38** *These photographs show a star before and after a supernova. What characteristic of the star will determine its fate after the supernova?*

medium-sized stars, however, massive stars do not follow the path from red giant to white dwarf. They take a completely different path.

Recall that a red giant becomes a white dwarf when all the helium in its core has turned to carbon. In a massive star, gravity continues to pull together the carbon atoms in the core. When the core is squeezed so tightly that the heat given off reaches about 600,000,000°C, the carbon atoms begin to fuse together to form new and heavier elements such as oxygen and nitrogen. The star has begun to become a factory for the production of heavy elements. The core of the massive star is so hot that fusion continues until the heavy element iron forms. But not even the tremendous heat of the massive star can cause iron atoms to fuse together.

## Supernovas

By the time most of the nuclear fusion in a massive star stops, the central core is mainly iron. Although the process is not well understood, the iron atoms begin to absorb energy. Soon this energy is released, as the star breaks apart in a tremendous explosion called a **supernova.** A supernova can light the sky for weeks and appear as bright as a million suns. (Keep in mind that a supernova is very different from the nova you read about earlier. Only the names are similar.)

**Figure 1–39** *Notice the ring of gas surrounding the red giant star that has undergone a supernova explosion.*

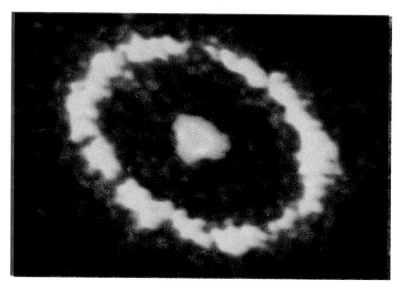

**Figura 1–38** *Estas fotografías muestran un astro antes y después de una supernova. ¿Cuáles características del astro determinarán su destino después de la supernova?*

en supergigante. Pero a diferencia de los astros medianos, los masivos no experimentan el cambio de gigantes rojas a enanas blancas. Se desvían por completo.

Recuerda que la gigante roja se vuelve enana blanca cuando todo su helio es ya carbono. En un astro masivo la gravedad sigue comprimiendo átomos de carbono en el núcleo. Cuando el núcleo está tan comprimido que el calor que emite es de unos 600,000,000°C, los átomos de carbono comienzan a fusionarse y forman nuevos elementos más pesados, tales como oxígeno y nitrógeno. El astro es ahora una fábrica de elementos pesados. El núcleo del astro masivo se calienta tanto que la fusión ahora produce el elemento pesado del hierro. Pero ni el calor enorme del astro masivo hace que se fusionen los átomos de hierro.

## Supernovas

Al cesar la fusión nuclear en un astro masivo, el núcleo es ya mayormente hierro. No se conoce bien el proceso, pero los átomos de hierro empiezan a absorber energía. Pronto escapa la energía en una explosión espectacular del astro llamada una **supernova**. Por meses se alumbra el firmamento con el brillo de un millón de soles. (Recuerda que una supernova es muy diferente a la nova de la que ya leíste. Sólo se parecen en los nombres.)

**Figura 1–39** *Observa el anillo de gas que rodea la estrella gigante roja que ha sufrido una explosión supernova.*

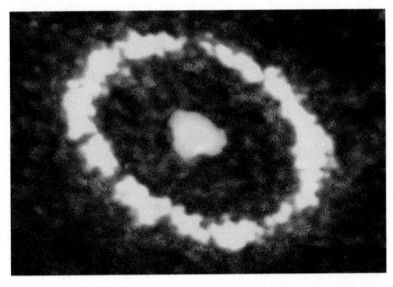

During a supernova explosion, the heat in a star can reach temperatures up to 100,000,000,000°C—that is, 100 billion degrees Celsius! At these extraordinarily high temperatures, iron atoms within the core fuse together to form new elements. These newly formed elements, along with most of the star's remaining gases, explode into space. The resulting cloud of dust and gases forms a new nebula. The gases in this new nebula contain many elements formed during the supernova. At some point new stars may form within the new nebula.

Most astronomers agree that the nebula from which our sun and its planets formed was the result of a gigantic supernova many billions of years ago. Why do you think astronomers feel the sun and its planets could not have formed in a nebula of only hydrogen and helium gases?

The most famous supernova ever recorded was observed by Chinese astronomers in 1054. The supernova lit the day sky for 23 days and could be seen at night for more than 600 days. Today the remains of this supernova can be seen in the sky as the Crab Nebula. One day, perhaps, new stars will form within the Crab Nebula, and the cycle will begin all over again.

## Neutron Stars

What happens to the remains of the core of a star that has undergone a supernova? Again, the evolution of the star depends on its starting mass. A star that began 6 to 30 times as massive as the sun will end up as a neutron star after a supernova. A neutron star is about as massive as the sun but is often less than 16 kilometers in diameter. Such a star is extremely dense. A teaspoon of neutron matter would have a mass of about 100 million tons!

Neutron stars spin very rapidly. As a neutron star spins, it may give off energy in the form of radio waves. Usually the radio waves are given off as pulses of energy. Astronomers can detect these pulses of radio waves if the pulses are directed toward the Earth. Neutron stars that give off pulses of radio waves are called **pulsars.** Thus the end result of a supernova may be a pulsar. And in fact, astronomers have found a pulsar at the center of the Crab Nebula.

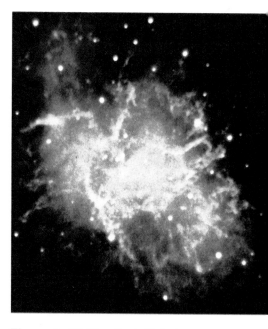

**Figure 1–40** *The Crab Nebula formed from the supernova explosion of a dying star.*

Durante la explosión de una supernova, la temperatura puede ascender hasta a 100,000,000,000°C (¡100 mil millones!). En este calor extremo los átomos de hierro en el núcleo se fusionan en nuevos elementos que, con los gases que le quedan al astro, explotan. Vuelan al espacio y producen una nube de polvo y gases y, luego, una nueva nebulosa. Sus gases llevan muchos elementos formados durante la supernova. De aquí podrán salir nuevos astros.

Los astrónomos creen que hace miles de millones de años una supernova gigantesca produjo la nebulosa que hizo el sol y los planetas. ¿Por qué opinarán ellos que esta nebulosa no era sólo de gases de hidrógeno y helio?

Astrónomos chinos observaron la supernova más famosa en el año 1054. Por 23 días alumbró el cielo del día y por 600 noches se vio en el firmamento. Hoy día se ven sus restos en la Nebulosa del Cangrejo. Puede que algún día surjan de ella nuevas estrellas y vuelva a repetirse el ciclo.

## Estrellas de neutrones

¿Qué pasa con los restos del núcleo de un astro hecho supernova? Todo depende de la masa original. Un astro con una masa de 6 a 30 veces la del sol termina como estrella de neutrón luego de ser supernova. Se reduce a la masa aproximada del sol, pero con un diámetro de menos de 16 kilómetros. Es sumamente densa. ¡Una cucharadita de su materia tendría una masa de unas 100 millones de toneladas!

Las estrellas de neutrones giran rápidamente y pueden emitir ondas radiales. Normalmente son ondas intermitentes o pulsantes. Se pueden detectar sus pulsos si se dirigen hacia la Tierra. Las estrellas de neutrones que emiten ondas radiales pulsantes se llaman **pulsares.** Así, una supernova puede llegar a ser una pulsar. Y de hecho los astrónomos han descubierto una en el centro de la Nebulosa del Cangrejo.

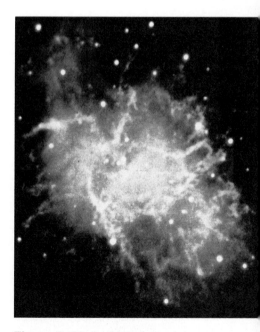

**Figura 1–40** *La Nebulosa del Cangrejo se formó de una explosión de supernova de un astro moribundo.*

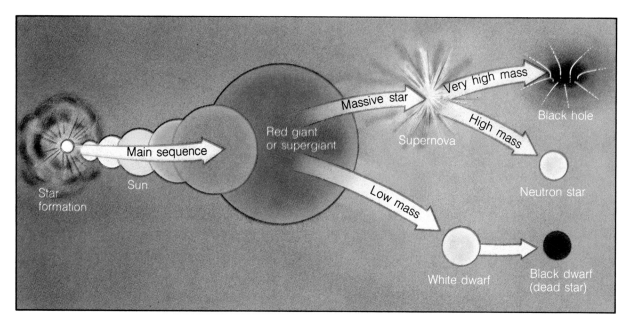

**Figure 1–41** *The fate of a star depends on its mass when it first formed. The sun is a low-mass star that will one day become a white dwarf and finally a dead black dwarf.*

The neutron star in the Crab Nebula pulses at a rate of about 30 times a second. So you can see that a superdense neutron star spins very rapidly.

## Black Holes

Stars with 30 or more times the mass of the sun will have even shorter life spans and a stranger fate than those that wind up as white dwarfs or neutron stars. After a supernova explosion, the core that remains is so massive that, without the energy created by nuclear fusion to support it, the core is swallowed up by its own gravity. The gravity of the core becomes so strong that not even light can escape. The core has become a **black hole.** A black hole swallows matter and energy as if it were a cosmic vacuum cleaner.

If black holes do not allow even light to escape, how can astronomers find them? Actually, it is difficult to detect black holes. But some black holes have a companion star. When the gases from the companion star are pulled into the black hole, the gases are heated. Before the gases are sucked into the black hole and lost forever, they may give off a burst of X-rays. So scientists can detect black holes by the X-rays given off when matter falls into the black hole. See Figure 1–42.

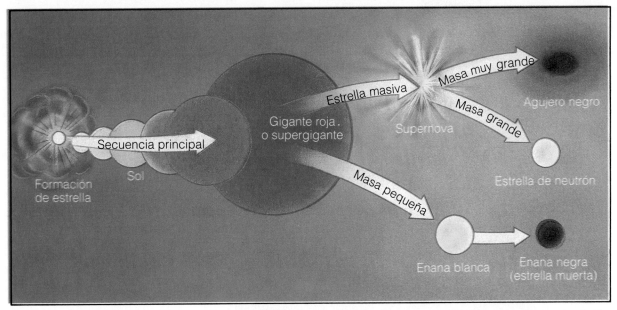

Las imágenes contienen las siguientes etiquetas:

- Formación de estrella
- Secuencia principal
- Sol
- Gigante roja o supergigante
- Estrella masiva
- Supernova
- Masa muy grande
- Agujero negro
- Masa grande
- Estrella de neutrón
- Masa pequeña
- Enana blanca
- Enana negra (estrella muerta)

**Figura 1–41** *El destino de una estrella depende de su masa al formarse. El sol es una estrella de masa pequeña que algún día será una enana blanca y al final una enana negra muerta.*

Las pulsaciones de la estrella de neutrón en la Nebulosa del Cangrejo ocurren unas 30 veces por segundo. Como ves, una estrella de neutrón superdensa gira muy rápido.

## Agujeros negros

Estrellas con una masa de 30 veces o más la del sol viven menos y aguardan un destino más extraño que las que se vuelven enanas blancas o estrellas de neutrones. Explota la supernova. Queda un núcleo tan masivo que, sin la energía creada por la fusión nuclear para sostenerlo, su propia gravedad se lo traga. Esta gravedad es tan poderosa que ni la luz escapa. El núcleo se ha convertido en un **agujero negro** que traga materia y energía como si fuera una aspiradora cósmica.

Si ni la luz se le escapa, ¿cómo se podrá ver? Pues es difícil. Pero algunos agujeros negros tienen una estrella compañera. Cuando el agujero negro atrae los gases de la estrella compañera, estos se calientan. Antes de desaparecer para siempre, pueden emitir un chorro de rayos X. Así, podemos detectar un agujero negro por los rayos X emitidos cuando cae materia en él. Mira la figura 1–42.

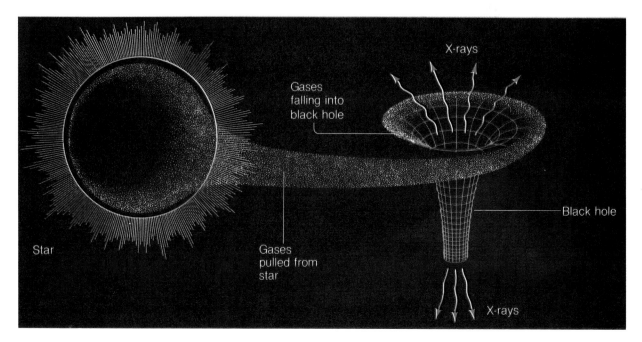

**Figure 1–42** *Some black holes have a companion star. Gases from the companion star are pulled into the black hole. When this occurs, the black hole releases a huge burst of X-rays.*

What happens to matter when it falls into the black hole? Probably the matter is squeezed out of existence, just as a star that becomes a black hole is. But some scientists think strange things may go on inside a black hole. The laws of science may be different within a black hole. Some scientists theorize that black holes are passageways to other parts of the universe, to other universes, or even into time!

## 1–5 Section Review

1. How is the evolution of a star determined by its starting mass?
2. What is the next stage in the sun's evolution?
3. Why are supernovas considered factories for the production of heavy elements?

**Critical Thinking—*Making Inferences***
4. A scientist observes a pulsar in the center of a large nebula. What can the scientist infer about the relationship of the nebula and the pulsar's life cycle?

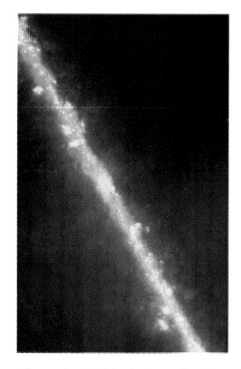

**Figure 1–43** *This photograph of the center of the Milky Way Galaxy was taken with an infrared telescope. Many scientists now believe there is a black hole in the center of the Milky Way.*

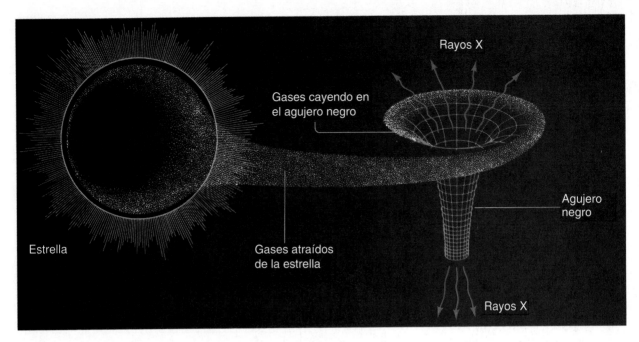

Estrella

Gases cayendo en
el agujero negro

Gases atraídos
de la estrella

Rayos X

Agujero
negro

Rayos X

**Figura 1–42** *Algunos agujeros negros tienen una estrella compañera. El agujero negro atrae gases de la estrella compañera. Cuando esto ocurre, el agujero negro arroja una enorme cantidad de rayos X.*

¿Qué le pasa a la materia al caer en el agujero negro? Probablemente se aplasta hasta desvanecer, como el astro que se hizo agujero negro. Pero algunos científicos creen que pasan cosas raras dentro del agujero negro. Quizás allí las leyes de la ciencia sean diferentes. ¡Algunos teorizan que el agujero negro es un pasillo a otras partes del universo, o a otros universos, o a otro tiempo!

## 1–5 Repaso de la sección

1. ¿Cómo determina la masa original la evolución de una estrella?
2. ¿Cuál será la próxima etapa en la evolución del Sol?
3. ¿Por qué se describen las supernovas como fábricas de elementos pesados?

**Pensamiento crítico—*Hacer inferencias***
4. Un científico observa una pulsar en el centro de una nebulosa enorme. ¿Qué puede inferir acerca de la relación entre la nebulosa y el ciclo de vida de la pulsar?

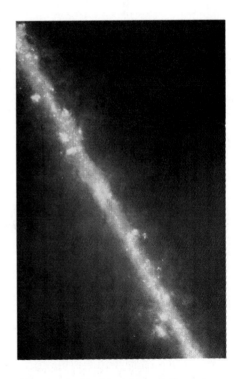

**Figura 1–43** *Esta fotografía del centro de la Vía Láctea se tomó con un telescopio de luz infraroja. Muchos científicos ahora creen que hay un agujero negro en el centro de la Vía Láctea.*

# Laboratory Investigation

## Identifying Substances Using a Flame Test

### Problem

How can substances be identified by using a flame test?

### Materials *(per group)*

safety goggles
Bunsen burner
heat-resistant gloves
stainless steel teaspoon
1 unmarked bottle each of sodium chloride, potassium chloride, and lithium chloride

### Procedure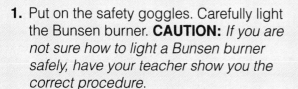

1. Put on the safety goggles. Carefully light the Bunsen burner. **CAUTION:** *If you are not sure how to light a Bunsen burner safely, have your teacher show you the correct procedure.*

2. Put on the heat-resistant gloves.

3. Place the tip of the clean teaspoon in water. Then dip the tip of the spoon into one of the unmarked powders. Make sure that some of the powder sticks to the wet tip.

4. Hold the tip of the spoon in the flame of the Bunsen burner until most of the powder has burned. Observe and record the color of the flame.

5. Repeat steps 3 and 4 using the powder in the second and third unmarked bottles. Observe and record the color of the flame for each powder.

### Observations

| Flame Test | Color of Flame | Name of Substance |
|---|---|---|
| Powder 1 | | |
| Powder 2 | | |
| Powder 3 | | |

### Analysis and Conclusions

1. Sodium chloride burns with a yellow flame. Potassium chloride burns with a purple flame. And lithium chloride burns with a red flame. Using this information, determine the identity of each of the unmarked powders. Record the names of the substances.

2. Why is it important to make sure the spoon is thoroughly cleaned before each flame test? Try the investigation without cleaning the spoon to test your answer.

3. Relate this investigation to the way astronomers study a star's composition.

4. **On Your Own** Predict the color of the flame produced when various combinations of the three powders are used. With your teacher's permission, perform an investigation to test your prediction.

# Investigación de laboratorio

## Identificar sustancias usando la prueba de la llama

### Problema

¿Cómo se identifican sustancias usando la prueba de la llama?

### Materiales *(para cada grupo )*

gafas protectoras
mechero Bunsen
guantes a prueba de calor
cucharadita de acero inoxidable
frascos sin etiqueta de cloruro de sodio,
    cloruro de potasio y cloruro de litio

### Procedimiento    👁

1. Ponte las gafas. Con cuidado enciende el mechero Bunsen. **CUIDADO:** *Si no sabes bien cómo encender sin peligro el mechero Bunsen, deja que tu profesor(a) te enseñe la forma correcta.*

2. Ponte los guantes.

3. Moja la punta de la cucharadita limpia en agua. Luego métela en uno de los polvos, asegurando que el polvo se le pegue.

4. Pon la punta de la cucharadita en la llama del mechero Bunsen hasta consumirse casi todo el polvo. Observa y apunta el color de la llama.

5. Repite los pasos 3 y 4 con los otros dos polvos. Apunta el color de la llama de cada polvo.

### Observaciones

| Prueba de la llama | Color de la llama | Nombre de la sustancia |
|---|---|---|
| Polvo 1 | | |
| Polvo 2 | | |
| Polvo 3 | | |

### Análisis y conclusiones

1. El cloruro de sodio arde con una llama amarilla. El cloruro de potasio con una llama violeta. Y el cloruro de litio con una llama roja. Usando esta información, identifica cada polvo. Apunta los nombres de las sustancias.

2. ¿Por qué es importante asegurar que la cucharadita esté limpia antes de cada prueba? Haz las pruebas sin limpiar la cucharadita para comprobar tu respuesta.

3. Compara esta investigación con la manera en que los astrónomos estudian la composición de los astros.

4. **Por tu cuenta** Pronostica el color de la llama que saldrá de varias combinaciones de los tres polvos. Con el permiso de tu profesor(a), haz una investigación para comprobar tu predicción.

# Study Guide

## Summarizing Key Concepts

### 1–1 A Trip Through the Universe

▲ Nebulae are huge clouds of dust and gas from which new stars are born.

▲ The three types of galaxies are spiral, elliptical, and irregular. Our sun is in the spiral-shaped Milky Way galaxy.

▲ Many stars are found in multiple-star systems.

### 1–2 Formation of the Universe

▲ Every distant galaxy shows a red shift, indicating that the universe is expanding.

▲ Most astronomers agree that the universe began with the big bang.

### 1–3 Characteristics of Stars

▲ Stars range in size from huge supergiants to tiny neutron stars.

▲ The surface temperature of a star can be determined by its color.

▲ Most stars are made up primarily of hydrogen and helium gases.

▲ A star's brightness as observed from Earth is its apparent magnitude. A star's true brightness is its absolute magnitude.

▲ The Hertzsprung-Russell diagram shows the relationship between a star's absolute magnitude and its temperature.

### 1–4 A Special Star: Our Sun

▲ The layers of the sun are the corona, chromosphere, photosphere, and core.

### 1–5 The Evolution of Stars

▲ The main factor that affects the evolution of a star is its starting mass.

## Reviewing Key Terms

*Define each term in a complete sentence.*

### 1–1 A Trip Through the Universe

binary star
constellation
nova
nebula
galaxy
spiral galaxy
elliptical galaxy

### 1–2 Formation of the Universe

spectroscope
spectrum
red shift
Doppler effect
big-bang theory
gravity
quasar

### 1–3 Characteristics of Stars

giant star
supergiant star
white dwarf
neutron star
apparent magnitude
absolute magnitude
Hertzsprung-Russell diagram
main-sequence star
parallax
nuclear fusion

### 1–4 A Special Star: Our Sun

corona
chromosphere
photosphere
core
prominence
solar flare
solar wind
sunspot
axis

### 1–5 The Evolution of Stars

protostar
supernova
pulsar
black hole

## Resumen de conceptos claves

### 1–1  Un viaje a través del universo

▲ Nebulosas son vastas nubes de polvo y gas de las cuales se forman astros.

▲ Los tres tipos de galaxias son espirales, elípticas e irregulares. El sol está en la Vía Láctea, una galaxia espiral.

▲ Muchos astros están en sistemas de estrellas múltiples.

### 1–2  Formación del universo

▲ Galaxias lejanas tienen una desviación roja, indicando que el universo se expande.

▲ Casi todos los astrónomos creen que el universo comenzó con la Gran Explosión.

### 1–3  Características de las estrellas

▲ Los astros varían en tamaño de supergigantes a minúsculas estrellas de neutrones.

▲ Se conoce la temperatura de la superficie de un astro por su color.

▲ En general los astros se componen de gases de hidrógeno y helio.

▲ El brillo que vemos en un astro es su magnitud aparente. Su verdadero brillo es su magnitud absoluta.

▲ El diagrama de Hertzsprung-Russell da la relación entre magnitud absoluta y la temperatura de un astro.

### 1–4  Una estrella especial: nuestro sol

▲ Las capas del sol son la corona, la cromosfera, la fotosfera y el núcleo.

### 1–5  Evolución de las estrellas

▲ El factor fundamental en la evolución de un astro es su masa original.

## Repaso de palabras claves

*Define cada palabra o palabras con una oración completa.*

### 1–1  Un viaje a través del universo

estrella binaria
constelación
nova
nebulosa
galaxia
galaxia espiral
galaxia elíptica

### 1–2  Formación del universo

espectroscopio
espectro
desviación roja
efecto Doppler
teoría de la Gran Explosión
gravedad
quasar

### 1–3  Características de las estrellas

estrella gigante
estrella supergigante
enana blanca
estrella de neutrón
magnitud aparente
magnitud absoluta
diagrama de Hertzsprung-Russell
estrella de la secuencia principal
paralaje
fusión nuclear

### 1–4  Una estrella especial: nuestro sol

corona
cromosfera
fotosfera
núcleo
prominencia
erupción solar
viento solar
mancha solar
eje

### 1–5  Evolución de las estrellas

protoestrella
supernova
pulsar
agujero negro

# Chapter Review

## Content Review

### Multiple Choice

*Choose the letter of the answer that best completes each statement.*

1. Light can be broken up into its characteristic colors by a(an)
   a. optical telescope.  c. spectroscope.
   b. flame test.         d. parallax.
2. The shape of galaxies such as the Milky Way is
   a. elliptical.   c. globular.
   b. irregular.    d. spiral.
3. The most common element in an average star is
   a. hydrogen.   c. helium.
   b. oxygen.     d. carbon.
4. During nuclear fusion, hydrogen atoms are fused into
   a. carbon atoms.   c. iron atoms.
   b. nitrogen atoms. d. helium atoms.
5. The main factor that shapes the evolution of a star is its
   a. mass.    c. composition.
   b. color.   d. absolute magnitude.

6. The color of a star is an indicator of its
   a. size.   c. surface temperature.
   b. mass.   d. inner temperature.
7. Supermassive stars end up as
   a. main-sequence stars. c. black holes.
   b. neutron stars.       d. white dwarfs.
8. The innermost layer of the sun's atmosphere is the
   a. corona.        c. chromosphere.
   b. photosphere.   d. core.
9. The most distant objects in the universe are
   a. pulsars.        c. quasars.
   b. neutron stars.  d. binary stars.
10. A star's brightness as seen from Earth is its
    a. absolute magnitude.
    b. average magnitude.
    c. apparent magnitude.
    d. parallax.

### True or False

*If the statement is true, write "true." If it is false, change the underlined word or words to make the statement true.*

1. Our sun is in the Andromeda galaxy.
2. Most stars are main-sequence stars.
3. A solar storm in the form of a huge, bright loop is called a solar flare.
4. Heavy elements are produced in a star during a nova explosion.
5. Most of the core of a red giant is made of helium.
6. In an open universe, all the galaxies will eventually move back to the center of the universe.
7. The blue shift indicates that the universe is expanding.

### Concept Mapping

*Complete the following concept map for Section 1–2. Refer to pages M6–M7 to construct a concept map for the entire chapter.*

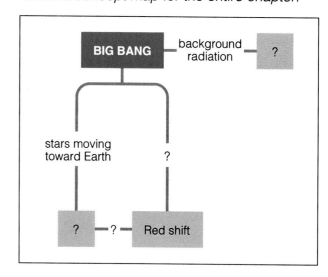

# Repaso del capítulo

## Repaso del contenido

### Selección múltiple

*Selecciona la letra de la respuesta que mejor complete cada frase.*

1. Se puede separar la luz en sus colores característicos con un(a)
   a. telescopio óptico.
   c. espectroscopio.
   b. prueba de la llama.
   d. paralaje.

2. La forma de galaxias tales como la Vía Láctea es
   a. elíptica.
   c. globular.
   b. irregular.
   d. espiral.

3. El elemento más común en un astro típico es
   a. hidrógeno.
   c. helio.
   c. oxígeno.
   d. carbono.

4. En la fusión nuclear, los átomos de hidrógeno se fusionan en átomos de
   a. carbono.
   c. hierro.
   b. nitrógeno.
   d. helio.

5. El factor fundamental en la evolución de un astro es su
   a. masa.
   c. composición.
   b. color.
   d. magnitud absoluta.

6. El color de un astro indica su
   a. tamaño.
   c. temperatura de la superficie.
   b. masa.
   d. temperatura interior.

7. Astros supermasivos terminan como
   a. estrellas de la secuencia principal.
   c. agujeros negros.
   b. estrellas de neutrones.
   d. enanas blancas.

8. La capa interior de la atmósfera solar es el/la
   a. corona.
   c. cromosfera.
   b. fotosfera.
   d. núcleo.

9. Los objetos más distantes del universo son
   a. pulsares.
   c. quasares.
   b. estrellas de neutrones.
   d. estrellas binarias.

10. El brillo de un astro visto desde la Tierra es su
    a. magnitud absoluta.
    c. magnitud aparente.
    b. magnitud media.
    d. paralaje.

### Verdadero o falso

*Si la afirmación es verdadera, escribe "verdad." Si es falsa, cambia las palabras subrayadas para que sea verdadera.*

1. El Sol está en la galaxia <u>Andrómeda.</u>
2. En general los astros son <u>estrellas de la secuencia principal</u>.
3. Una tormenta solar con forma de enorme arco brillante es una <u>erupción solar</u>.
4. Se produce elementos pesados en un astro durante una exploción de <u>nova.</u>
5. Mayormente, el núcleo de una gigante roja es de <u>helio</u>.
6. En <u>un universo abierto</u>, las galaxias vuelven al centro del universo con el tiempo.
7. El <u>desplazamiento hacia el azul</u> indica que el universo se expande.

### Mapa de conceptos

*Completa el siguiente mapa de conceptos para la sección 1–2. Para hacer un mapa de conceptos de todo el capítulo, consulta las páginas M6–M7.*

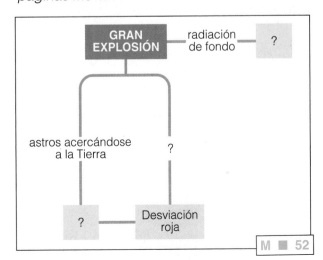

# Concept Mastery

*Discuss each of the following in a brief paragraph.*

1. Compare the evolution of a medium-sized star and a massive star.
2. When you look at the light from distant stars, you are really looking back in time. Explain what this statement means.
3. Describe the Hertzsprung-Russell diagram and the information it provides.
4. What are the different ways astronomers use starlight to study stars?

# Critical Thinking and Problem Solving

*Use the skills you have developed in this chapter to answer each of the following.*

1. **Making predictions** Predict how people in your town would react to a visit by living things from a distant star.
2. **Making comparisons** Compare a pulsar to a lighthouse.
3. **Interpreting diagrams** Examine the spectral lines, or fingerprints, of the elements hydrogen, helium, sodium, and calcium. Compare them with the spectral lines in the spectra labeled X, Y, and Z. Determine which elements produced spectral lines in spectra X, Y, and Z.
4. **Relating cause and effect** Once every three days a small but bright star seems to disappear, only to reappear within six hours. Based on this data, what is causing the small star to disappear?
5. **Using the writing process** You have been on board Earth's first spaceship to another star system for more than six months. Write a letter home to your friends describing your experiences and the wonders you have seen.

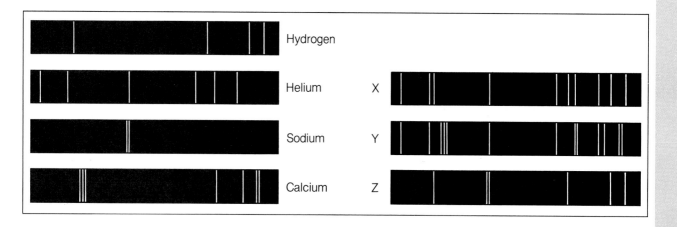

## Dominio de conceptos

*Comenta cada uno de los puntos siguientes en un párrafo breve.*

1. Compara la evolución de un astro de tamaño mediano y uno masivo.
2. Cuando observas la luz de astros lejanos, en verdad ves el pasado. Explica esta oración.
3. Describe el diagrama de Hertzsprung-Russell y la información que ofrece.
4. ¿De qué maneras usan los astrónomos la luz estelar para estudiar los astros?

## Pensamiento crítico y solución de problemas

*Usa las destrezas que has desarrollado en este capítulo para resolver lo siguiente.*

1. **Hacer predicciones** Predice cómo reaccionaría la gente en tu pueblo a una visita de seres de un astro distante.
2. **Hacer comparaciones** Compara una pulsar con un faro.
3. **Interpretar diagramas** Estudia las rayas espectrales, o huellas digitales, de los elementos hidrógeno, helio, sodio y calcio. Compáralas con las de los espectros marcados X, Y y Z. Determina qué elementos produce las rayas espectrales de los espectros X, Y y Z.
4. **Relacionar causa y efecto** Cada tres días un astro pequeño pero muy brillante parece desvanecerse, sólo para reaparecer en 6 horas. Dada esta información, ¿qué causa la desaparición del astro?
5. **Usar el proceso de la escritura** Por 6 meses has estado a bordo de la primera nave espacial terrestre a otro sistema estelar. Escribe una carta a tus amigos en la Tierra describiendo tu experiencia y las maravillas que has visto.

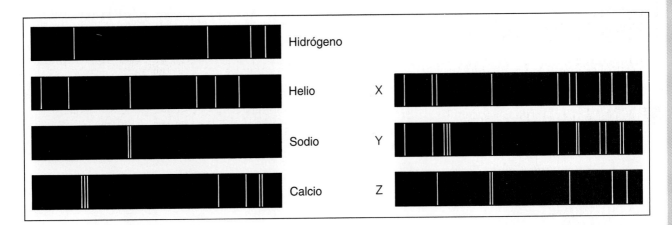

Hidrógeno

Helio    X

Sodio    Y

Calcio   Z

# The Solar System

Planet Venus, next to the sun and moon the brightest object in the night sky, has long been a subject of fascination for Earth-bound observers. One reason for the interest in Venus is that thick clouds blanket the planet, making it impossible to study the Venusian surface from Earth.

How can we study a planet hidden from view? The answer, it turns out, is radar. On August 10, 1991, the United States spacecraft *Magellan* went into orbit above Venus. *Magellan* is a radar-mapping spacecraft. Using complex computers, the craft can produce images of the planet's surface from radar data.

Although it will take many years to analyze the data sent back from *Magellan*, scientists were immediately astounded by some of its discoveries. Pancake-shaped domes that appear to be volcanic in origin are splattered across the surface of Venus. Evidence of lava flows millions of years old crisscross the planet and reveal a highly volcanic planet.

Venus is but one of nine planets in our solar system. One planet—Earth—you call home. In this chapter you will study the other eight planets—and perhaps discover how lucky you are to live on Earth.

## Journal *Activity*

***You and Your World*** Do you already have some idea about what the other planets are like? In your journal, draw and describe one of the planets in the solar system. Then, after you read the chapter, go back and see how close your ideas were to scientific data.

◀ *Scientists constructed this photograph of the Venusian surface using radar data transmitted to Earth from* Magellan.

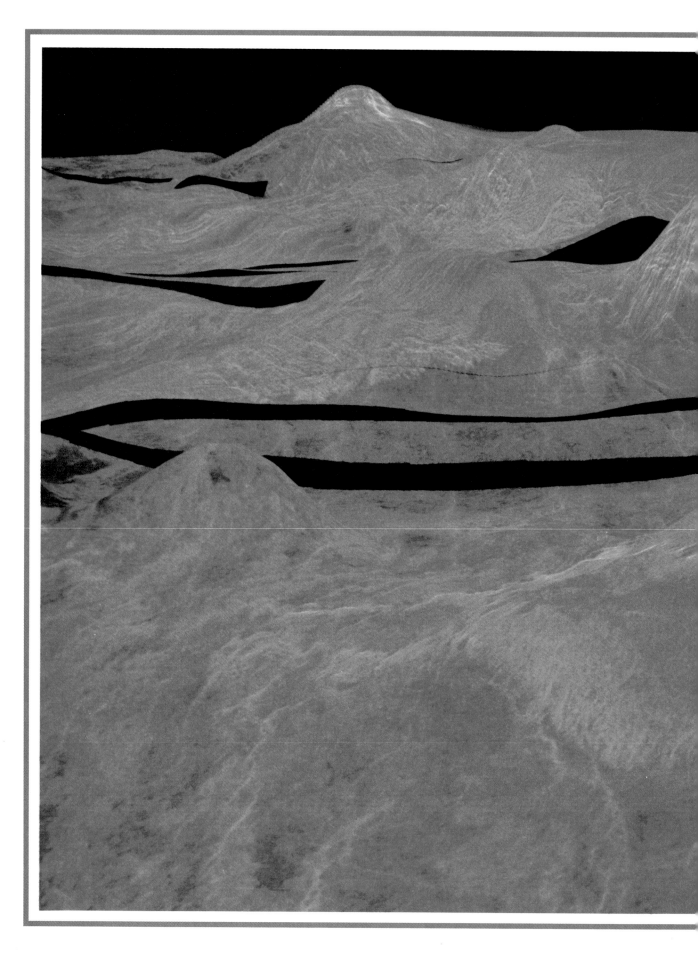

# El sistema solar

## Guía para el estudio

*Después de leer las secciones siguientes, vas a poder*

**2–1 El sistema solar evoluciona**
- Describir la teoría nebular y la formación del sistema solar.

**2–2 Movimientos planetarios**
- Identificar la forma de la órbita de un planeta y los factores que contribuyen a ella.

**2–3 Un viaje a través del sistema solar**
- Describir las características fundamentales de planetas, lunas, asteroides, cometas y meteoroides en el sistema solar.

**2–4 Explorando el sistema solar**
- Describir el principio que rige el funcionamiento de un motor de reacción.

Por muchos años, el planeta Venus, el objeto más brillante del firmamento, después del sol y la luna, ha fascinado a los observadores en la Tierra. Esto se debe en parte a las nubes densas que cubren el planeta, obstaculizando su estudio desde la Tierra.

¿Cómo se estudia un planeta que no podemos ver? La solución es el radar. El 10 de agosto de 1991, la nave espacial *Magellan* entró en órbita alrededor de Venus, empleando radar para trazar mapas. Las computadoras que lleva la nave asimilan los datos del radar y producen imágenes de la superficie del planeta.

Aunque tomará muchos años analizar los datos que nos proporcionó *Magellan*, algunos descubrimientos asombraron a los científicos inmediatamente. Por toda la superficie, hay colinas redondas en forma de panqueque que al parecer fueron volcánicas. Hay indicios de torrentes de lava de hace millones de años salpicando la superficie y revelando un planeta altamente volcánico.

Venus es sólo uno de nueve planetas en el sistema solar. Tú vives en otro, la Tierra. En este capítulo estudiarás los demás planetas y quizás descubrirás que suerte tienes de vivir en la Tierra.

## Diario *Actividad*

**Tú y tu mundo** ¿Tienes alguna idea de cómo son los demás planetas? Dibuja y describe en tu diario uno de los planetas del sistema solar. Luego, después de leer el capítulo, repasa el diario para ver cuánto se asemejaban tus ideas a los datos científicos.

*Los científicos construyeron esta fotografía de la superficie venusiana usando los datos de radar transmitido sa la Tierra desde* Magellan.

▶ *How does the nebular theory account for the formation of the solar system?*

# 2–1 The Solar System Evolves

In Chapter 1 you read about the evolution and life cycle of stars, one of which is our sun. You can also think of the formation of our solar system as a kind of evolution. For, like stars, the solar system changes over time. That is, evolution takes place on a planetary scale. To understand how the solar system formed and has changed, let's take a brief trip back about 5 billion years in time.

In the vast regions between the stars you find yourself in a huge cloud of gas and dust drifting through space. The cloud is cold, colder than anything you can imagine. There is no sun. There are no planets. Slowly moving gases are all that exist. Yet astronomers suggest that our **solar system** formed from this cloud. The solar system includes our sun, its planets, and all the other objects that revolve around the sun.

Many explanations have been proposed to account for the formation of the solar system. But

**Figure 2–1** *The tiny speck of light in this photograph is the distant star Vega. Scientists believe planets may one day form from the ring of gas and dust surrounding the star.*

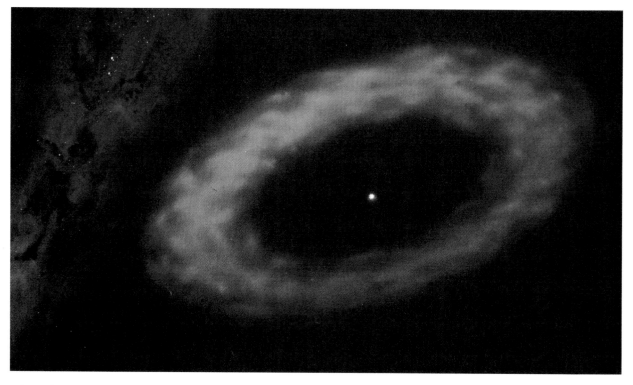

# 2–1 El sistema solar evoluciona

En el capítulo 1, leíste sobre la evolución y el ciclo de vida de los astros, uno de los cuales es el sol. Puedes concebir la formación del sistema solar como una clase de evolución. Pues, al igual que los astros, cambia con el tiempo. Es decir, hay evolución en el plano planetario. Para comprender cómo se formó y ha cambiado el sistema solar, volvamos al pasado hace 5 mil millones de años.

Te encuentras en una nube enorme de gas y polvo desprendida por el espacio en las zonas vastas entre las estrellas. Es una nube fría, más fría que cualquier cosa que puedas imaginarte. No hay sol ni planetas. Sólo gases paseándose lentamente. No obstante, los astrónomos sugieren que nuestro **sistema solar** se formó de esta nube. El sistema solar incluye nuestro sol, los planetas y todos los objetos que giran alrededor del sol.

Se han propuesto muchas explicaciones sobre la formación del sistema solar. Pero hoy prácticamente

**Figura 2–1** *El puntito de luz en esta fotografía es la estrella lejana Vega. Los científicos creen que algún día se formarán planetas del anillo de gas y polvo que rodea esta estrella.*

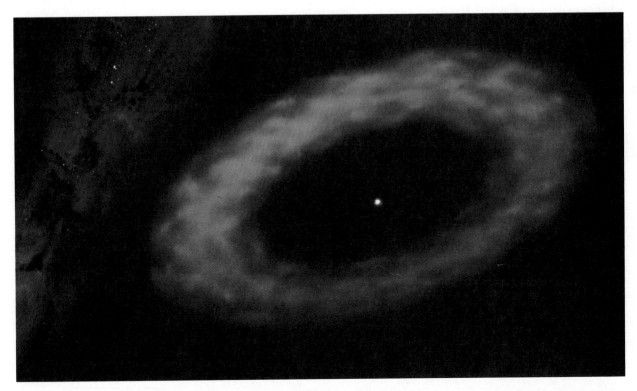

today virtually all astronomers believe in the **nebular theory** of formation. **The nebular theory states that the solar system began as a huge cloud of dust and gas called a nebula, which later condensed to form the sun and its nine planets.** The nebular theory has been revised many times as new data have been gathered. And it will likely be revised many more times. However, studying this theory can reveal much about the mighty forces at work in the formation of our solar system.

## The Sun Forms First

The nebula from which our solar system evolved was composed primarily of hydrogen and helium gases. Yet Earth and the other planets are not made only of these gases. As a matter of fact, the planets contain a wide variety of elements. Where did the elements that make up rivers and mountains, trees and flowers, and even your own body come from? The incredible answer is—from a star!

About 5 billion years ago, according to the nebular theory, a star exploded in a huge supernova. In Chapter 1 you learned that the tremendous heat of a supernova can cause heavy elements to stream into space. These elements rained down on a nearby nebula, seeding it with the chemicals that would become

**Figure 2–2** *According to the nebular theory, shock waves from a supernova disrupted a nearby nebula. The nebula began to rotate, and gravity pulled more and more matter into a central disk. That central disk became the sun. Clumps of gas and dust around the central disk formed the planets and other objects in the solar system.*

todos los astrónomos creen en la **teoría nebular** de su formación. **La teoría nebular afirma que el sistema solar comenzó como una nube enorme de polvo y gas llamada una nebulosa, que luego se condensó y formó el sol y los nueve planetas.** La teoría nebular ha modificado al descubrirse nuevos datos, y se seguirá modificando. Sin embargo, el estudio de esta teoría revela mucho sobre las fuerzas poderosas que obran en la formación del sistema solar.

## Primero, el sol

La nebulosa de que se evolucionó el sistema solar era primordialmente de gases de hidrógeno y helio. Pero la Tierra y los demás planetas no son sólo estos gases. De hecho, los planetas contienen una gran variedad de elementos. ¿De dónde vinieron los elementos que integran los ríos y las montañas, los árboles y las flores y hasta tu propio cuerpo? La respuesta increíble es—¡una estrella!

Hace unos 5 mil millones de años, según la teoría nebular, explotó una estrella en una supernova inmensa. Ya aprendiste que el calor tremendo de una supernova puede hacer que elementos pesados fluyan al espacio. Estos elementos llovieron sobre una nebulosa cercana, sembrándola de químicos que

# ACTIVIDAD
## PARA ESCRIBIR

*¿Un nuevo sistema planetario?*

Fotografías tomadas con el *Telescopio Espacial Hubble* han revelado un disco gaseoso alrededor de un astro lejano llamado Beta Pictoris. Los astrónomos creen que las fotografías pueden mostrar que hay planetas girando alrededor de Beta Pictoris.

Usa textos de consulta en la biblioteca para escribir un informe detallando la información sobre Beta Pictoris que descubrió el *Telescopio Espacial Hubble.* ¿Han encontrado los astrónomos un planeta fuera de nuestro sistema solar?

**Figura 2–2** *De acuerdo a la teoría nebular, ondas de choque de una supernova desestabilizaron una nebulosa cercana. La nebulosa empezó a girar y la gravedad atrajo más y más materia a un disco céntrico. Este disco se convirtió en el sol. Cúmulos de gas y polvo que rodean el disco céntrico formaron los planetas y otros objetos en el sistema solar.*

the sun and its planets. At the same time, the shock wave produced by the supernova ripped through the nebula, disrupting the stable gas cloud.

The nebula, which had been slowly spinning, began to collapse. Gravitational forces pulled matter in the nebula toward the center. As the nebula shrank, it spun faster and faster. Gradually, the spinning nebula flattened into a huge disk almost 10 billion kilometers across. At the center of the disk a growing protosun, or new sun, began to take shape.

As the gas cloud continued to collapse toward its center, the protosun grew more and more massive. It became denser as well. In time, perhaps after many millions of years, gravitational forces caused the atoms of hydrogen in the protosun to fuse and form helium. This nuclear fusion gave off energy in the form of heat and light. A star—our sun—was born.

## The Planets Form

Gases and other matter surrounding the newly formed sun continued to spin around the sun. However, the particles of dust and gas were not spread out evenly. Instead, gravity caused them to gather into small clumps of matter. Over long periods of time, some of these clumps came together to form

**Figure 2–3** *This illustration shows the relative sizes of the planets in the solar system. Which planet is the largest?*

se convertirían en el sol y los planetas. Y la supernova produjo una onda de choque que atravesó la nebulosa, trastornando la nube estable de gas.

La nebulosa, que estuvo girando lentamente, empezó a desplomarse. Las fuerzas de gravedad atrajeron su materia hacia el centro. Al achicarse la nebulosa, giraba más y más rápido. Poco a poco, se aplanó en la forma de un disco de casi 10 mil millones de kilómetros de largo. En su centro un protosol creciente, o sol nuevo, comenzó a formarse.

Al continuar el derrumbe de la nube hacia el centro, el protosol se volvió cada vez más sólido y denso. Quizás en muchos millones de años, las fuerzas de gravedad causaron que los átomos de hidrógeno en el protosol se fusionaran y formaran helio. Esta fusión nuclear emitió energía en forma de calor y luz. Y nació una estrella, el sol.

## Se forman los planetas

Gases y otras materias que rodeaban el nuevo sol continuaron dándole vueltas. Sin embargo, las partículas de polvo y gas no estaban distribuídas uniformemente. En su lugar, la gravedad las había agrupado en pequeños montones de materia. A través de mucho tiempo, algunos se juntaron para formar

**Figura 2–3** *Esta ilustración muestra los tamaños relativos de los planetas en el sistema solar. ¿Cuál es el más grande?*

larger clumps. The largest clumps became proto-planets, or the early stages of planets.

Protoplanets near the sun became so hot that most of their lightweight gases, such as hydrogen and helium, boiled away. So the inner, hotter proto-planets were left as collections of metals and rocky materials. Today these rocky inner planets are called Mercury, Venus, Earth, and Mars.

The protoplanets farther from the sun were less affected by the sun's heat. They retained their lightweight gases and grew to enormous sizes. Today these "gas giants" are known as Jupiter, Saturn, Uranus, and Neptune.

As the newly formed planets began to cool, smaller clumps of matter formed around them. These smaller clumps became satellites, or moons. Astronomers believe that one of the satellites near Neptune may have broken away from that planet. This satellite became the farthest known planet in the solar system: Pluto. This theory explains why Pluto is similar in composition to many of the icy moons surrounding the outer planets.

Objects other than moons were also forming in the solar system. Between Mars and Jupiter small clumps of matter formed asteroids. These rocklike objects are now found in a region of space between Mars and Jupiter called the asteroid belt. Farther out in space, near the edge of the solar system, other clumps of icy matter formed a huge cloud. Today astronomers believe that this cloud may be the home of comets.

## 2–1 Section Review

1. Briefly describe how the solar system formed according to the nebular theory.
2. What was the main factor that contributed to the differences between the inner and the outer planets?

**Critical Thinking—*Applying Concepts***

3. Hold a rock in your hand and you are holding stardust. Explain what this statement really means.

pedazos de materia más grandes. Los más grandes comenzaron a ser planetas. Eran protoplanetas.

Los protoplanetas cerca del sol se pusieron tan calientes que sus gases livianos, tales como hidrógeno y helio, hirvieron. Así, quedaron como cúmulos de metal y materiales rocosos. Hoy, estos planetas rocosos interiores son Mercurio, Venus, Tierra y Marte.

Los protoplanetas más apartados del sol sintieron menos los efectos del calor solar. Retuvieron sus gases livianos y crecieron enormemente. Hoy estos "gigantes gaseosos" son Júpiter, Saturno, Urano y Neptuno.

Al irse enfriando los nuevos planetas, se formaron montones de materia más pequeños a su alrededor. Éstos se transformaron en satélites, o lunas. Los astrónomos piensan que uno de los satélites de Neptuno pudo habérse escapado y convertido en el planeta más lejano: Plutón. Esta teoría explica por qué la composición de Plutón es similar a la de muchas de las lunas heladas que rodean los planetas exteriores.

Además de lunas, se formaron otros objetos en el sistema solar. Entre Marte y Júpiter pequeños montones de materia formaron asteroides. La región entre los dos planetas donde se encuentran hoy estos objetos parecidos a roca se llama el cinturón de asteriodes. Más lejos, cerca de la orilla del sistema solar, otros cúmulos de materia helada formaron una nube vasta. Hoy, los astrónomos creen que esta nube puede ser el hogar de los cometas.

## ACTIVIDAD
### PARA ESCRIBIR

*Una teoría importante*

Usa textos de consulta en tu biblioteca para escribir un informe breve sobre la teoría propuesta por el científico griego Aristarchus de Samos. ¿Cuál era su teoría? Aunque su teoría era correcta, nadie le creía. ¿Por qué?

## 2–1 Repaso de la sección

1. Describe brevemente cómo el sistema solar se formó según la teoría nebular.
2. ¿Cuál fue el factor fundamental que contribuyó a las diferencias entre los planetas interiores y los exteriores?

**Pensamiento crítico—*Aplicación de conceptos***

3. Toma una piedra en la mano y tendrás en tu mano polvo de estrellas. Explica el verdadero significado de este afirmación.

**Guide for Reading**

*Focus on these questions as you read.*

▶ *What two factors cause planets to move in elliptical orbits around the sun?*

▶ *What is a planet's period of revolution? Period of rotation?*

ACTIVITY

**DISCOVERING**

*Ellipses*

The orbits of the planets are elliptical. Every ellipse has two fixed points called foci (singular: focus). In any planetary orbit, one of the foci is the sun.

**1.** Stick two thumbtacks into a sheet of stiff paper. The tacks should be about 10 centimeters apart. Wind a 30-centimeter string around the thumbtacks and tie the ends together. Place a sharp pencil inside the string and trace an ellipse. Keep the string tight at all times.

**2.** Repeat step 1, but this time place the thumbtacks 5 centimeters apart.

■ Compare the two ellipses you have drawn. Does the distance between two foci affect the ellipses' shape?

■ Predict what shape you will draw if you remove one of the thumbtacks (foci). Try it.

# 2–2 Motions of the Planets

Long before there were cities or even written language, people looked to the sky for answers to the nature of life and the universe. People used the stars to guide them in traveling and to tell them when to plant crops. Sky watchers knew that although the stars seemed to move across the sky each night, they stayed in the same position relative to one another. For example, a constellation kept the same shape from one night to the next.

In time, however, people who carefully observed the night sky discovered something strange. Some of the "stars" seemed to wander among the other stars. The Greeks called these objects planets, or wanderers. But how were the planets related to Earth and the sun? In what ways did the planets move?

## Earth at the Center?

In the second century AD, the Greek scientist Ptolemy proposed a theory that placed Earth at the center of the universe. Ptolemy also thought that all objects in the sky traveled in **orbits** around an unmoving Earth. An orbit is the path one object takes when moving around another object in space.

In addition, Ptolemy believed that the universe was perfect, unchangeable, and divine. Because the circle was considered the most perfect of all forms, Ptolemy assumed that all objects in space moved in perfectly circular orbits around Earth. The first major challenge to Ptolemy's theory did not come for about 1400 years.

## Sun at the Center?

Between 1500 and 1530 the Polish astronomer Nicolaus Copernicus developed a new theory about the solar system. Copernicus became convinced that Earth and the other planets actually revolved, or traveled in orbits, around the sun.

Based on his theory, Copernicus drew several conclusions regarding the motions of the planets. For one thing, he reasoned that all the planets revolved around the sun in the same direction.

# ACTIVIDAD

## PARA AVERIGUAR

*Elipses*

Las órbitas de los planetas son elípticas. Todo elipse tiene dos puntos fijos llamados focos. En cualquier órbita planetaria, uno de los focos es el sol.

**1.** Pega dos chinchetas en una hoja de papel tieso. Deben de estar separadas unos 10 centímetros. Dales vuelta con una cuerda de 30 centímetros y ata los dos cabos. Pon un lápiz puntiagudo dentro de la cuerda y traza un elipse. Mantén la cuerda tensa en todo momento.

**2.** Repite el paso 1, pero esta vez separa las chinchetas por 5 centímetros.

■ Compara los dos elipses que has dibujado. ¿Afecta la distancia entre los focos la forma del elipse?

■ Predice que forma dibujarás si quitas una de las chinchetas (focos). Inténtalo.

# 2-2 Planetas en marcha

Mucho antes de haber ciudades o aún lenguas escritas, se contemplaba el firmamento tras la clave de la naturaleza de la vida y el universo. Se usaban las estrellas como guía en los viajes y para saber cuándo sembrar. Los observadores sabían que aunque las estrellas parecían cruzar el firmamento cada noche, en realidad se mantenían quietas unas con respecto a las otras. Por eso, una constelación mantenía la misma forma noche tras noche.

Con el tiempo, sin embargo, la gente que con cuidado observaba el firmamento descubrió algo raro. Algunas "estrellas" parecían vagar entre las demás. Los griegos las llamaron planetas, o errantes. Pero, ¿qué relación tenían los planetas con la Tierra y el sol? Y, ¿cómo se movían?

## ¿La Tierra en el centro?

En el segundo siglo D.C., el científico griego Ptolomeo propuso una teoría que ubicaba a la Tierra en el centro del universo y a los demás objetos del firmamento en órbitas alrededor de una Tierra estacionaria. Una órbita es la ruta de un objeto en el espacio girando alrededor de otro.

Además, Ptolomeo creía que el universo era perfecto, inalterable y divino. Como el círculo se consideraba la más perfecta de todas las formas, Ptolomeo asumió que todos los objetos del espacio se movían en órbitas perfectamente circulares alrededor de la Tierra. El primer desafío serio a esta teoría tardó unos 1400 años en darse.

## ¿El sol en el centro?

Entre 1500 y 1530 el astrónomo polaco Nicolaus Copérnico desarrolló una teoría del sistema solar. Copérnico estaba convencido de que la Tierra y los demás planetas en realidad giran, o están en órbita, alrededor del sol.

Basándose en su teoría, Copérnico sacó varias conclusiones en cuanto a los movimientos de los planetas. Por una parte, razonó que todos los planetas giran en torno al sol en la misma dirección.

Copernicus also suggested that each planet took a different amount of time to revolve around the sun.

Although Copernicus correctly described many of the movements of the planets, he was wrong about one important concept. Like Ptolemy before him, Copernicus believed that the orbits of the planets were perfect circles.

## Elliptical Orbits

The sixteenth-century German mathematician and astronomer Johannes Kepler supported the theory of Copernicus that planets revolve around the sun. But he discovered something new. After a long and careful analysis of observations made by earlier astronomers, Kepler realized that the planets do not orbit in perfect circles. Instead, each planet moves around the sun in an ellipse, or oval orbit. An oval orbit is approximately egg-shaped.

Today astronomers know that Kepler was correct. Each planet travels in a counterclockwise elliptical

**Figure 2–4** *All the planets revolve around the sun in elliptical orbits. Note that at some points, the orbit of Pluto falls inside that of Neptune. In fact, from 1979 to the year 2000 Neptune will be farther from the sun than Pluto.*

Copérnico también sugirió que cada planeta tomaba plazos diferentes para dar una vuelta al sol.

Aunque Copérnico describió correctamente muchos de los movimientos de los planetas, falló en cuanto a un concepto importante, al igual que Ptolomeo, al creer que las órbitas eran círculos perfectos.

## Órbitas elípticas

El matemático y astrónomo alemán del siglo dieciséis Johannes Kepler respaldaba la teoría de Copérnico de que los planetas dan vueltas alrededor del sol. Pero descubrió algo nuevo. Después de un análisis extenso y cuidadoso de las observaciones de antiguos astrónomos, Kepler vio que los planetas no se mueven en círculos perfectos alrededor del sol, sino en una elipse, u órbita ovalada, que tiene la forma aproximada de un huevo.

Hoy, los astrónomos saben que Kepler tenía razón. Cada planeta da vueltas al sol en una elipse

**Figura 2–4** *Todos los planetas giran alrededor del sol en órbitas elípticas. Observa que en algunos puntos, la órbita de Plutón cae dentro de la de Neptuno. De hecho, de 1979 al año 2000, Neptuno estará más alejado del sol que Plutón.*

## DISCOVERING

*Demonstrating Inertia*

Obtain a playing card or index card, several coins of different sizes, and an empty glass. Place the card on top of the glass.

■ Use the coins to design an experiment whose results can be explained using Newton's law of inertia. You should show that an object with more mass has more inertia.

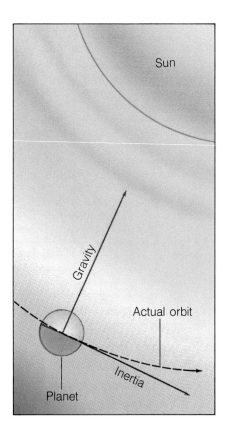

**Figure 2–5** *Inertia makes a planet tend to travel in a straight line (blue arrow). But gravity pulls the planet toward the sun (red arrow). What is the effect of the combined action of inertia and gravity?*

orbit around the sun. Naturally, the planets closest to the sun travel the shortest distance. They complete one orbit around the sun in the shortest amount of time. The more-distant planets travel a longer distance and take a longer time to complete one orbit around the sun. Which planet takes the longest time to complete one orbit?

## Inertia and Gravity

Although Kepler correctly explained the shape of the planets' orbits, he could not explain why the planets stayed in orbit around the sun instead of shooting off into space. In the seventeenth century, the English scientist Sir Isaac Newton provided the answer to that puzzling question.

Isaac Newton began his explanation using the law of inertia. This law states that an object's motion will not change unless that object is acted on by an outside force. According to the law of inertia, a moving object will not change speed or direction unless an outside force causes a change in its motion.

Newton hypothesized that planets, like all other objects, should move in a straight line unless some force causes them to change their motion. But if planets did move in a straight line, they would sail off into space, never to be seen again. Newton realized that some force must be acting on the planets, tugging them into elliptical orbits. That force, he reasoned, is the sun's gravitational pull.

**According to Newton, a planet's motion around the sun is the result of two factors: inertia and gravity.** Inertia causes the planet to move in a straight line. Gravity pulls the planet toward the sun. When these two factors combine, the planet moves in an elliptical orbit. See Figure 2–5.

## Period of Revolution

Another way to say a planet orbits the sun is to say it revolves around the sun. The time it takes a planet to make one revolution around the sun is called its **period of revolution.** A planet's period of revolution is called a year on that planet. For example, Mercury—the planet closest to the sun—takes about 88 Earth-days to revolve once around the sun.

*Demostrando la inercia*

Obtén un naipe o una ficha, varias monedas de diferentes tamaños y un vaso vacío. Pon el naipe encima del vaso.

■ Usa las monedas para diseñar un experimento cuyos hallazgos puedan explicarse con la teoría de la inercia de Newton. Debes mostrar que un objeto con más masa tiene más inercia.

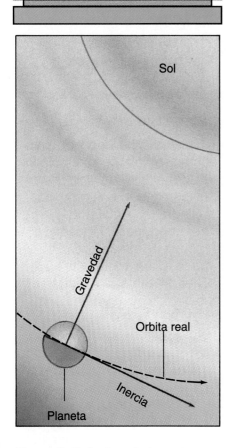

**Figura 2–5** *La inercia hace que un planeta tienda a viajar en una recta (flecha azul). Pero la gravedad atrae el planeta al sol (flecha roja). ¿Cúal es el efecto de la acción combinada de inercia y gravedad?*

en sentido contrario al de las agujas de un reloj. Desde luego los planetas más próximos al sol cubren la distancia más corta. Y completan una órbita alrededor del sol en menos tiempo. Los más lejanos viajan una mayor distancia y toman más tiempo para completar una órbita. ¿Qué planeta le tarda más en completar una órbita alrededor del sol?

## Inercia y gravedad

Aunque Kepler correctamente explicó la forma de las órbitas de los planetas, no pudo explicar por qué los planetas se mantenían en órbita en torno al sol en vez de salir disparados por el espacio. En el siglo diecisiete, el científico inglés Isaac Newton descifró esta pregunta enigmática.

Isaac Newton comenzó su explicación con la ley de la inercia. Según esta ley el movimiento de un objeto no cambia a menos que una fuerza externa obre sobre el objeto. Así, un objeto en movimiento no cambiará de velocidad ni dirección a menos que una fuerza externa cause tal cambio.

Según la hipótesis de Newton los planetas, como todo objeto, deben moverse en una recta a menos que alguna fuerza los obligue a cambiar de movimiento. Pero, si se movieran así, proseguirían por el espacio para nunca más ser vistos. Newton comprendió que alguna fuerza debía estar afectando a los planetas, forzándolos hacia las órbitas elípticas. Esa fuerza, razonó, es la atracción gravitatoria del sol. **Según Newton, dos factores rigen el movimiento de un planeta alrededor del sol: inercia y gravedad.** La inercia lo hace moverse en una recta. La gravedad lo atrae hacia el sol. Cuando se combinan estos dos factores, el planeta se mueve en una órbita elíptica. Mira la figura 2-5.

## Período de revolución

Otra forma de decir que un planeta está en órbita alrededor del sol es decir que gira a su alrededor. El tiempo que se toma para hacer una revolución alrededor del sol se llama período de revolución. El **período de revolución** de un planeta se llama un año en ese planeta. Por ejemplo, la órbita del planeta más cercano al sol, Mercurio, es de unos 88 días de la Tierra.

**Figure 2–6** *Mars, like all planets, rotates on its axis while it revolves around the sun. The time it takes to rotate once is called its day. What is the time it takes to make one revolution called?*

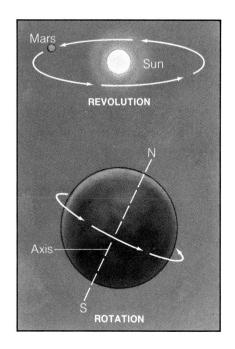

So a year on Mercury is about 88 Earth-days long. Pluto—normally the planet most distant from the sun—takes about 248 Earth-years to revolve around the sun. So a year on Pluto is about 248 Earth-years long.

## Period of Rotation

Aside from revolving around the sun, planets have another kind of motion. All planets spin, or rotate, on their axes. The axis is an imaginary line drawn through the center of the planet. The time it takes a planet to make one rotation on its axis is called its **period of rotation.**

The Earth takes about 24 hours to rotate once on its axis. Does that number seem familiar to you? There are 24 hours in an Earth-day. So the time it takes a planet to go through one period of rotation is called a day on that planet.

Mercury takes almost 59 Earth-days to rotate once on its axis. A day on Mercury, then, is almost 59 Earth-days long. Pluto takes just over 6 Earth-days to rotate once on its axis. So a day on Pluto is a little more than 6 Earth-days long.

## 2–2 Section Review

1. What two factors cause planets to move in elliptical orbits?
2. Describe the two types of planetary motion.
3. Compare the contributions of Ptolemy, Copernicus, Kepler, and Newton to our understanding of planetary motion.

**Connection—*You and Your World***
4. Many stock-car races are run on a track called a tri-oval. Describe or draw the shape of a tri-oval racetrack.

*Investigating Inertia*

Inertia is the tendency of an unmoving object to remain in place, or of a moving object to continue in a straight line. Using a toy truck and a rubber band, observe inertia.

**1.** First, attach the rubber band to the front of the truck. Then fill the truck with small rocks or any heavy material.

**2.** Pull on the rubber band until the truck starts to move. Make a note of how much the rubber band must stretch to get the truck moving.

**3.** Continue pulling the truck with the rubber band. Does the rubber band stretch more or less once the truck is moving? Explain.

**Figura 2–6** *Marte como todos los planetas, rota en su eje mientras gira alrededor del sol. El tiempo que demora en dar una vuelta se llama día. ¿Cómo se le llama a lo que demora una revolución?*

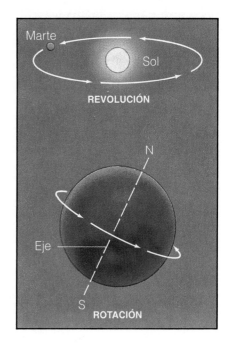

Así, un año en Mercurio equivale a unos 88 días en la Tierra. Plutón, usualmente el planeta más distante del sol, toma unos 248 años de la Tierra para girar alrededor del sol. Y un año en Plutón equivale a unos 248 años en la Tierra.

## Período de rotación

Aparte de darle vueltas al sol, los planetas tienen otro movimiento. Todos giran, o dan vueltas, alrededor de su eje. El eje es una recta imaginaria que atraviesa el centro del planeta. El tiempo que toma un planeta en hacer una rotación alrededor de su eje se llama su **período de rotación**.

La Tierra tarda unas 24 horas para cada giro alrededor de su eje. ¿Te suena familiar este número? Hay 24 horas en un día de la Tierra. Así que el tiempo que le toma al planeta a hacer un período de rotación se llama el día en ese planeta.

Mercurio toma casi 59 días de la Tierra para girar alrededor de su eje una vez. Un día en Mercurio, entonces, dura casi 59 días de la Tierra. Plutón se tarda un poco más de 6 días de la Tierra en su rotación. Así que un día en Plutón dura un poco más de 6 días terrestres.

## 2–2 Repaso de la sección

1. ¿Cuáles son los dos factores que hacen que los planetas se muevan en órbitas elípticas?
2. Describe los dos tipos de movimientos planetarios.
3. Compara las contribuciones de Ptolomeo, Copérnico, Kepler y Newton para al entendimiento del movimiento planetario.

**Pensamiento crítico—*Tú y tu mundo***
4. Muchas carreras de stock-car se dan sobre una pista llamada un trióvalo. Describe o dibuja la forma de esta pista.

# ACTIVIDAD

## PARA HACER

*Investigando la inercia*

La inercia es una tendencia de un objeto estacionario a mantenerse en sitio, o de un objeto en movimiento a continuar en una recta. Usando un camión de juguete y una goma, observa la inercia.

**1.** Primero, sujeta la goma al frente del camión. Luego llénalo de piedras pequeñas o cualquier material pesado.

**2.** Tira de la goma hasta que el camión comience a moverse. Anota cuánto hay que estirar la goma para moverlo.

**3.** Sigue tirando del camión. ¿Se estira más o menos la goma cuando se mueve el camión? Explícalo.

# 2–3 A Trip Through the Solar System

As you have read, people have wondered about the planets for many centuries. But it was not until recently that spacecraft were sent to examine the planets in detail. From spacecraft observations, one thing about the planets has become clear. **The nine planets of the solar system have a wide variety of surface and atmospheric features.** Figure 2–11 on pages 68–69 presents data about the planets gained from spacecraft and from observations from Earth.

To really appreciate the objects in our solar system, you would have to travel to each of them as spacecraft do. One day you may be able to do this, but for now you will have to use your imagination. So climb aboard your imaginary spaceship and buckle up your safety belt for a journey through the solar system.

## Mercury—Faster Than a Speeding Bullet

Your first stop is a rocky world that has almost no atmosphere. A blazing sun that appears nine times as large as it does from Earth rises in the morning sky. The sun appears huge because Mercury is the closest planet to the sun. Mercury also moves more swiftly around the sun than does any other planet. This tiny world races around the sun at 48 kilometers a second, taking only 88 Earth-days to complete one revolution (one year). This fact explains why the planet was named after the speedy messenger of the Roman gods.

As you approach Mercury, your view is far better than is the view astronomers get from Earth. Mercury is so close to the blinding light of the sun that astronomers on Earth rarely get a good look at it. However, in 1975 the United States spacecraft *Mariner 10* flew past Mercury and provided scientists with their first close look at the planet.

*Mariner 10* found a heavily crater-covered world. The craters were scooped out billions of years ago

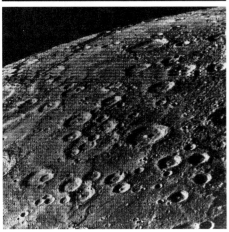

**Figure 2–7** *These photographs of Mercury were taken by* Mariner 10. *The craters were scooped out of the surface billions of years ago. Why have they remained unchanged over all that time?*

# 2–3 Un viaje a través del sistema solar

Como sabes, por muchos siglos la gente se ha preguntado sobre los planetas. Pero no fue hasta hace poco que se envió una nave espacial para estudiar los planetas en detalle. De estas observaciones una cosa quedó clara. **Los nueve planetas del sistema solar tienen una gran variedad de rasgos de superficie y atmosféricos.** La figura 2–11 en las páginas 68–69 presenta datos sobre los planetas obtenidos de observaciones desde naves espaciales y desde la Tierra.

Para apreciar verdaderamente los objetos en nuestro sistema solar, tendrías que viajar a cada uno, como las naves espaciales. Quizás algún día podrás hacerlo. Por ahora deberás usar tu imaginación. Así que aborda tu nave espacial imaginaria y abróchate el cinturón para un viaje a través del sistema solar.

## Mercurio—más rápido que una bala veloz

Tu primera parada es un mundo rocoso que casi no tiene atmósfera. Un sol abrasador, que parece nueve veces más grande que desde la Tierra, se alza en el cielo matutino. Parece enorme porque Mercurio es el planeta más próximo al sol. Además, Mercurio se mueve más rápido alrededor del sol que cualquier otro planeta. Este mundo minúsculo gira alrededor del sol a 48 kilómetros por segundo, tomando sólo 88 días de la Tierra para hacer una revolución (un año). Esto explica por qué el planeta tomó el nombre del veloz mensajero de los dioses romanos.

Al acercarte a Mercurio, tu vista es mucho mejor que la de los astrónomos en la Tierra. Mercurio está tan cerca de la luz cegadora del sol que raras veces logramos verlo bien. Pero en 1975 la nave espacial de Estados Unidos, *Mariner 10*, voló cerca de Mercurio y brindó a los científicos su primera vista de cerca del planeta.

*Mariner 10* encontró un mundo cubierto de cráteres, ahuecados hacía miles de millones de años por el

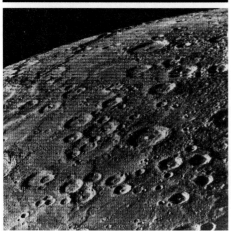

**Figura 2–7** *Estas fotografías de Mercurio se tomaron por Mariner 10. Los cráteres de la superficie fueron ahuecados hace miles de millones de años. ¿Por qué no se han alterado en todo ese tiempo?*

by the impact of pieces of material striking the surface of the planet. Because Mercury has almost no atmosphere, it has no weather. Since there is no rain, snow, or wind to help wear down the craters and carry away the soil particles, the craters of Mercury appear the same as when they were created. As a result, Mercury has changed very little for the past few billion years.

Photographs from *Mariner 10* also revealed long, steep cliffs on Mercury. Some of the cliffs cut across the planet for hundreds of kilometers. There are also vast plains. These plains were probably formed by lava flowing from volcanoes that erupted billions of years ago. There is no evidence today of active volcanoes on Mercury.

As you read, Mercury rotates on its axis very slowly, taking about 59 Earth-days for one complete rotation. In fact, Mercury rotates three times about its axis for every two revolutions around the sun. The combined effect of these two motions produces a sunrise every 175 Earth-days. So the daytime side of the planet has lots of time to heat up, while the nighttime side has plenty of time to cool off. This long period of rotation causes temperatures on Mercury to range from a lead-melting 427°C during the day to –170°C at night. Mercury is, therefore, one of the hottest and one of the coldest planets in the solar system.

impacto de pedazos de materia chocando contra su superficie. Casi desprovisto de atmósfera, Mercurio no tiene tiempo meteorológico. Como no hay lluvia, nieve o viento que ayude a desgastar los cráteres y llevarse las partículas del suelo, los cráteres de Mercurio hoy están iguales que cuando se formaron. Por consecuencia, Mercurio ha cambiado muy poco en los últimos miles de millones de años.

Las fotografías de *Mariner 10* también revelan largos riscos empinados en Mercurio. Algunos lo atraviesan por cientos de kilómetros. Y hay vastas llanuras que probablemente se formaron por acción de la lava fluyendo de volcanes que estallaron hace miles de millones de años. No hay indicios de volcanes activos en Mercurcio actualmente.

Leíste que Mercurio rota alrededor de su eje muy lentamente, tomandóse unos 59 días de la Tierra por cada rotación. De hecho, gira tres veces alrededor de su eje por cada dos vueltas que da al sol. El efecto combinado de estos dos movimientos produce una salida del sol cada 175 días de la Tierra. Así que el lado del día del planeta tiene mucho tiempo para calentarse, mientras que el de la noche tiene mucho tiempo para enfriarse. Este largo período de rotación causa temperaturas en Mercurio que oscilan entre unos 427°C (que derriten plomo) de día, y -170°C de noche. Es a la vez entonces, uno de los planetas más calientes y más fríos del sistema solar.

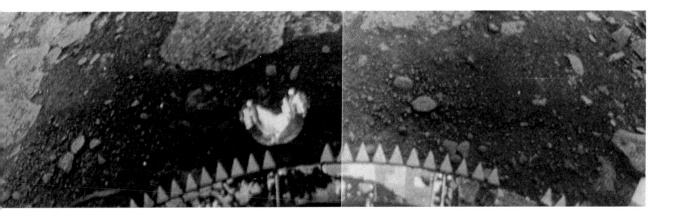

**Figure 2–9** *This photograph of the Venusian surface was taken by a Soviet* Venera *spacecraft, a portion of which can be seen at the bottom of the photograph. Soon after taking this photograph, the spacecraft went silent—a harsh reminder of the extreme conditions on Venus.*

After taking off and leaving Mercury behind, you speed deeper into the solar system. Your next stop is the second planet from the sun.

## Venus—Greenhouse in the Sky

Venus, the next stop on your imaginary journey, was named for the Roman goddess of beauty and love. Venus has about the same diameter, mass, and density as Earth does. For these reasons, astronomers once called Venus Earth's twin. People even imagined that Venus, like Earth, might be covered with vast oceans and tropical forests. For many years no one was sure whether this was true or not.

The uncertainty about Venus was due to its thick cloud cover, which has covered Venus for 400 to 800 million years. Clouds on Venus are more than five times as dense as are clouds on Earth. From Earth, astronomers can see only the yellowish Venusian clouds.

In recent years, however, data from spacecraft have slowly revealed the surface of Venus to astronomers. In 1975, two Soviet spacecraft (*Venera 9* and *Venera 10*) landed on Venus. The spacecraft were not able to withstand the harsh conditions and functioned for only a few hours. But before they failed, they were able to send back the first photographs of the Venusian surface. More recently, two United States spacecraft, *Pioneer Venus Orbiter* and *Magellan,* were placed in orbit around Venus. Radar instruments were able to penetrate the thick cloud cover and map much of the Venusian surface. The

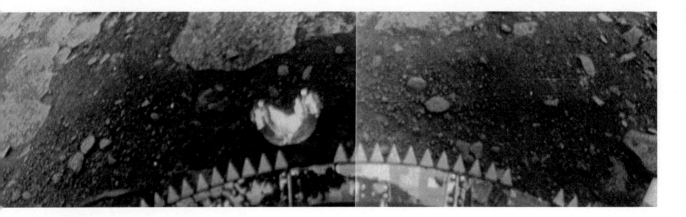

**Figura 2–9** *Esta fotografía de la superficie venusiana fue tomada por la nave espacial soviética* Venera, *de la que se ve una porción en la parte inferior de la fotografía. Poco después de ser tomada, la nave dejó de transmitir—un fuerte recordatorio de las condiciones extremas en Venus.*

Después de despegar y dejar Mercurio atrás, avanzas penetrando más en el sistema solar. Tu próxima parada será el segundo planeta desde el sol.

## Venus—invernadero en el cielo

Venus, la próxima parada en tu viaje imaginario, recibió el nombre de la diosa romana de la belleza y del amor. Tiene más o menos el mismo diámetro, masa y densidad que la Tierra. Por eso los astrónomos le llamaban el gemelo de la Tierra. Hasta se imaginó que, como la Tierra, podría estar cubierto de mares y bosques tropicales. Por muchos años nadie estuvo seguro si esto era cierto o no.

La inseguridad en torno a Venus se debía a la densa cubierta de nubes que la ha cubierto por 400 a 800 millones de años. Sus nubes son cinco veces más densas que las de la Tierra. Desde la Tierra, los astrónomos sólo ven nubes amarillentas.

Pero recientemente nuevos datos han ido revelando la superficie de Venus. En 1975 dos naves espaciales soviéticas (*Venera 9* y *Venera 10*) aterrizaron en Venus. No pudieron soportar las severas condiciones y funcionaron por sólo unas horas. Pero, antes de fallar, lograron mandar las primeras fotografías de la superficie de Venus. Más recientemente, dos naves espaciales de Estados Unidos, *Pioneer Venus Orbiter* y *Magellan*, entraron en órbita alrededor de Venus. Instrumentos de radar pudieron penetrar la cubierta gruesa de nubes y trazar mapas de gran

story that follows is based on information gathered from such probes.

As you approach Venus, your instruments detect winds of more than 350 kilometers per hour pushing the upper cloud layers around the planet. When you descend into the yellow clouds, you discover that they are not made of water vapor, as clouds on Earth are. These clouds consist of droplets of sulfuric acid and carbon dioxide. As you descend farther into this hostile atmosphere, the temperature and pressure rise rapidly. Sulfuric-acid rain falls through the cloud layers but evaporates in midair, never reaching the surface. Bolts of lightning flash near your ship.

Finally, you reach the surface. The atmosphere near the surface contains mainly carbon dioxide and is bathed in an eerie orange glow. Temperatures climb to 480°C, even hotter than on the surface of Mercury. No water has been found on Venus. The thick atmosphere bears down on you with a pressure 91 times greater than the atmospheric pressure at sea level on Earth.

As your craft skims over the surface of Venus, you discover deep canyons, craters, and vast plains. The remains of once-active volcanoes dot the surface, appearing like pancakes or upside-down cereal bowls. Venus also has a few continent-sized highland areas. In the distance you spot mountains as tall as any on Earth. Scientists feel these mountains were formed by ancient Venusian volcanoes. These volcanoes were likely the source of the thick atmosphere that covers Venus. You also notice a huge crack, or channel, in the surface. This channel runs for almost 7000 kilometers, longer than the Nile River and deeper than the Grand Canyon back on Earth.

From the surface, the cloud cover completely hides your view of the sun. But if you could see the sun, you would see something that would be a totally new experience. The sun would slowly rise in the west and later set in the east. The sun follows this pattern because, unlike Earth, Venus rotates from east to west. Astronomers call this reverse motion **retrograde rotation.** Another unusual aspect of Venus is that it rotates once on its axis every 243 Earth-days. However, Venus takes only 224 Earth-days to revolve once around the sun. A Venusian day, then, is actually longer than a Venusian year.

**Figure 2–10** *As you can see in this photograph, Venus is a planet covered by thick clouds.*

parte de la superficie venusiana. La historia que sigue se basa en la información recolectada por tales sondas.

Al acercarte a Venus, tus instrumentos detectan vientos de más de 350 kilómetros por hora en las capas de nubes superiores. Al penetrar las nubes amarillas, descubres que no consisten de vapor de agua, como las de la Tierra, sino de gotitas de ácido sulfúrico y dióxido de carbono. Al penetrar más la atmósfera hostil, la temperatura y la presión suben rápidamente. Llueve ácido sulfúrico por la cubierta de nubes pero se evapora en el aire, sin tocar jamás la superficie. Junto a la nave destellan rayos y relámpagos.

Por fin alcanzas la superficie. La atmósfera próxima a la superficie contiene mayormente dióxido de carbono y está bañada en una extraña incandescencia anaranjada. Las temperaturas alcanzan los 480°C, aun más caliente que en Mercurio. No se ha hallado agua en Venus. La densa atmósfera pesa sobre ti con una presión 91 veces mayor que la presión atmosférica de la Tierra.

Al viajar rasando la superficie de Venus descubres cañones profundos, cráteres y llanos. Los restos de volcanes alguna vez activos la salpican, dando la impresión de panqueques o tazones boca abajo. Venus tiene además algunas áreas elevadas, grandes como continentes. A lo lejos notas montañas tan grandes como las de la Tierra. Se cree que se formaron de volcanes antiguos. Probablemente fueron la fuente de la atmósfera densa que cubre a Venus. Notas una grieta gigantesca, o canal, extendiéndose por 7000 kilómetros, más largo que el Nilo y más profundo que el Grand Canyon de la Tierra.

Desde la superficie, la cubierta de nubes oculta el Sol completamente. Pero si lo pudieras ver, verías algo nuevo para ti. El sol subiría lentamente en el occidente y luego se pondría en el oriente. Sigue este curso porque, a diferencia de la Tierra, Venus gira de este a oeste. Los astrónomos le llaman a este movimiento contrario **rotación retrógrada**. Otro aspecto raro de Venus es que gira alrededor de su eje una vez cada 243 días de la Tierra. Pero Venus toma sólo 224 días de la Tierra para darle una vuelta al sol. Un día venusiano entonces, es más largo que un año venusiano.

**Figura 2–10** *Como puedes ver en esta fotografía, Venus es un planeta cubierto por nubes gruesas.*

## THE SOLAR SYSTEM

| Name | Average Distance From Sun (millions of km) | Diameter (km) | Period of Revolution in Earth-time Days | Years | Period of Rotation Days | Hours | Number of Moons |
|------|------|------|------|------|------|------|------|
| Mercury | 58 | 4880 | 88 | — | 58 | 16 | 0 |
| Venus | 108 | 12,104 | 225 | — | 243 Retrograde | — | 0 |
| Earth | 150 | 12,756 | 365 | — | — | 24 | 1 |
| Mars | 228 | 6794 | — | 1.88 | — | 24.5 (about) | 2 |
| Jupiter | 778 | 142,700 | — | 11.86 | — | 10 (about) | 16 |
| Saturn | 1427 | 120,000 | — | 29.46 | — | 10.5 (about) | 23? |
| Uranus | 2869 | 50,800 | — | 84.01 | — Retrograde (about) | 16.8 | 15 |
| Neptune | 4486 | 48,600 | — | 164.8 | — | 16 | 8 |
| Pluto | 5890 | 2300 | — | 247.7 | 6 | 9.5 | 1 |

**Figure 2–11** *This chart shows the most current information known about the planets. Which planets show retrograde rotation?*

Your stay on Venus is almost over. By now you have discovered that Venus is certainly not the twin of Earth. But why is Venus, the closest planet to Earth, so vastly different from our world? Why is it such a dry, hot world? Billions of years ago, when the solar system was still forming, the sun was much cooler than it is today. In those early days, Venus may have been covered with planet-wide oceans. In fact, the remains of coastlines and sea beds can still be detected today. Then, as the sun grew hotter, water began to evaporate into the atmosphere. This water vapor helped to create a heat-trapping process

| Temperature Extremes (°C) | | Orbital Velocity (km/sec) | Atmosphere | Main Characteristics |
|---|---|---|---|---|
| High | Low | | | |
| 427 | −170 | 47.8 | Hydrogen, helium, sodium | Rocky, cratered surface; steep cliffs; extremely thin atmosphere |
| 480 | −33 | 35.0 | Carbon dioxide | Thick cloud cover, greenhouse effect, vast plains, high mountains |
| 58 | −90 | 29.8 | Nitrogen, oxygen | Liquid water, life |
| −31 | −130 | 24.2 | Carbon dioxide, nitrogen, argon, oxygen, water vapor | Polar icecaps, pink sky, rust-colored surface, dominant volcanoes, surface channels |
| 29,700 | −95 | 13.1 | Hydrogen, helium, methane, ammonia | Great red spot, thin ring, huge magnetosphere, rocky core surrounded by liquid-hydrogen ocean |
| ? | −180 | 9.7 | Hydrogen, helium, methane, ammonia | Many rings and ringlets, Titan only moon with substantial atmosphere |
| ? | −220 | 6.8 | Hydrogen, helium, methane | Rotates on side, 9 dark mostly narrow rings of methane ice, worldwide ocean of superheated water |
| ? | −220 | 5.4 | Hydrogen, helium, methane | Unusual satellite rotation, 4 rings, great dark spot, rocky core surrounded by slush of water and frozen methane |
| ? | −230 | 4.7 | Methane | Smallest planet, possibly a double planet |

called the **greenhouse effect.** The greenhouse effect occurs when heat becomes trapped beneath the clouds.

As the temperature rose further, the oceans evaporated completely. However, even after all the water was gone from Venus, the greenhouse effect continued. The atmosphere of Venus is mainly carbon dioxide. The carbon dioxide, like the water vapor before it, traps heat and produces a greenhouse effect. So today, even during the long nights on Venus, the dark side of the planet remains about as hot as the bright side.

# EL SISTEMA SOLAR

| Nombre | Distancia media desde el sol (millones de km) | Diámetro (km) | Período de revolución en tiempo-Tierra Días | Años | Período de rotación Días | Horas | Número de lunas |
|---|---|---|---|---|---|---|---|
| Mercurio | 58 | 4880 | 88 | — | 58 | 16 | 0 |
| Venus | 108 | 12,104 | 225 | — | 243 Retrógrada | — | 0 |
| Tierra | 150 | 12,756 | 365 | — | — | 24 | 1 |
| Marte | 228 | 6794 | — | 1.88 | — | 24.5 (aproximación) | 2 |
| Júpiter | 778 | 142,700 | — | 11.86 | — | 10 (aproximación) | 16 |
| Saturno | 1427 | 120,000 | — | 29.46 | — | 10.5 (aproximación) | 23? |
| Urano | 2869 | 50,800 | — | 84.01 | — Retrógrada (aproximación) | 16.8 | 15 |
| Neptuno | 4486 | 48,600 | — | 164.8 | — | 16 | 8 |
| Plutón | 5890 | 2300 | — | 247.7 | 6 | 9.5 | 1 |

**Figura 2–11** *Este cuadro muestra la información más reciente que tenemos sobre los planetas. ¿Cuáles planetas muestran una rotación retrógrada?*

Tu estadía en Venus ya casi termina. Ya sabes que Venus no es gemelo de la Tierra. Pero, ¿por qué es Venus, el planeta más cercano a la Tierra, tan diferente de nuestro mundo? ¿Por qué es tan seco y caliente? Hace miles de millones de años, cuando el sistema solar se formaba, el sol era mucho más frío que hoy. En aquella época quizás hubo mares cubriendo a Venus. De hecho los restos de litorales y lechos marinos aún se pueden detectar. Luego, al calentarse el sol, comenzó a evaporarse el agua elevándose hacia la átmosfera. Este vapor de agua contribuyó a la creación de un proceso

| Temperaturas extremas (°C) | | Velocidad orbital (km/ segundos) | Atmósfera | Características principales |
|---|---|---|---|---|
| Altas | Bajas | | | |
| 427 | −170 | 47.8 | Hidrógeno, helio, sodio | Superficie rocosa con cráteres; riscos empinados; atmósfera tenue al extremo |
| 480 | −33 | 35.0 | Dióxido de carbono | Cubierta gruesa de nubes, efecto del invernadero, llanos vastos, montañas altas |
| 58 | −90 | 29.8 | Nitrógeno, oxígeno | Agua líquido, vida |
| −31 | −130 | 24.2 | Dióxido de carbono, nitrógeno, argón, oxígeno, vapor de agua | Casquetes de hielo polares, cielo rosado, superficie color moho, volcanes dominantes, canales en superficie |
| 29,700 | −95 | 13.1 | Hidrógeno, helio, metano, amoniaco | Gran mancha roja, anillo fino, magnetosfera, enorme, núcleo rocoso rodeado por océano de hidrógeno líquido |
| ? | −180 | 9.7 | Hidrógeno, helio, metano, amoniaco | Muchos anillos y anillitos, Titán única luna con atmósfera sustanciosa |
| ? | −220 | 6.8 | Hidrógeno, helio, metano | Gira de lado, 9 anillos oscuros, mayormente estrechos de hielo de metano, océano planetario de agua supercalentada |
| ? | −220 | 5.4 | Hidrógeno, helio, metano | Rotación inusual del satélite, 4 anillos, mancha obscura enorme, núcleo rocoso rodeado de un aguanieve de agua y metano congelado |
| ? | −230 | 4.7 | Metano | Planeta más pequeño, tal vez un planeta doble |

de retención de calor que se llama **efecto de invernadero**. El efecto de invernadero ocurre cuando el calor queda atrapado por debajo de las nubes.

Al aumentar más la temperatura, los mares se evaporaron por completo. Sin embargo, aun después de perderse toda el agua de Venus, el efecto de invernadero continuó. La atmósfera de Venus es, mayormente, dióxido de carbono. Al igual que el vapor de agua, el dióxido de carbono atrapa el calor y produce el efecto de invernadero. Así que hoy, aun durante las largas noches de Venus, la parte obscura del planeta se mantiene tan caliente como la clara.

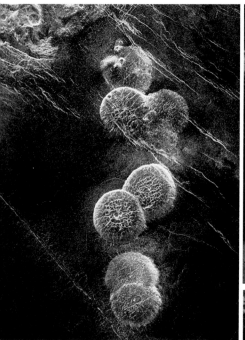

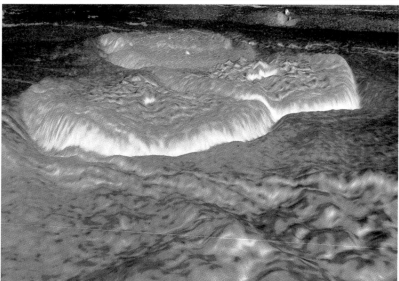

**Figure 2–12** *These remarkable photographs of the Venusian surface were developed using radar data from the* Magellan *spacecraft. They show a planet dominated by volcanoes and deep valleys. The pancake-shaped structures are the domes of volcanoes.*

# ACTIVITY
## DOING

*Build a Greenhouse*

How did the greenhouse effect get its name? Fill two containers with potting soil. Place a thermometer on the surface of the soil in each container. Cover one container with a sheet of glass. Put both containers in a sunny window. Observe what happens to the temperature in each container.

If the term greenhouse effect seems familiar to you, it is probably because scientists warn of a similar problem on Earth. The Earth's atmosphere also acts as a greenhouse. Up until now, this has kept the Earth warm enough for life to evolve and survive. However, the burning of fossil fuels such as coal and oil adds carbon dioxide to the Earth's atmosphere. Scientists fear that this increased carbon dioxide may cause a runaway greenhouse effect, much like the one that left Venus dry, hot, and barren. What are some ways to prevent a runaway greenhouse effect from happening on Earth?

Even on an imaginary trip, the harsh conditions on Venus make you uncomfortable. So you decide to continue your journey. For now, however, you will skip the third planet, Earth.

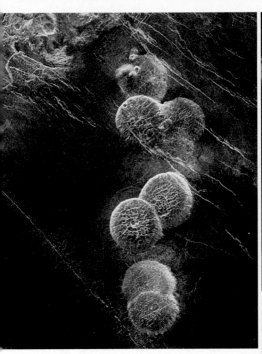

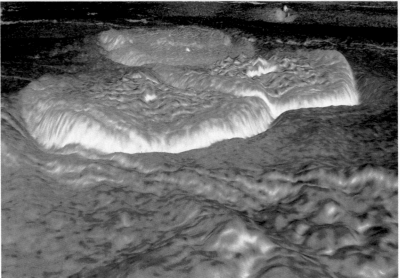

**Figura 2–12** *Estas fotografías increíbles de la superficie venusiana se desarrollaron usando datos del radar de la nave espacial* Magellan. *Muestran un planeta dominado por volcanes y valles profundos. Las estructuras en forma de panqueque son las bóvedas de los volcanes.*

# ACTIVIDAD

Si el término efecto de invernadero te suena familiar, debe ser porque los científicos nos advierten sobre un problema semejante en la Tierra. La atmósfera de la Tierra también funciona como un invernadero. Hasta ahora esto la ha mantenido lo suficientemente caliente para que la vida subsista y sobreviva. Pero el consumo de combustible fósil tales como carbón y petróleo le agrega dióxido de carbono a la atmósfera. Se teme que esto pueda causar un efecto de invernadero desenfrenado, semejante al que dejó a Venus seco, caliente y árido. ¿Cómo podría evitarse tal efecto aquí?

Aun en un viaje imaginario por Venus, las condiciones severas te hacen sentir incómodo. Por eso decides proseguir en tu viaje. Por ahora, sin embargo, omitirás el tercer planeta, la Tierra.

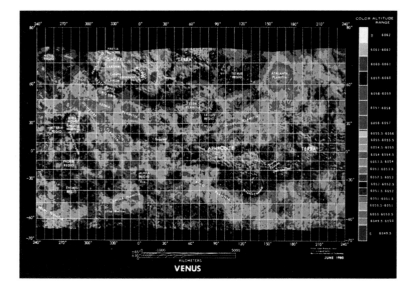

## Mars—The Rusty Planet

Your imaginary ship is now approaching Mars, the fourth planet from the sun. As you reach Mars, the first thing you notice is its reddish color. In ancient times, this color reminded people of blood, and they thought of Mars as a warrior planet. Today it still bears the name of the Roman god of war. Appropriately, the two tiny moons that circle Mars are called Phobos and Deimos, from the Greek words for fear and terror.

In late July 1976, a spacecraft landed successfully on Mars. This was not an easy task, for the surface of Mars is rocky and heavily cratered. The ship, named *Viking 1* after early explorers on Earth, was soon followed by a second ship, *Viking 2.* Both quickly began to send back detailed photographs of the Martian surface. Another giant step in the exploration of the solar system had been taken.

**Figure 2–14** *Notice the characteristic red color of the Martian soil in this photograph taken by a Viking spacecraft that landed on Mars. What causes the soil on Mars to appear red?*

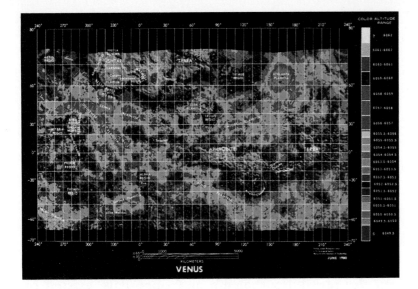

**Figura 2–13** *Este mapa de la superficie venusiana se hizo usando datos del radar de una nave espacial girando alrededor de Venus.*

## Marte—el planeta rojizo

Tu nave imaginaria ya se acerca a Marte, el cuarto planeta desde el sol. Al alcanzarlo, lo primero que notas es su color rojizo. En la antigüedad este color le hacía pensar a la gente en la sangre, y concebían a Marte como un planeta guerrero. Aún hoy ostenta el nombre del dios romano de la guerra. Apropiadamente, las dos lunas diminutas que dan vueltas a Marte se llaman Fobos y Deimos, las palabras griegas para temor y terror.

A fines de junio de 1976, una nave espacial bajó a la superficie de Marte. No fue fácil, pues la superficie marciana es rocosa y está llena de cráteres. La nave, llamada *Viking 1* en honor a antiguos exploradoras de la Tierra, fue seguida por otra, *Viking 2.* Ambas comenzaron pronto a transmitir fotografías detalladas de la superficie, dándose otro gran paso en la exploración del sistema solar.

**P**ozo de actividades

Clavos oxidados, p. 149

**Figura 2–14** *Observa el rojo característico del suelo marciano en esta fotografía que tomó la nave espacial Viking. Viking aterrizó en Marte. ¿Qué hace que el suelo marciano parezca rojo?*

**Figure 2–15** *You can actually see the thin Martian atmosphere over the horizon in this photograph taken by* Viking 1.

One of the most important tasks of the Viking spacecraft was to analyze Martian soil. To do so, a robot arm scooped up some of the soil and placed it in the on-board laboratory. Tests revealed that Martian soil is similar to Earth's soil in many ways. But there are differences. For centuries Mars had been known as the red planet. Soil tests showed why this is so. Martian soil is coated with a reddish compound called iron oxide. Perhaps you know iron oxide by its more common name—rust!

The Viking spacecraft also tested the soil for signs of life. Although the tests did not reveal any signs of life or life processes, the data did not rule out the possibility that life may once have existed on Mars.

The Viking spacecraft as well as observations from the Earth aided in the discovery of many other features on Mars. Mars appears to be a planet that has had a very active past. For example, four huge volcanoes are located on Mars. These volcanoes are dormant, or inactive. But large plains covered with lava indicate that the volcanoes were once active. The largest volcano on Mars is *Olympus Mons. Olympus Mons* is wider than the island of Hawaii, and it is almost three times as tall as Mount Everest. In fact, *Olympus Mons* is the largest known volcano in the solar system.

Astronomers now believe that when the Martian volcanoes were active, they poured out both lava and steam. As the steam cooled, it fell as rain. Rushing rivers may have once crossed the Martian surface, gouging out channels that wander across Mars. Today there is no liquid water on Mars. But frozen water can be found in the northern icecap and may also be located under the soil.

**Figure 2–16** *The dead volcano* Olympus Mons *on Mars is the largest volcano ever discovered.*

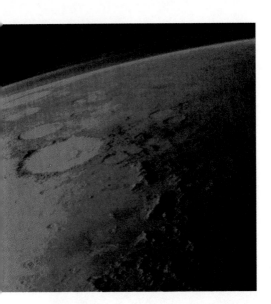

**Figura 2–15** *En esta fotografía tomada por la nave espacial Viking1 hasta se puede ver la tenue atmósfera marciana.*

Una de las tareas más importantes de la nave espacial Viking era analizar el suelo marciano. Para hacerlo, un brazo de robot recogió un poco de tierra y lo introdujo al laboratorio de la nave. Se reveló que el suelo marciano es muy semejante al de la Tierra, pero con diferencias importantes. Marte se conoció por siglos como el planeta rojo. El análisis del suelo ahora mostró el por qué. Tiene una capa de un compuesto rojizo llamado óxido de hierro. Quizás lo conozcas, se llama comúnmente—¡óxido!

La nave espacial Viking también examinó el suelo por señales de vida. Aunque las pruebas no revelaron ninguna señal ni procesos de vida, los datos no descartaron la posibilidad de que pudo haber existido vida en Marte en algún momento.

Las naves espaciales Viking y las observaciones hechas desde la Tierra contribuyeron al descubrimiento de muchos rasgos más de Marte. Éste parece ser un planeta que tuvo un pasado muy activo. Por ejemplo, contiene cuatro volcanes inmensos que hoy son inactivos. Pero los grandes llanos cubiertos de lava indican que los volcanes fueron activos una vez. El volcán más grande de Marte es *Olympus Mons*, que es más ancho que la isla de Hawai y casi tres veces más alto que el Everest. De hecho, es el volcán más grande que se conoce en el sistema solar.

Los astrónomos creen ahora que, cuando los volcanes marcianos estaban activos, echaban lava y vapor. Al irse enfriando el vapor, cayó en forma de lluvia. Ríos torrenciales cruzaron quizás por la superficie del planeta, ahuecando los canales que deambulan por Marte. Hoy no hay agua líquida en Marte. Pero se puede encontrar agua congelada en el casquete de hielo del norte y quizás en el subsuelo.

**Figura 2–16** *El volcán* Olympus Mons *en Marte es el más grande que se conoce.*

The northern icecap of Mars is made mostly of frozen water, which never melts. But the southern icecap is mostly frozen carbon dioxide. Much of this icecap melts during the Martian summer. But do not be misled by the word summer. Since Mars has a very thin atmosphere made mostly of carbon dioxide, it does not retain much heat from the sun. So even during the summer, temperatures on Mars are well below 0°C. That, of course, is why water on Mars stays frozen all year round.

Another interesting feature of Mars is an enormous canyon called *Valles Marineris.* The canyon is 240 kilometers wide at one point and 6.5 kilometers deep. If this canyon were on the Earth, it would stretch from California to New York.

Although the atmosphere of Mars is very thin, winds are common. Windstorms sweep across the surface at speeds up to 200 kilometers per hour. These storms stir up so much dust that the sky may turn a dark pink.

As you have read, Mars has two moons called Phobos and Deimos. These rocky, crater-covered moons are much smaller than Earth's moon. The maximum diameter of Phobos is only 25 kilometers. The diameter of Deimos is only 15 kilometers.

Your stay on Mars is just about over—and just in time. Another dust storm has begun to develop.

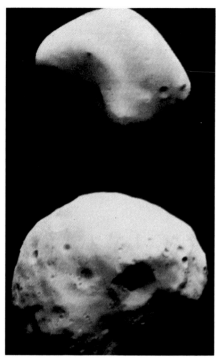

**Figure 2–17** *Both moons of Mars, Phobos and Deimos, are shown in this composite NASA photograph.*

## The Asteroid Belt

Your journey from Mars to Jupiter holds a new kind of danger. Thousands, perhaps hundreds of thousands, of rocks and "flying mountains" lie in your path. These objects are the "minor planets," which sweep around the sun between the orbits of Mars and Jupiter. You have entered the **asteroid belt.**

Asteroids may be made of rocks, metals, or a combination of the two. Most asteroids are small and irregularly shaped. A few, however, are huge. The largest asteroid, Ceres, has a diameter of almost 1000 kilometers. Earth's moon, by comparison, is about 3400 kilometers in diameter.

At one time, astronomers thought that the fragmented objects in the asteroid belt were the remains of a planet that broke apart long ago. However, it now appears that the asteroid belt is made up of

El casquete de hielo del norte en Marte es casi todo agua congelada, que nunca se derrite. El del sur es mayormente dióxido de carbono. Mucho de este casquete de hielo se derrite durante el verano marciano. Pero no te dejes engañar por la palabra verano. Como Marte tiene una atmósfera enrarecida, mayormente de dióxido de carbono, no retiene mucho del calor del sol. Aún durante los veranos las temperaturas en Marte están muy por debajo de 0°C. Es por eso, desde luego, que el agua no se derrite.

Otro rasgo interesante de Marte es un cañón inmenso que se llama *Valles Marineris*. Tiene 240 kilómetros de ancho en cierto punto y 6.5 kilómetros de profundidad. Si este cañón estuviera en la Tierra, se extendería desde California hasta Nueva York.

Aunque la atmósfera de Marte es muy tenue, hay viento. Hay vendavales en la superficie con velocidades de hasta 200 kilómetros por hora. Estas tormentas alzan tanto polvo que el cielo se puede volver rosado oscuro.

Como sabes, Marte tiene dos lunas llamadas Fobos y Deimos. Estas lunas rocosas, cubiertas de cráteres, son mucho más pequeñas que las de la Tierra. El diámetro máximo de Fobos alcanza sólo 25 kilómetros. El de Deimos, 15 kilómetros.

Tu estadía en Marte ya se acaba. ¡Y qué oportuno! Por ahí se levanta otro vendaval.

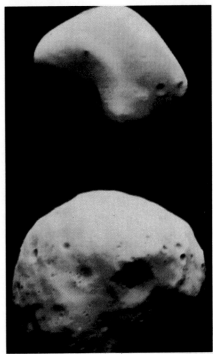

**Figura 2–17** *Ambas lunas de Marte, Fobos y Deimos, se ven en esta fotografía compuesta de NASA.*

## El cinturón de asteroides

En tu viaje de Martes a Júpiter, te aguarda otra clase de peligro. Miles, quizás cientos de miles, de piedras y "montañas voladoras" están en tu camino. Son los "planetas menores", que giran alrededor del Sol entre las órbitas de Marte y Júpiter. Estás en el *cinturón de asteroides*.

Los asteroides pueden ser de roca, metal o una combinación de ambos. En su mayoría son pequeños y de formas irregulares. Sin embargo, algunos son enormes. El más grande, Ceres, tiene un diámetro de casi 1000 kilómetros, comparado con los 3400 kilómetros del diámetro de nuestra luna.

Antes se creía que los objetos fragmentados del cinturón de asteroides eran los restos de un planeta, desintegrado hacía tiempo. Pero ahora parece que el cinturón de asteroides consiste decúmulos de materia

clumps of matter that failed to join together to form a planet during the birth of the solar system. Why? Scientists suspect that Jupiter's strong gravitational pull kept the asteroids from coming together.

Not all asteroids are found in the asteroid belt. For example, some asteroids hurtle through space close to the Earth. Fortunately, these "flying mountains" are rarely on collision courses with Earth. However, collisions do occur from time to time. Many impact scars on Earth have been identified. At least seventy of these scars are thought to be the results of asteroids plowing into Earth's crust at tremendous speeds. Many of the craters on the moon and on other planets may also be due to the impact of asteroids.

One theory that has prompted a good deal of scientific debate states that the collision of a huge asteroid some 65 million years ago resulted in changes that led to the extinction of the dinosaurs and almost 90 percent of all other life on Earth at that time. It has been estimated that the force of the asteroid collision may have been some 10,000 times greater than the force that would result if all the nuclear weapons on Earth were exploded at one time!

Although you have had to steer your ship carefully, you have managed to pass safely through the asteroid belt. The giant planet Jupiter looms ahead.

**Figure 2–18** *The asteroid belt is a region located between the orbits of Mars and Jupiter. What is the composition of most asteroids?*

que no llegaron a juntarse para formar un planeta cuando nacía el sistema solar. ¿Por qué? Se sospecha que la enorme gravedad de Júpiter no dejó que los asteroides se juntaran.

No todos los asteroides están en el cinturón. Por ejemplo, algunos vuelan por el espacio cerca de la Tierra. Por suerte es raro que estas "montañas voladoras" choquen con la Tierra, aunque sí ocurre de vez en cuando. Se han identificado muchas cicatrices de impactos en la Tierra. Se cree que por lo menos 70 se causaron al chocar asteroides con la corteza terrestre a velocidades enormes. Muchos de los cráteres de la luna y de otros planetas también pueden deberse a impactos de asteroides.

Una teoría que ha estimulado mucho el debate científico afirma que el choque de un asteroide enorme hace unos 65 millones de años causó cambios que dieron lugar a la extinción de los dinosaurios y de casi el 90% del resto de la vida sobre la Tierra de aquel entonces. Se ha calculado que la fuerza del choque pudo haber sido 10,000 veces mayor que la que tendría la explosión combinada de todo el armamento nuclear sobre la Tierra.

Aunque tuviste que manejar tu nave con cuidado, pasaste sano y salvo por el cinturón de asteroides. Júpiter, el planeta gigante, surge ante ti.

**Figura 2–18** *El cinturón de asteroides es una región ubicada entre las órbitas de Marte y Júpiter. ¿De qué están hechos los asteroides?*

**Figure 2–19** *Many scientists believe that the extinction of the dinosaurs was caused by the collision of an asteroid some 65 million years ago. How might such a collision have caused this to happen?*

## Jupiter—The Planet That Was Almost a Star

The first thing you notice as you approach Jupiter is its size. Our sun contains about 99.8 percent of all the matter in the solar system. Jupiter contains about 70 percent of what is left. A hundred Earths could be strung around Jupiter as if they were a necklace of pearls. Jupiter is so big and bright in the night sky that the Romans named this planet after their king of the gods.

In many ways Jupiter rivals the sun. Like the sun and other stars, Jupiter is made primarily of hydrogen and helium gases. The temperature is cold at the cloud tops but rises considerably beneath the upper cloud layers. At Jupiter's core, scientists believe temperatures may reach 30,000°C, almost five times the surface temperature of the sun. Scientists think that if Jupiter had grown larger during the formation of the solar system, gravitational forces might have caused nuclear fusion to occur and a star to form. So you can think of Jupiter as a planet that was almost a star.

From Earth, all that can be seen of Jupiter's atmosphere is its thick cloud cover. These clouds,

**Figura 2–19** *Muchos científicos creen que la extinción de los dinosaurios se debió a una colisión de un asteroide hace unos 65 millones de años. ¿Cómo podría tal colisión causar esto?*

## Júpiter—el planeta que casi fue estrella

Lo primero que observas de Júpiter al acercarte es su tamaño. El sol contiene un 99.8 por ciento de toda la materia del sistema solar. Júpiter contiene un 70 por ciento del resto. Se podrían colgar cien Tierras alrededor de Júpiter, como si fuera un collar de perlas. Júpiter parece tan grande y brillante en el firmamento que los romanos lo nombraron en honor del rey de sus dioses.

Júpiter es el rival del sol en muchos sentidos. Igual que el sol y muchos astros, Júpiter está compuesto mayormente de gases de hidrógeno y helio. Por encima de las nubes hace frío pero se calienta mucho por debajo de la capa nubosa. Los científicos piensan que en el núcleo de Júpiter la temperatura alcanza los 30,000°C, casi cinco veces la de la superficie del sol. Creen que si Júpiter hubiera crecido más durante la formación del sistema solar, la fuerza gravitacional podría haber provocado la fusión nuclear y la formación de un astro. Así que puedes pensar en Júpiter como el planeta que casi fue estrella.

Desde la Tierra, sólo se ve la gruesa cubierta de nubes de la atmósfera de Júpiter. Estas nubes,

*Comparing Diameters*

Jupiter has a diameter of 142,800 kilometers. Mercury has a diameter of 4900 kilometers. How many times larger is Jupiter than Mercury?

which appear as bands of color, are made mostly of hydrogen and helium. Other gases, such as ammonia and methane are also found in Jupiter's atmosphere.

As your imaginary ship nears Jupiter, you notice that the clouds are very active. Huge storms swirl across the surface of the atmosphere. These storms can be observed because the colored bands of the clouds are twisted and turned by the strong winds. Perhaps the best-known feature of Jupiter's cloud cover is a giant red spot three times the size of Earth. This Great Red Spot, which is probably a hurricanelike storm, has been observed for more than 300 years. (Scientists estimate it may be well over 20,000 years old.) If it is a storm, it is the longest-lasting storm ever observed in the solar system.

Unlike the other planets you have read about, Jupiter probably has only a small solid core. The clouds become thicker and denser as they get closer to the center of the planet's core. As their density increases, the clouds may change into a giant ocean of liquid hydrogen.

Because of the thick cloud cover, the atmospheric pressure on Jupiter is enormous. In fact, the pressure near the center of the planet is so great that the liquid-hydrogen ocean probably changes into a form of liquid hydrogen that acts like a metal. This liquid metallic layer may surround a rocky core about the size of Earth. The liquid metallic layer is the cause of Jupiter's gigantic magnetic field. The magnetic field, called the **magnetosphere**,

**Figure 2–20** *This photograph of Jupiter was taken by a Voyager spacecraft. The ring has been added by an artist. Can you find the giant red spot on Jupiter?*

que parecen bandas de colores, se forman mayormente de hidrógeno y helio. Otros gases presentes incluyen amoníaco y metano.

Al acercarte a Júpiter, observas que las nubes son muy activas. Se arremolinan tormentas inmensas a través de la atmósfera. Se pueden ver porque los vientos fuertes tuercen y doblan las bandas de colores de las nubes. Quizás el rasgo más conocido de la cubierta de nubes de Júpiter es una enorme mancha, tres veces más grande que la Tierra. Por más de 300 años se ha observado esta Gran Mancha Roja, probablemente una tormenta parecida a un huracán. (Los científicos calculan que tendrá más de 20,000 años.) Si es una tormenta, es la más duradera que se ha observado en el sistema solar.

A diferencia de los demás planetas que has estudiado, es probable que Júpiter sólo tenga un pequeño núcleo sólido. Las nubes se vuelven más densas al acercarse más al centro del núcleo. Al volverse más densas, puede que se cambien en un gigantesco mar de hidrógeno líquido.

Debido a las nubes, que forman la espesa cubierta, la presión atmosférica en Júpiter es enorme. De hecho, cerca del centro del planeta es tanta que es probable que el mar de hidrógeno líquido adopte una forma en que funciona como un metal. Esta capa de líquido metálico quizás rodea un núcleo rocoso del tamaño de la Tierra, y causa el gigantesco campo magnético de Júpiter, llamado **magnetosfera**. Éste campo magnético

**Figura 2–20** *Esta fotografía de Júpiter la tomó una nave espacial Voyager. Un artista le añadió el anillo. ¿Puedes encontrar la gran mancha roja de Júpiter?*

**Figure 2–21** *In this composite photograph, Jupiter and its four inner moons are shown. What are the four inner moons called?*

stretches for millions of kilometers beyond the planet. Jupiter's magnetosphere is the largest single structure in the solar system. Jupiter is unusual in other ways. For example, it gives off more heat than it receives from the sun.

In 1979, two Voyager spacecraft (*Voyager 1* and *Voyager 2*) flew past Jupiter. These spacecraft took thousands of photographs of the gas giant. From these photographs, astronomers discovered a thin ring circling Jupiter. They also discovered gigantic bolts of lightning in the atmosphere and mysterious shimmering sheets of light in the sky.

In 1610, the scientist Galileo Galilei observed four moons orbiting Jupiter. Today these moons are known as the Galilean satellites. And although at least sixteen moons have now been found orbiting Jupiter, the four largest and most interesting are the moons discovered by Galileo more than 300 years ago.

**10** The innermost of Jupiter's large moons is Io. Io is perhaps the most dramatic object in the solar system. The moon seems painted in brilliant orange, yellow, and red hues, which are due mainly to the high sulfur content of Io's surface. This mix of colors

**Figura 2–21** *En esta fotografía compuesta, se ven Júpiter y sus cuatro lunas interiores. ¿Cómo se llaman estas lunas?*

se extiende por millones de kilómetros más allá del planeta. La magnetosfera de Júpiter es la estructura más grande del sistema solar. Júpiter es diferente de otras maneras. Por ejemplo, emite más calor que el que recibe del sol.

En 1979 dos naves espaciales Voyager (*Voyager 1* y *Voyager 2*) volaron por Júpiter y tomaron miles de fotografías del gaseoso gigante. En estas fotografías los astrónomos descubrieron un anillo fino alrededor de Júpiter, relámpagos en la atmósfera y misteriosas planchas relucientes de luz en el cielo.

En 1610 el científico Galileo Galilei observó cuatro lunas en órbita alrededor de Júpiter. Hoy se conocen como los satélites galileanos. Aunque se han encontrado por lo menos dieciséis lunas alrededor de Júpiter, las cuatro más grandes y más interesantes son las que descubrió Galileo hace 300 años.

**Io** La luna más interior de las lunas mayores de Júpiter es Io. Es quizás el objeto más dramático del sistema solar. Parece pintada de matices del anaranjado, amarillo y azul brillantes, causados por el alto nivel de azufre en la superficie. Estos colores

Figure 2–22 *Io, the innermost of Jupiter's moons, has a surface that is constantly changed by volcanic eruptions (top). Europa shows tan streaks that may be shallow valleys (bottom).*

prompted one scientist to compare the colorful moon to a pepperoni pizza. Scientists originally assumed Io's surface would be heavily cratered. They expected to see the scars of impacts with large objects that occurred over the past few billion years. Instead, the scientists found a young, active surface. The surface looked so young because it was constantly being covered by new material from Io's active volcanoes. Today scientists consider Io the most geologically active object in the solar system.

**EUROPA** Next out from Jupiter is Europa. Europa is an ice-covered world slightly smaller than Io. Europa has the brightest, whitest, and smoothest surface of any object astronomers have observed in the solar system. It has been described as a giant "billiard ball in the sky." Some of the photographs from the Voyager spacecrafts indicate that Europa may have a volcano that spews out water and ammonia ice. Such a volcano would be far different from those on Earth, which spew out molten rock.

**GANYMEDE** Beyond Europa is Ganymede, Jupiter's largest moon. Ganymede, in fact, is the largest moon in the solar system. It is larger even than the planet Mercury. Ganymede is an icy world, about half rock and half water ice. It has some smooth regions, but it also has craters.

Some regions on Ganymede look as though they have been shaken by "earthquakes." Pieces of the moon's surface look as though they have cracked and slipped past one another. If that is what happened, Ganymede is the first object in the solar system besides Earth and its moon that is known to have earthquakes.

**CALLISTO** Your next stop is Callisto, the most heavily cratered object in the solar system. Although they are very small, Callisto's craters cover almost every part of this moon's surface. Scientists estimate that it would have taken several billion years of impacts to punch out all the craters of Callisto. Therefore, the surface of Callisto, which is mainly rock and ice, appears much as it did billions of years ago. This further suggests that Callisto is, and has been, a very quiet world. If volcanoes such as those on Io existed on Callisto, they would have filled in many of the craters.

**Figura 2–22** *Io, la luna más interior de Júpiter, tiene una superficie que cambia constantemente por la acción volcánica (arriba). Europa muestra rayas de color café que podrían ser valles poco profundos (abajo).*

llevaron a un científico a comparar la pintoresca luna con una pizza de peperoni. Los científicos esperaban ver la Io cubierta de cráteres y cicatrices del impacto de objetos grandes ocurridos en los últimos miles de millones de años. En su lugar, encontraron una superficie joven y activa. Se ve tan joven porque se cubre continuamente de materia nueva arrojada por sus volcanes activos. Hoy los científicos consideran a Io como el objeto más activo geológicamente de todo el sistema solar.

**EUROPA** Es la próxima luna desde Júpiter. Europa es un mundo cubierto de hielo, algo más pequeño que Io. Tiene la superficie más brillante, más blanca y más lisa de todos los objetos observados en el sistema solar. Se ha descrito como una gigantesca "bola de billar en el cielo." Algunas de las fotografías de las naves Voyager indican que Europa puede tener un volcán que lanza agua y hielo de amoníaco. Sería muy diferente a los volcanes de la Tierra, que arrojan rocas fundidas.

**GANIMEDES** Más allá de Europa está Ganimedes, la luna más grande de Júpiter. Es, de hecho, la más grande del sistema solar. Es aún mayor que el planeta Mercurio. Ganimedes es un mundo helado, mitad roca y mitad agua. Tiene algunas regiones lisas, pero también tiene cráteres.

Algunas regiones de Ganimedes dan señales de que sufrieron "terremotos." Hay secciones de la superficie que parece que se quebraron y pasaron una sobre otra. De ser así, Ganimedes es el primer objeto en el sistema solar después de la Tierra y su luna que tiene terremotos.

**CALISTO** Tu próxima parada es Calisto, el objeto con mayor concentración de cráteres en el sistema solar. Aunque son muy pequeños, sus cráteres cubren casi toda la superficie. Los científicos calculan que habrá tomado varios miles de millones de años de impactos para perforar los cráteres de Calisto. Por lo tanto, la superficie de Calisto, que es mayormente piedra y hielo, se ve como fue hace miles de millones de años. Esto sugiere además que Calisto es y ha sido un mundo muy quieto. Si hubiera tenido volcanes como los de Io, hubieran llenado muchos de sus cráteres.

There is much that can still be learned about the moons of Jupiter. Now, however, it is time to journey to the gas giant that is the second largest planet in the solar system.

**Figure 2–23** *Ganymede is a moon that is half covered by ice and half covered by rock (left). The bright spots on the surface of Callisto are craters billions of years old (right).*

## Saturn—A World of Many Rings

As you approach Saturn, you notice that it is surrounded by a series of magnificent rings. Saturn's rings were discovered by Galileo, and it was the first planet found to have rings. Many astronomers consider Saturn's rings to be the most beautiful sight in the solar system—so enjoy your view.

The rings of Saturn are made mainly of icy particles ranging in size from one thousandth of a millimeter to almost 100 kilometers in diameter. When observed through a telescope, Saturn appears to have three main rings. However, photographs taken by Voyager spacecraft showed that Saturn's ring system is far more complex than we could ever tell from Earth. Voyager revealed that Saturn has at least seven major rings, lettered from A to G. The outer edge of the most distant ring is almost 300,000 kilometers from Saturn. In addition, the main rings are made up of tens of thousands of ringlets that weave in and out of the main rings.

While Saturn's rings are its most spectacular feature, the planet is also interesting in other ways. Like Jupiter, Saturn spins rapidly on its axis and is made mainly of hydrogen and helium gases. Because

*Orbital Velocities*

Using the data in Figure 2–11, make a graph of the orbital velocities of the planets in our solar system. Plot orbital velocity on the vertical axis and the nine planets in order on the horizontal axis.

■ What conclusions can you draw from the curve on your graph?

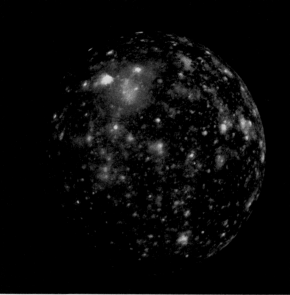

Hay mucho que aprender de las lunas de Júpiter. Sin embargo, es hora de viajar al gigante gaseoso que es el segundo en tamaño del sistema solar.

**Figura 2–23** *Ganimedes es una luna mitad cubierta de hielo y mitad cubierta de piedra (izquierda). Los puntos brillantes en la superficie de Calisto son cráteres que tienen miles de millones de años (derecha).*

## Saturno—mundo de muchos anillos

Al aproximarte a Saturno observas que está rodeado por una serie de magníficos anillos. Galileo descubrió estos anillos de Saturno, los primeros en verse en un planeta. Muchos astrónomos consideran los anillos de Saturno la vista más hermosa del sistema solar, así que, ¡disfruta el paisaje!

Los anillos de Saturno están formados principalmente de partículas heladas variando en tamaño desde un milésimo de un milímetro hasta casi 100 kilómetros de diámetro. A través de un telescopio, parece que hubiera tres anillos. Pero fotografías de Voyager muestran un sistema de anillos mucho más complejo de lo que se podría sospechar. Revelan por lo menos siete anillos mayores, designados por letras de la A a la G. El borde del anillo más lejano está a casi 300,000 kilómetros de Saturno. Además, los anillos principales consisten de decenas de miles de anillitos que se entrecruzan con los anillos principales.

Los anillos de Saturno son su rasgo más espectacular, pero tiene otros puntos de interés. Como Júpiter, gira velozmente alrededor de su eje y está hecho sobre todo de gases de hidrógeno y helio. Porque

*Velocidades de órbita*

Usa los datos en la figura 2–11, y haz una gráfica de las velocidades órbitales de los planetas en nuestro sistema solar. Traza la velocidad de órbita en el eje vertical y los nueve planetas por orden en el eje horizontal.

■ ¿Qué conclusiones puedes sacar de la curva en tu gráfica?

**Figure 2–24** *Saturn's ring system may well be the most beautiful sight in the solar system. What is the composition of Saturn's rings?*

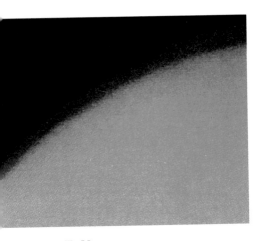

**Figure 2–25** *Notice the haze, indicating an atmosphere, surrounding Saturn's moon Titan. What is the composition of Titan's atmosphere?*

Saturn spins so fast, it is flattened at the poles, and it bulges at the equator. Near the equator, winds speed around Saturn at about 1800 kilometers per hour. This superfast jet stream is four times as quick as the fastest winds of Jupiter. Also like Jupiter, Saturn has violent storms. *Voyager 2* detected one enormous lightning storm that lasted more than ten months.

Saturn's clouds, like Jupiter's, form colored bands around the planet. Light-colored bands alternate with darker bands. There is even a reddish-orange oval feature in Saturn's southern hemisphere, a smaller version of Jupiter's Great Red Spot. Saturn is colder than Jupiter, yet it gives off almost three times as much energy as it gets from the sun. Saturn also has a huge magnetic field, second in size only to Jupiter's magnetosphere. Scientists suspect that the core of Saturn may also be similar to Jupiter's small, inner core.

Another unusual feature of Saturn is its very low density. In fact, Saturn is the least dense planet in the solar system. If all the planets could be placed in a giant ocean, Saturn would be the only planet to float on water.

As you fly by Saturn you must be careful not to collide with one of its moons. Saturn has more moons than any other planet. So far, twenty-one—and possibly two more—moons have been found orbiting Saturn. The largest of Saturn's moons is Titan. Only Ganymede is larger than Titan. However, size is not the only thing that makes Titan an unusual moon. Titan has a substantial atmosphere. The atmosphere is mainly nitrogen, but also contains methane, hydrogen cyanide, carbon monoxide, carbon dioxide, and other gases. The combination of these gases gives Titan a hazy orange glow. Many of these gases are deadly to life on Earth. But it is interesting to note that before life formed, the Earth had an atmosphere very similar to that on Titan. Some scientists have speculated that living things could evolve in the atmosphere of Titan, although no life has been detected.

**Figura 2–24** *El sistema de anillos de Saturno puede ser la vista más hermosa del sistema solar. ¿Cuál es la composición de los anillos de Saturno?*

Saturno gira tan rápido, se aplana en los polos y abulta en el ecuador. Cerca del ecuador, los vientos circulan Saturno a unos 1,800 kilómetros por hora. Esta corriente a chorro superligera es cuatro veces más rápida que la más veloz de Júpiter. Al igual que Júpiter, Saturno tiene sus tormentas violentas. *Voyager 2* detectó una tormenta de relámpagos enorme que duró más de diez meses.

Las nubes de Saturno, como las de Júpiter, forman bandas de colores alrededor del planeta. Se alternan bandas de colores claros con otras de colores obscuros. Hay hasta un rasgo ovalado color naranja rojizo en el hemisferio del sur de Saturno, una versión pequeña de la Gran Mancha Roja de Júpiter. Saturno es más frío que Júpiter pero emite casi tres veces más energía que la que recibe del sol. También tiene un campo magnético inmenso, superado sólo por el de Júpiter. Se sospecha que el núcleo de Saturno puede asemejarse al de Júpiter.

Otro rasgo inusual de Saturno es su baja densidad. De hecho, es el planeta menos denso del sistema solar. Si se pudiera poner todos los planetas en un mar colosal, Saturno sería el único planeta a flote.

Al pasar por Saturno, tienes que cuidarte de no chocar con una de sus lunas. Saturno tiene más lunas que cualquier otro planeta. Se han contado veintiuna— y posiblemente dos más—girando alrededor del planeta. La mayor es Titán. Sólo Ganimedes es más grande. También tiene otras características inusuales. Titán tiene una atmósfera sustanciosa. Se compone de nitrógeno, mayormente, pero además incluye metano, cianuro de hidrógeno, monóxido de carbono, dióxido de carbono y otros gases. La combinación de estos gases le otorga a Titán un brumoso resplandor anaranjado. Muchos de estos gases son mortales para la vida terrestre. Pero es interesante notar que antes de surgir la vida, la Tierra tenía una atmósfera semejante a la de Titán. Algunos científicos han especulado que organismos vivos podrían evolucionar bajo la atmósfera de Titán, aunque no se hayan detectado señales de vida.

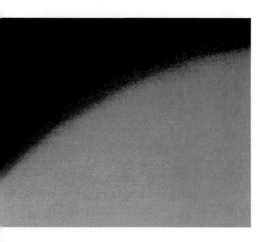

**Figura 2–25** *Observa la neblina que indica que hay una atmósfera alrededor de Titán, la luna de Saturno. ¿Cuál es la composición de la atmósfera de Titán?*

**Figure 2–26** *In this composite photograph you can see Saturn surrounded by six of its moons. The large moon in front is Dione. The other moons (clockwise) are Enceladus, Rhea, Titan, Mimas, and Tethys.*

## Uranus—A Planet on Its Side

You have now traveled almost 1.5 billion kilometers on your imaginary trip through the solar system. But you still have quite a distance to go before you reach the seventh planet, Uranus. Named for the father of Saturn in Roman mythology, Uranus was discovered in 1781 by the English astronomer Sir William Herschel. With Herschel's discovery, the size of the known solar system doubled, for Uranus is almost twice as far from the sun as is Saturn. See Figure 2–31 on pages 84–85 for the relative distances of the planets from the sun.

As you approach Uranus, you notice immediately that it is a gas giant, much like Jupiter and Saturn. Uranus is covered by a thick atmosphere made of hydrogen, helium, and methane. The clouds of Uranus do not have bands, but rather the entire

**Figure 2–27** *This photograph of the gas giant Uranus was taken by a Voyager spacecraft as it passed the distant planet.*

**Figura 2–26** *En esta fotografía compuesta puedes ver Saturno rodeado por seis de sus lunas. La luna grande al frente es Dione. Las otras son (en la dirección de las agujas del reloj) Encelad, Rea, Titán, Minas y Tetis.*

## Urano—un planeta de lado

Ya has viajado casi 1.5 mil millones de kilómetros en tu viaje imaginario por el sistema solar. Pero tienes que cubrir mucha distancia antes de llegar al séptimo planeta, Urano, que fue nombrado en honor al padre de Saturno en la mitología romana. El astrónomo inglés Sir William Herschel descubrió Urano en 1781. Este descubrimiento duplicó el tamaño del sistema solar conocido, porque Urano está a casi el doble la distancia del Sol que Saturno. Mira la figura 2–31 en las páginas 84–85 para las distancias relativas de los planetas desde el sol.

Al acercarte a Urano, te das cuenta enseguida de que es un gigante gaseoso, al igual que Júpiter y Saturno. Está cubierto de una atmósfera densa compuesta de hidrógeno, helio y metano. Las nubes de Urano carecen de bandas, pero en su lugar todo el

**Figura 2–27** *Esta fotografía del gigante gaseoso Urano la tomó una nave espacial Voyager al pasar cerca del planeta distante.*

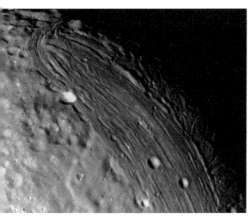

**Figure 2–28** *Notice the craters on Miranda, a moon of Uranus.*

**Figure 2–29** *This composite photograph shows a portion of Uranus with Miranda, one of its moons, in the foreground.*

planet is tinged with a greenish-blue color. Temperatures at the top of the clouds may dip to as low as −220°C.

Data from *Voyager 2* provide strong evidence that Uranus is covered by an ocean of superheated water that may have formed from melted comets. Because of the extreme pressure from an atmosphere 11,000 kilometers thick, the superheated water does not boil. This worldwide ocean is about 8000 kilometers thick and encloses a rocky, molten core about the size of Earth.

The axis on which Uranus rotates is one of the most unusual features of this gas giant. The axis of Uranus is tilted at an angle of about 90°. So Uranus seems to be tipped completely on its side. Uranus has nine known rings. But unlike the rings of Saturn, these rings are dark and probably made of methane ice. Because of the tilt of the axis of Uranus, the rings circle the planet from top to bottom.

The *Voyager 2* flyby confirmed the fact that Uranus has fifteen moons, ranging in diameter from 32 to 1625 kilometers. Some of the more interesting

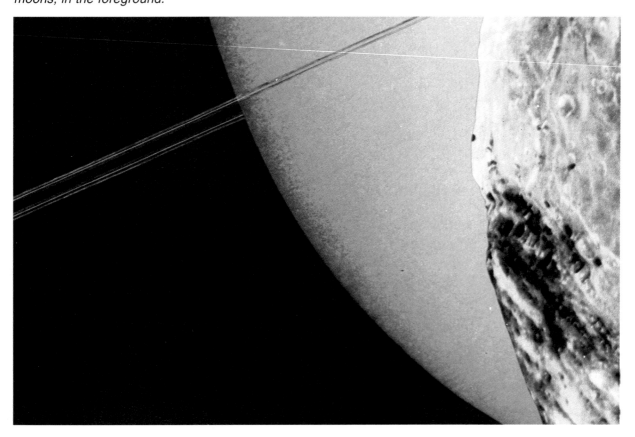

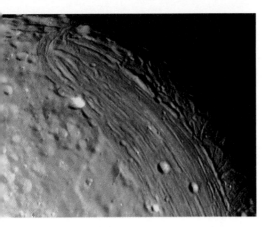

**Figura 2–28** *Presta atención a los cráteres de Miranda, una luna de Urano.*

**Figura 2–29** *Esta fotografía compuesta muestra una porción de Urano con Miranda, una de sus lunas, en primer plano.*

planeta está teñido de un matiz azul verdoso. Las temperaturas por encima de las nubes pueden bajar a los −220°C.

*Voyager 2* envió datos convincentes de que Urano está cubierto de un océano de agua supercalentada, quizás formado de cometas derretidos. Por la presión extrema de una atmósfera de 11,000 kilómetros de grosor, el agua no hierve. Este océano planetario tiene una profundidad de unos 8000 kilómetros y encierra un núcleo rocoso fundido del tamaño aproximado de la Tierra.

El eje de rotación de Urano es uno de los rasgos más raros del gigante gaseoso. Está inclinado a 90°. Así, Urano parece inclinarse de lado totalmente. Urano tiene nueve anillos conocidos. Pero a diferencia de los de Saturno, éstos son obscuros y probablemente formados de metano helado. A causa de la inclinación del eje de Urano, los anillos rodean el planeta de arriba a abajo.

*Voyager 2* confirmó el hecho de que Urano tiene quince lunas, variando en diámetro de 32 kilómetros a 1,625 kilómetros. Algunas de las lunas más interesantes incluyen Miranda y Ariel. Ambas son geológicamente

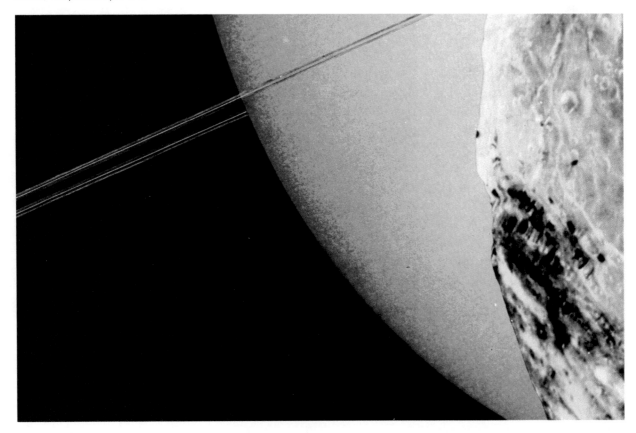

moons include Miranda and Ariel. Both Miranda and Ariel are geologically active, and their surfaces show many fault lines. (Faults are places where landmasses collide and are the cause of earthquakes on Earth.)

## Neptune—The Mathematician's Planet

Soon after the discovery of Uranus, astronomers found that the blue-green planet was not behaving as expected. Uranus was not following exactly the orbital path that had been carefully calculated for it by taking into account the gravitational pull of the other planets. Astronomers decided that there must be another object beyond Uranus. The gravitational pull from this distant object in space, it was assumed, was affecting the orbit of Uranus.

In 1845, a young English astronomer John Couch Adams calculated where such an object should be. For the most part his results were ignored. Meanwhile, in France, Urbain Jean Joseph Leverrier also calculated the location of this new planet. Leverrier's calculations were also largely ignored. However, one scientist, Johann Galle at Germany's Berlin Observatory, took Leverrier seriously. Galle immediately began searching for the unknown object. Before his first night of observation was over, he had discovered a new planet. It was located exactly where both Adams and Leverrier had predicted the mysterious object would be. And it is that mysterious object you will visit next on your tour of the solar system.

The new planet, a giant bluish world, was named Neptune, for the Roman god of the sea. Neptune and Uranus are often called the twin giants. They are about the same size, mass, and temperature. Neptune also glows with a blue-green color.

Like Uranus, Neptune is covered by a thick cloud cover. Huge clouds of methane float in an atmosphere of hydrogen and helium. Temperatures at the cloud tops may dip to a chilly –220°C. Neptune's surface is probably an ocean of water and liquid methane, covering a rocky core.

Data from *Voyager 2* confirmed that Neptune has five rings. These rings are made of dust particles that may have formed when meteorites crashed into Neptune's moons millions of years ago.

## ACTIVITY THINKING

*Outer Planetary Weather*

Saturn and Neptune are the windiest planets in the solar system, and Jupiter is the stormiest. Using information from the chapter, create a weather forecast for the planets Jupiter, Saturn, and Neptune. Assume you are a local weather forecaster providing a traveler's forecast for people on Earth who will be journeying to these distant planets.

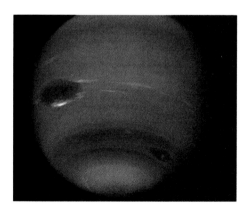

**Figure 2–30** *After passing by Uranus, Voyager continued on to Neptune, where it took this photograph of the gas giant. Why are Uranus and Neptune called the twin giants?*

activas y sus superficies muestran muchas fallas. (Fallas son lugares donde chocan masas continentales y que causan terremotos en la Tierra.)

## Neptuno—planeta del matemático

Poco después del descubrimiento de Urano, los astrónomos encontraron que el planeta verde azul no se comportaba como era de esperarse. No seguía precisamente la trayectoria orbital que se le había calculado cuidadosamente, tomando en cuenta la atracción gravitatoria de otros planetas. Se decidió que debía haber otro objeto más allá de Urano. Se asumió que su fuerza de gravedad estaba afectando la órbita de Urano.

En 1845 un joven astrónomo inglés, John Couch Adams, calculó dónde debía estar tal objeto. Por lo general, se ignoraron sus cálculos. Mientras tanto en Francia, Urbain Jean Joseph Leverrier también calculó la posición de este nuevo planeta. También se ignoraron sus cálculos. Sin embargo, un científico, Johann Galle en el Observatorio de Berlín en Alemania, tomó a Leverrier en serio. Galle inmediatamente comenzó a buscar el objeto desconocido. Antes de completar su primera noche de observación, descubrió un nuevo planeta. Estaba precisamente en el lugar que habían previsto Adams y Leverrier. Y es ese el objeto misterioso que visitarás próximamente en tu gira a través del sistema solar.

El nuevo planeta, un azulado mundo enorme, se nombró por el dios romano de los mares. Se suele llamar a Neptuno y Urano los gigantes gemelos. Son más o menos iguales de tamaño, masa y temperatura. Neptuno también brilla con un color verde azulado.

Al igual que Urano, Neptuno tiene una cubierta gruesa de vastas nubes de metano flotando en una atmósfera de hidrógeno y helio. La temperatura sobre las nubes baja hasta −220°C. La superficie de Neptuno es probablemente un mar de agua y metano líquido cubriendo un núcleo rocoso.

Datos de *Voyager 2* confirman que Neptuno tiene cinco anillos. Están formados por partículas de polvo y posiblemente se formaron cuando meteoritos chocaron con las lunas de Neptuno, hace millones de años.

# ACTIVIDAD
## PARA PENSAR

*El clima planetario exterior*

Saturno y Neptuno son los planetas más ventosos del sistema solar; y Júpiter es el más tempestuoso. Usa la información del capítulo, y crea un pronóstico del tiempo para los planetas Júpiter, Saturno y Neptuno. Haz el papel de un meteorólogo local que ofrece el pronóstico para gente de la Tierra que viajará a estos distantes planetas.

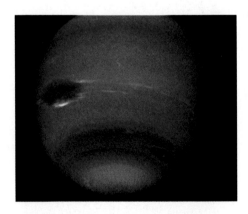

**Figura 2–30** *Después de pasar por Urano, Voyager siguió hacia Neptuno, donde tomó esta fotografía del gigante gaseoso. ¿Por qué les llaman a Urano y Neptuno los gigantes gemelos?*

**Figure 2–31** *This illustration shows the relative distances of the planets from the sun, not their sizes. The closest planet, Mercury, averages about 58 million kilometers from the sun. The farthest planet, Pluto, averages about 5900 million kilometers from the sun.*

Neptune also has at least eight moons. The most interesting moon is Triton, the fourth largest moon in the solar system. Triton appears to be an icy world covered with frozen methane. Like Titan, Triton has an atmosphere. Triton is an unusual moon because it orbits Neptune in a backward, or retrograde, direction. This fact has led some astronomers to conclude that Triton is not an original moon of Neptune. Instead, it may be an object captured by Neptune's gravity.

Your journey through the solar system is not quite over. Now it is time to travel to the only planet that was not discovered until this century.

**Figure 2–32** *Triton, Neptune's largest moon, is a world covered with frozen methane.*

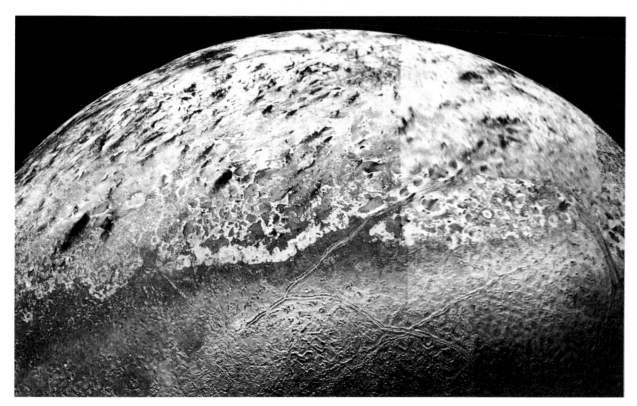

## Pluto—A Double Planet

Neptune's discovery helped to explain some of the unexpected changes in the orbit of Uranus. But it did not account for all the changes. To complicate matters, the newly discovered Neptune did not orbit the sun as predicted either. In the early 1900s, astronomer Percival Lowell attempted to explain the mystery. He suggested that there was another planet whose gravity was pulling on both Neptune and Uranus.

In 1930, after an intense search, a young astronomy assistant named Clyde Tombaugh found the ninth planet near where Lowell had predicted it would be. The planet was named Pluto, for the Roman god of the underworld. However, the discovery of Pluto still did not solve the riddle of the strange orbits of Uranus and Neptune.

Lowell had calculated the position of a world that he thought was huge—a world massive enough to pull the two gas giants Uranus and Neptune out of their expected orbits. But, as it turns out, Pluto is much too small to have any real effect on either of these giant planets. In fact, Pluto is the smallest and least massive planet in the solar system.

Pluto is little more than a moon-sized object and may be an escaped moon of Neptune. It appears to be made mainly of various ices, primarily methane ice. Although the methane is frozen on the dark side of Pluto, it seems likely that some of the methane on the part of the planet facing the sun may have evaporated and formed a thin, pink atmosphere. If so, Pluto would be the only planet with an atmosphere on its sunny side and no atmosphere on its dark side.

As your imaginary ship approaches Pluto, you notice something that remained hidden to Earthbound astronomers for forty-eight years after

ACTIVITY
DOING

*Planetary Sizes*

Examine the diameters of the planets in our solar system as shown in Figure 2–11. Using art materials and measuring tools, illustrate visually the relative sizes of the planets. Keep in mind that everything in your model must be done to the same scale.

**Figura 2–31** *Esta ilustración muestra las distancias relativas, no el tamaño, de los planetas desde el sol. El planeta más cercano, Mercurio, tiene una distancia media del sol de 58 millones de kilómetros. El planeta más distante, Plutón, tiene una distancia media del sol de 5900 millones de kilómetros.*

Neptuno también tiene ocho lunas. La más interesante es Tritón, la cuarta luna en tamaño del sistema solar. Tritón parece ser un mundo glacial cubierto de metano congelado. Al igual que Titán, Tritón tiene una atmósfera. Tritón es una luna insólita porque gira en órbita alrededor de Neptuno al revés, o en sentido retrógrado. Este hecho ha llevado a algunos astrónomos a deducir que Tritón no era originalmente una luna de Neptuno, sino un objeto capturado por su gravedad.

Todavía le falta un poco a tu viaje a través del sistema solar. Llega la hora de viajar al único planeta que no se conoció hasta entrado este siglo.

**Figura 2–32** *Tritón, la luna más grande de Neptuno, es un mundo cubierto de metano congelado.*

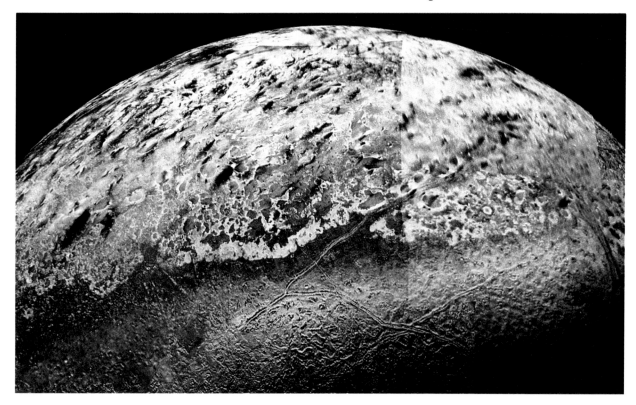

## Plutón—un planeta doble

El descubrimiento de Neptuno ayudó a explicar algunos de los cambios inesperados en la órbita de Urano. Pero no los explicaba todos. Para mayor complicación, el recién descubierto Neptuno no giraba alrededor del sol como se esperaba. A principios de este siglo el astrónomo Percial Lowell intentó explicar el misterio. Sugirió que había otro planeta cuya gravedad atraía ambos a Neptuno y a Urano.

En 1930, tras una búsqueda intensa, un joven asistente de astronomía llamado Clyde Tombaugh encontró el noveno planeta cerca de donde Lowell había predicho que estaría. Nombraron el planeta Plutón, por el dios romano del otro mundo. Sin embargo, el descubrimiento de Plutón no resolvió el enigma de las órbitas raras de Urano y Neptuno.

Lowell había calculado la posición de un mundo que él imaginaba ser enorme, lo suficientemente masivo como para alterar las órbitas de los dos gigantes gaseosos, Urano y Neptuno. Pero Plutón resultó ser demasiado pequeño para afectar a los dos planetas gigantes. De hecho, Plutón es el planeta más pequeño y menos masivo.

Plutón es apenas más grande que un objeto de tamaño lunar y bien podría ser una luna que se le escapó a Neptuno. Parece estar formado primor- dialmente de diferentes clases de hielo, tales como el hielo metánico. Aunque el metano se congela en el lado oscuro de Plutón, parece ser que todo el que se encuentra en la parte del planeta que está frente al sol se ha evaporado, formando una atmósfera tenue y rosada. De ser esto verdad Plutón sería el único planeta con atmósfera en su lado soleado, y sin atmósfera en su lado oscuro.

Al acercarte a Plutón observas algo que estuvo oculto para los astrónomos en la Tierra por cuarenta y ocho años después de su descubrimiento. En 1978 el

## ACTIVIDAD

### PARA HACER

*Tamaños planetarios*

Estudia los diámetros de los planetas de nuestro sistema solar tal como aparecen en la figura 2–11. Usando materiales de arte y herramientas de medir, ilustra visualmente los tamaños relativos de los planetas. Recuerda que todo en tu modelo debe estar hecho a la misma escala.

**Figure 2–33** *This NASA illustration shows Pluto and its moon Charon. Why do some people call Pluto a double planet?*

the discovery of Pluto. In 1978, astronomer James Christy was studying photographs of Pluto when he noticed some that appeared to be defective. In the "defective" photograph, Pluto seemed to have developed a bump. Looking more closely, Christy realized that the bump was not part of the planet. It was a moon. He named the moon Charon, after the mythological boatman who ferried the souls of the dead into the underworld. Charon is about half the size of Pluto. Because of this closeness in size, astronomers consider Pluto and Charon to be a double planet.

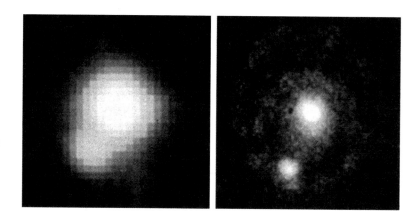

**Figure 2–34** *The photograph on the left shows Pluto and its moon as seen from Earth. The photograph on the right was taken by the* Hubble Space Telescope.

**Figura 2–33** *Esta ilustración de NASA muestra a Plutón y su luna Caronte. ¿Por qué alguna gente llama a Plutón un planeta doble?*

astrónomo James Christy estaba examinando fotografías de Plutón cuando vio algunas fotografías que parecían estar "dañadas." En una, parecía que le había salido un chichón a Plutón. Al observar más de cerca, Christy se dió cuenta de que el chichón no era parte del planeta sino una luna. La nombró Caronte, por el barquero mitológico que llevaba las almas de los muertos al bajo mundo. Caronte tiene más o menos la mitad del tamaño de Plutón. Por su proximidad en el tamaño, los astrónomos consideran a Plutón y Caronte como un planeta doble.

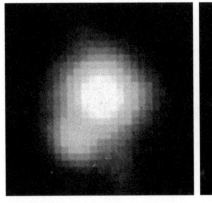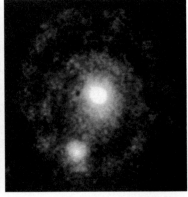

**Figura 2–34** *La fotografía a la izquierda muestra a Plutón y su luna, tal como se ven desde la Tierra. La fotografía a la derecha la tomó el Telescopio Espacial Hubble.*

# Planet X—The Tenth Planet?

As you have just read, the orbits of Uranus and Neptune led to the discovery of Pluto. But the mass of Pluto is far too small, and therefore its gravitational pull too weak, to account for the unexpected orbits of Uranus and Neptune. Astronomers suspect that something else must be pulling on these planets, tugging them slightly from their expected orbits around the sun. Is this mysterious "something" a tenth planet? Astronomers are looking for such a planet, nicknamed Planet X, which would be a giant planet some 8 billion kilometers beyond the orbit of Pluto.

What if no giant planet is found out there? Is there something else that might be tugging at Uranus and Neptune? Two other possibilities exist. Many stars have a dark companion star. The sun may be part of such a binary-star system. Its dark companion could even be a brown dwarf, a massive object far larger than any planet but too small to have become a star. The brown dwarf would exert an enormous gravitational pull on the outer planets and might be found more than 80 billion kilometers from the sun.

Some astronomers have proposed an even more "far-out" explanation. They suggest that a black hole some 160 billion kilometers in space may be the source of the unexpected changes in the orbits of Uranus and Neptune. The black hole, at least ten times the mass of our sun, would exert a tremendous gravitational pull on these planets. Even from such a long distance it could reach into the solar system and disturb the orbits of Uranus and Neptune.

## Comets

You have gone a long way on your tour of the solar system and are now far beyond the outermost reaches of Pluto's orbit. You are about to visit the Oort cloud, named for the Dutch astronomer Jan Oort.

The Oort cloud is a vast collection of ice, gas, and dust some 15 trillion kilometers from the sun. Every once in a while, the gravitational pull of a

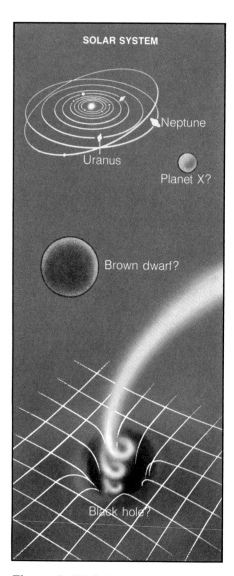

**Figure 2–35** *Astronomers wonder what unknown object may be tugging on the orbits of Uranus and Neptune. There are three possibilities, a tenth planet called Planet X, a brown dwarf, or a black hole.*

# Planeta X—¿el décimo planeta?

Como acabas de leer, las órbitas de Urano y Neptuno dieron lugar al descubrimiento de Plutón. Pero la masa de Plutón es demasiado pequeña, y por ende su gravedad muy débil, como para explicar las desviaciones inesperadas en las órbitas. Los astrónomos sospechan que hay otra cosa atrayendo a estos planetas, desviándolos un poco fuera de la órbita esperada alrededor del sol. ¿Es esta "cosa" misteriosa un planeta? Los astrónomos buscan tal planeta, bautizado con el apodo de Planeta X, que sería un planeta gigante a unos 8 mil millones de kilómetros más allá de la órbita de Plutón.

¿Y si no se encuentra un planeta gigante por allí? ¿Hay otra cosa tirando de Urano y Neptuno? Hay dos posibilidades más. Muchas estrellas tienen una estrella compañera oscura. El sol puede ser parte de un sistema de estrellas binarias. Su compañera oscura hasta podría ser una enana marrón, un objeto masivo mucho más grande que un planeta pero demasiado pequeño para ser estrella. La enana marrón ejercería una atracción gravitatoria enorme sobre los planetas exteriores y podría estar a más de 80 mil millones de kilómetros del sol.

Algunos astrónomos sugieren una posibilidad aun más "extravagante." Un agujero negro a unos 160 mil millones de kilómetros, podría explicar las alteraciones en las órbitas de Urano y Neptuno. El agujero negro, con una masa de por lo menos diez veces la del sol, emplearía una fuerza gravitacional tremenda y afectaría a estos planetas. Aún a una distancia tan grande, podría alcanzar al sistema solar y perturbar las órbitas de Urano y Neptuno.

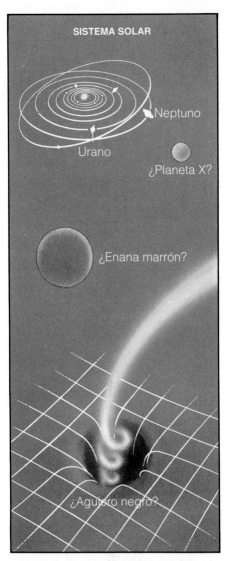

**Figura 2–35** *Los astrónomos se preguntan qué objeto desconocido puede estar atrayendo las órbitas de Urano y Neptuno. Hay tres posibilidades: un décimo planeta, una enana marrón o un agujero negro.*

## Cometas

Has llegado muy lejos en tu gira por el sistema solar y ahora estás mucho más allá del alcance extremo de la órbita de Pluto. Estás a punto de visitar la nube de Oort, nombrada por el astrónomo holandés Jan Oort.

La nube de Oort es una vasta colección de hielo, gas y polvo a unos 15 billones de kilómetros del sol. De vez en cuando, la atracción gravitatoria de un astro

## ACTIVITY DOING

**Figure 2–36** *Why does the tail of a comet always point away from the sun?*

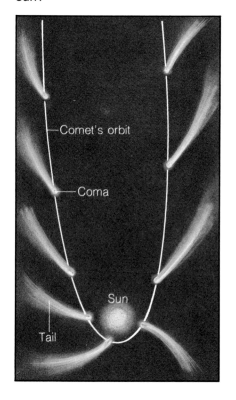

nearby star will tug a "dirty snowball" out of the Oort cloud and send it speeding toward the sun. For most of its trip toward the sun, this mountain-sized object, commonly called a **comet,** travels unnoticed. As it comes closer and closer to the sun, it grows warmer. Some of its ice, gas, and dust heat up enough to form a cloud around its core.

The core of a comet is called its nucleus. The cloud of dust and gas surrounding the nucleus is known as the coma. The nucleus and coma make up the head of the comet. During its approach to the sun, the head of the comet continues to grow warmer and to expand. In time, the head can expand to become as large as a few hundred thousand or even a million kilometers in diameter. Yet the head forms only a small part of the entire comet.

The sun produces a powerful solar wind made of high-energy particles. This solar wind blows the coma outward into a long tail that always streams away from the sun. The tail of an incoming comet streams out behind it. The tail of an outgoing comet streams in front of it. See Figure 2–36. In fact, the glowing tail was the basis for the term comet, which comes from the Greek word meaning long-haired. The tail of a comet often stretches out for millions of kilometers. A comet's tail is an astronomical wonder. It can sweep across a huge portion of the sky, yet it is so thin that distant stars can be seen shining through it.

Most of the 100,000 or so comets in the solar system orbit the sun over and over again. Many are long-period comets that have long, elliptical orbits, perhaps reaching out to the very edge of the solar system. Long-period comets may take thousands of years before they return to Earth's neighborhood again.

Short-period comets, however, return to the sun every few years. Perhaps the most famous short-period comet is Halley's comet, named for the English astronomer Edmund Halley. Halley's comet returns every 75 to 79 years. Although Halley did not discover the comet, he was the first to realize that the comets seen in 1456, 1531, 1607, and 1682 were really the same periodic comet. Halley predicted that the comet would return again in 1759, but he died without ever knowing whether his prediction

# ACTIVIDAD

## PARA HACER

*C.I. Inteligencia extraterrestre*

Usando un pedazo de cartulina, varios rotuladores, un par de dados, un paquete de fichas en blanco y diversos objetos pequeños, tales como habichuelas o botones, inventa un juego de mesa en que los jugadores ponen a la prueba su conocimiento de los planetas.

**Figura 2–36** *¿Por qué la cola de un cometa siempre apunta en dirección contraria al sol?*

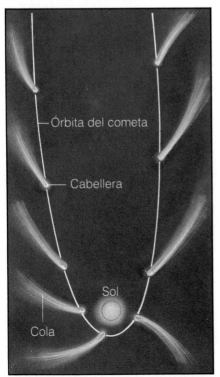

cercano arrebata una "bola de nieve sucia" de la nube de Oort y la lanza, veloz, hacia el sol. Este objeto del tamaño de una montaña, llamado **cometa**, viaja hacia el sol mayormente sin llamar la atención. Al ir acercándose al sol, se calienta y parte de su hielo, gas y polvo forman una nube alrededor de su centro.

El centro de un cometa se llama un núcleo. La nube de polvo y gas alrededor del núcleo se conoce como la cabellera. El núcleo y la cabellera forman la cabeza del cometa. Al acercarse al sol, la cabeza del cometa sigue calentándose y expandiéndose. Con el tiempo, alcanza un diámetro de varias centenas, o aún varios millones de kilómetros. Más la cabeza es sólo una pequeña parte del cometa.

El sol produce un fuerte viento solar de partículas de alta energía. El viento solar empuja la cabellera hacia afuera y se forma una cola larga que siempre está en dirección contraria al sol. La cola de un cometa que se acerca va detrás del cometa. La de uno que se aleja va al frente del cometa. Mira la figura 2–36. De hecho, la cola brillante fue la base del nombre cometa, que significa en griego de pelo largo. Con frecuencia, la cola se extiende por millones de kilómetros. La cola de un cometa es una maravilla astronómica. Puede cubrir una gran porción del firmamento y sin embargo es tan tenue que le atraviesa el brillo de estrellas lejanas.

La mayor parte de los 100,000 cometas (más o menos) en el sistema solar giran en órbita alrededor del sol repetidamente. Muchos tienen órbitas elípticas muy largas, que toman períodos extensos. Quizás alcancen la orilla del sistema solar. Tales cometas pueden tomar miles de años antes de volver a pasar por la vecindad de la Tierra.

Cometas de períodos de órbita breve, sin embargo, regresan al sol cada pocos años. Quizás el más famoso es el cometa Halley, nombrado por el astrónomo inglés Edmund Halley. Este cometa regresa cada 75 a 79 años. Aunque Halley no lo descubrió, fue el primero en darse cuenta de que los cometas vistos en 1456, 1531, 1607 y 1682 eran en realidad uno. Halley predijo que volvería en 1759, pero falleció sin poder verificar su predicción.

would actually come true. It did. The last time Halley's comet was seen was in 1986. It is due back again around 2062.

## Meteoroids, Meteors, and Meteorites

Earth is often "invaded" by objects from space. Most of these invaders are **meteoroids** (MEE-tee-uh-roids), chunks of metal or stone that orbit the sun. Scientists think that most meteoroids come from the asteroid belt or from comets that have broken up. Each day millions of meteoroids plunge through Earth's atmosphere. When the meteoroid rubs against the gases in the atmosphere, friction causes it to burn. The streak of light produced by a burning meteoroid is called a **meteor.** Meteors are also known as shooting stars.

Most meteors burn up in the atmosphere. A few, however, survive to strike Earth's surface. A meteor that strikes Earth's surface is called a **meteorite.** Meteorites vary in composition, but most contain iron, nickel, and stone.

While most meteorites are small, a few are quite large. The largest meteorite ever found is the Hoba West meteorite in South West Africa. It has a mass of more than 18,000 kilograms.

When a large meteorite crashes to Earth, it produces a crater. Some of the world's largest meteorite craters are found in Canada. In the United States, the most famous crater is the enormous Barringer Meteorite Crater, between Flagstaff and Winslow in Arizona.

Figure 2–38 *This meteorite, discovered in Antarctica, is believed to have come from Mars.*

**Figura 2–37** *Esta fotografía del cometa Halley se tomó en 1910. Se le añadieron los colores más tarde. Los antiguos babilonios registraron en esta lápida de arcilla una observación de lo que hoy se llama el cometa Halley en 164 A.C .*

Y así sucedió. La última vez que se vio el cometa de Halley fue en 1986. Se espera otra vez por el año 2062.

## Meteoroides, meteoros y meteoritos

A menudo hay "invasiones" de la Tierra por parte de objetos del espacio. La mayoría son **meteoroides**, trozos de metal o piedra que giran en órbita alrededor del sol. Los científicos creen que la mayoría de los meteoroides vienen del cinturón de asteroides o de cometas que se desintegraron. A diario se precipitan millones de meteoroides por la atmósfera terrrestre. Al rozar los gases de la atmósfera, la fricción los hace arder. El destello de luz que produce un meteoroide al consumirse se llama un **meteoro**. Las estrellas fugaces son meteoros.

Por lo general los meteoros se consumen en la atmósfera. Unos pocos sobreviven y chocan con la superficie terrestre. Se llaman meteoritos. Los meteoritos varían en su composición, pero la mayoría contienen hierro, níquel o piedra.

En general los meteoritos son pequeños, aunque algunos son bastante grandes. El más grande que se conoce es el meterorito de Hoba West en África del Suroeste. Pesa sobre 18,000 kilogramos.

Cuando un meteorito grande cae en la Tierra, produce un cráter. Algunos de los cráteres de meteoritos más grandes se encuentran en Canadá. En los Estados Unidos, el más famoso es el enorme Cráter de Meteorito Barringer, entre Flagstaff y Winslow en Arizona.

**Figura 2–38** *Este meteorito, descubierto en Antártida, se cree que vino de Marte.*

**Figure 2–39** *The Barringer crater in Arizona is 1.2 kilometers wide. What caused this huge crater?*

A meteorite found recently in Antarctica appears to have come from the moon. It is made of materials very similar to those brought back from the moon by astronauts. Even more exciting is an Antarctic meteorite that may have come from Mars. It appears similar in composition to the Martian soil tested by *Viking 1.* If so, it is the first known visitor from Earth's red neighbor in space.

## Life in the Solar System

In your mind, you have traveled across billions of kilometers as you explored the solar system. Yet nowhere in your travels have you come across living things. As far as scientists know, Earth is the only planet in our solar system that contains life. However, that does not mean that living things do not exist somewhere "out there."

For life as we know it to develop, certain conditions must be met. Two very important conditions are moderate temperatures and liquid water. And both must be present for billions of years for life to evolve. By chance, Earth has possessed these two conditions for most of its estimated 4.6-billion-year history. This is due partly to the fact that Earth happens to be in the very narrow "life zone" of its star, the sun.

If Earth had formed only 7.5 million kilometers closer to the sun, temperatures probably would have

*Astrohistory*

The history of astronomy and the people involved in astronomical research is one full of surprises and a good deal of jealousy. If you have an interest in the contributions of early astronomers, you will be fascinated by the book called *Men of the Stars* by Patrick Moore.

**Figura 2–39** *El cráter Barringer en Arizona tiene una anchura de 1.2 kilómetros. ¿Qué causó este inmenso cráter?*

Un meteorito recientemente descubierto en la Antártida parece que vino de la luna. Está hecho de materiales semejantes a los que trajeron los astronautas de la luna. Aun más emocionante es un meteorito de la Antártida que pudo ser de Marte. En su composición, se asemeja al suelo marciano que examinó *Viking 1*. De ser así, sería la primera visita a la Tierra, que sepamos, desde Marte.

## La vida en el sistema solar

En tu mente, has viajado a través de miles de millones de kilómetros explorando el sistema solar. Pero en ningún momento te has topado con seres vivos. De acuerdo al conocimiento actual de los científicos, la Tierra es el único planeta del sistema solar que contiene vida. Esto no significa, sin embargo, que no haya seres vivos "allá afuera."

Para que haya vida como la conocemos nosotros, se requieren ciertas condiciones. Dos son temperaturas moderadas y agua líquida. Y ambas deben estar presentes por miles de millones de años para la evolución de la vida. Por casualidad, la Tierra ha cumplido con estas dos condiciones por la mayor parte de sus 4.6 mil millones de años. Esto se debe en parte al hecho fortuito de que la Tierra está en la estrecha "zona de vida" de su estrella, el sol.

Si la Tierra estuviera a sólo 7.5 millones de kilómetros más cerca del sol, hubiera sido demasiado

# Actividad

## PARA LEER

*Astrohistoria*

La historia de la astronomía y la gente dedicada a la investigación de la astronomía está repleta de sorpresas y buena dosis de celos. Si te interesa la contribución de los antiguos astrónomos te fascinará el libro titulado *Men of the Stars* de Patrick Moore.

**Figure 2–40** *The center illustration shows Earth as it is today. The illustration on the top shows what Earth might be like if its orbit were slightly farther from the sun. On the bottom is a view of Earth if its orbit were slightly closer to the sun.*

been too hot to support life. A location just 1.5 million kilometers more distant from the sun would have produced an Earth covered with frozen water. Again, life would not have developed. Yet these are simply probabilities. Even on Earth, living things have been found in the most improbable places.

## 2–3 Section Review

1. Briefly describe the major characteristics of the planets and other objects in the solar system.
2. What gives Mars its red color?
3. Which planet is thought to have lost its oceans due to the greenhouse effect?
4. Why is Neptune called the mathematician's planet?
5. Compare a meteoroid, meteor, and meteorite.
6. Why does a comet's tail always stream away from the sun?

### Connection—*Ecology*

7. During the process of photosynthesis, plants take in carbon dioxide from the atmosphere. Based on that information, why are scientists so concerned about the cutting down of huge patches of tropical rain forests on Earth?

# 2–4 Exploring the Solar System

Much of the information you have read in this chapter was provided by spacecraft sent to probe distant planets in our solar system. However, before a spacecraft can be sent to another planet, it has to be launched off the surface of the Earth. And to do

**Guide for Reading**

*Focus on these questions as you read.*

▶ *What is the principle behind the reaction engine used in rockets?*

▶ *What were the contributions of the various spacecraft sent by the United States to probe the solar system?*

**Figura 2–40** *La ilustración del centro muestra la Tierra tal como es hoy. La superior muestra cómo sería la Tierra si su órbita estuviera un poco más apartada del sol. La ilustración inferior es una vista de la Tierra si su órbita estuviera más cerca del sol.*

calurosa para mantener la vida. A unos 1.5 millones de kilómetros más distante del sol, la Tierra hubiera estado cubierta de agua congelada. No se hubiera desarrollado la vida. Mas éstas son meras posibilidades. Aún en la Tierra, se han encontrado organismos vivos donde menos se espera.

## 2–3 Repaso de la sección

1. Describe brevemente las principales características de los planetas y otros objetos del sistema solar.
2. ¿Qué le da a Marte su color rojizo?
3. ¿Qué planeta se cree que perdió sus océanos debido al efecto de invernadero?
4. ¿Por qué se le llama a Neptuno el planeta del matemático?
5. Compara meteoroide, meteoro y meteorito.
6. ¿Por qué apunta la cola del cometa en sentido contrario al Sol?

### Conexión–*Ecología*

7. Durante el proceso de fotosíntesis, las plantas toman el dióxido de carbono de la atmósfera. Dada esta información, ¿por qué les preocupa a los científicos la destrucción indiscriminada de grandes extensiones de selva tropical?

# 2–4 Explorando el sistema solar

Mucha de la información que has leído en este capítulo vino de naves espaciales lanzadas para estudiar los planetas lejanos del sistema solar. Sin embargo, antes de mandar una nave a otro planeta, tiene que arrancar de la superficie de la Tierra. Y para lograr esto

### Guía para la lectura

*Piensa en estas preguntas mientras lees.*

▶ *¿Qué principio rige el motor de reacción que se usa en los cohetes?*

▶ *¿Cuáles fueron las contribuciones de las diversas naves espaciales enviadas por Estados Unidos a sondear el sistema solar?*

that we need rockets. So we will begin our examination of the spacecraft we send to other planets by looking into the history of rocketry.

## Rocketry

Blow up a balloon and pinch the nozzle so that no air can escape. Hold the balloon at arm's length; then let it go. What happens?

When the balloon nozzle is released, air shoots out of it. At the same time, the balloon moves in a direction opposite to the movement of the escaping air. The released balloon is behaving like a rocket.

This example illustrates the idea of a **reaction engine.** Its movement is based on Sir Isaac Newton's third law of motion, which states that every action produces an equal and opposite reaction. The escaping rush of air out of the balloon nozzle causes the balloon to shoot off in the opposite direction. A reaction engine works in much the same way. **In a reaction engine, such as a rocket, the rearward blast of exploding gases causes the rocket to shoot forward.** The force of this forward movement is called thrust.

Long before Newton's time, the ancient Chinese, Greeks, and Romans made use of reaction engines. The Greeks and the Romans used steam to move toys. One toy consisted of a kettle on wheels with a basket holding glowing embers beneath it. Heat from the embers caused water in the kettle to boil. As the water boiled, steam hissed out of a horizontal nozzle on the kettle. In reaction to the escape of steam in one direction, the wheeled kettle rolled off in the opposite direction.

The first useful reaction engines were rockets developed by the Chinese around the year 1000. Their first known use was as weapons of war. These early Chinese rockets were long cylinders, probably sections of hollow bamboo, filled with gunpowder. One end of the cylinder was sealed, usually by a metal cap. The other end was open and had a fuse running through it into the gunpowder. When the gunpowder was ignited, burning gases shot out the open end of the cylinder. In reaction to this movement of gases, the cylinder shot off in the opposite direction.

By the end of the nineteenth century, some scientists began dreaming of using rockets to explore

Activity Bank

Action, Reaction, p.150

**Figure 2–41** *The action of the rocket's thrusters causes an opposite reaction and the rocket goes forward (top). Similar types of thrusters in this manned maneuvering unit (MMU) allow an astronaut to move in any direction in space (bottom).*

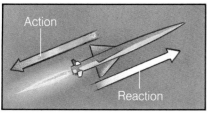

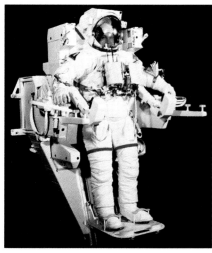

necesitamos cohetes. Así que comenzaremos nuestro estudio de estas naves espaciales con la historia de la cohetería.

## La cohetería

Infla un globo y aprieta la boquilla para que no escape el aire. Mantén el globo con el brazo extendido y luego suéltalo. ¿Qué pasa?

Cuando se suelta la boquilla del globo, el aire sale disparado. Al mismo tiempo, el globo se mueve en una dirección contraria a la del aire que se escapa. El globo está funcionando como un cohete.

Este ejemplo ilustra la idea de un **motor de reacción**. Su movimiento se basa en la tercera ley del movimiento de Isaac Newton que dice que cada acción produce una reacción igual y contraria. La corriente de aire que escapa por la boquilla dispara al globo en sentido contrario. Un motor de reacción funciona de la misma manera. **En un motor de reacción, tal como en un cohete, el empuje de los gases explosivos hacia abajo causa que el cohete se eleve**. A la fuerza de este movimiento se le llama impulso.

Mucho antes de Newton, los antiguos chinos, griegos y romanos emplearon motores de reacción. Los griegos y romanos usaban vapor para mover juguetes. Uno consistía de un hervidor con agua sobre ruedas. El calor de brasas ardientes en una cesta debajo del hervidor ponía el agua a hervir. Al hervir el agua, salía vapor de una boquilla horizontal en el hervidor. Como reacción al escape del vapor en una dirección, el hervidor sobre ruedas partía en dirección contraria.

Los primeros motores de reacción que se usaron fueron cohetes desarrollados por los chinos alrededor del año 1000. El primer uso que se conoce fue como armas de guerra. Eran cilindros largos, quizás de bambú hueco, llenos de pólvora. Se sellaba una punta del cilindro, por lo general con una tapa de metal. La otra quedaba abierta y tenía una mecha que llegaba a la pólvora. Cuando se encendía la pólvora, gases ardientes estallaban por la punta abierta del cilindro. Como reacción al movimiento de los gases, el cohete se disparaba en la dirección opuesta.

Para fines del siglo diecinueve, algunos científicos soñaban con el uso de cohetes para explorar el espacio.

# Pozo de actividades

Acción, reacción, p. 150

**Figura 2–41** *La acción de los propulsores del cohete causa una reacción contraria y el cohete avanza (arriba). Tipos semejantes de propulsores en esta unidad de maniobras con personal (MMU) le permite a un astronauta moverse en el espacio en cualquier dirección (abajo).*

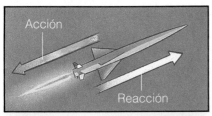

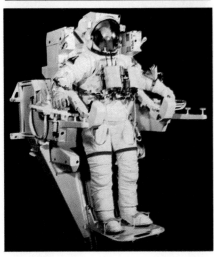

space. But would it be possible to build a rocket large enough and powerful enough to travel out of Earth's atmosphere? Late in the century a number of scientists studied this question. And at least one of them, a Russian named Konstantin E. Tsiolkovsky, considered it a definite possibility.

As a teenager, Tsiolkovsky had experimented with reaction engines. Using his lunch money to pay for materials, he had built a carriage powered by a reaction engine. But his experiment did not work. The engine could not develop enough thrust to move the carriage.

From his failure, Tsiolkovsky actually learned a lot about reaction engines. (Science is often like that.) He started to think about using such engines for space travel. Drawing on the work of Newton and other scientists and mathematicians, Tsiolkovsky worked out mathematical formulas for space flight. He even dreamed of creating human colonies in space. But before such colonies could be built, Tsiolkovsky knew that scientists would have to solve the enormous problems involved in building rockets powerful enough to escape the Earth's gravitational pull.

## Escape Velocity

In order for a rocket to escape Earth's gravitational pull, the rocket must achieve the proper velocity. This **escape velocity** depends on the mass of the planet and the distance of the rocket from the planet's center. The escape velocity from Earth is 11.2 kilometers per second, or 40,320 kilometers per hour. From the moon, it is just 2.3 kilometers per second. From mighty Jupiter, the escape velocity is 63.4 kilometers per second. Can you relate these differences in escape velocity to the mass of each planet?

The first step into space involves escape from the Earth. Tsiolkovsky predicted that through the use of a huge reaction engine, a vehicle would someday leave Earth's gravitational pull. But he also concluded that a rocket powered by gunpowder or some other solid fuel would not be able to accomplish this feat. Why not?

Solid fuels burn rapidly and explosively. The pushing force that results is used up within seconds.

**Figure 2–42** *This table shows the escape velocities for the nine planets in our solar system, the sun, and several other stars. Why is the escape velocity of Pluto so much lower than that of the other planets?*

### ESCAPE VELOCITIES

| Object | Escape Velocity (km/sec) |
|---|---|
| Mercury | 4.2 |
| Venus | 10.3 |
| Earth | 11.2 |
| Moon | 2.3 |
| Mars | 5.0 |
| Jupiter | 63.4 |
| Saturn | 39.4 |
| Uranus | 21.5 |
| Neptune | 24.2 |
| Pluto | 0.3* |
| Sun | 616 |
| Sirius B | 3400* |
| Neutron star | 200,000* |

*Estimated

Pero, ¿sería posible construir un cohete lo suficientemente grande y potente como para escaparse de la atmósfera terrestre? Varios científicos estudiaban el problema y uno, el ruso Konstantin E. Tsiolkovsky, creía que era posible.

De joven, Tsiolkovsky experimentó con motores de reacción. Con el dinero de su almuerzo compraba materiales. Construyó un coche con un motor de reacción. Pero su experimentó fracasó. El motor carecía del impulso necesario para moverlo.

Pero en verdad su fracaso le enseñó mucho sobre los motores de reacción. (Así es la ciencia, a menudo.) Tsiolkovsky empezó a pensar en el uso de tales motores para viajar por el espacio. Haciendo uso del trabajo de Issac Newton y otros científicos y matemáticos muy conocidos, desarrolló fórmulas para el vuelo espacial. Hasta soñó con colonias de seres humanos en el espacio. Pero antes de establecer tales colonias, Tsiolkovsky sabía que los científicos tendrían que resolver enormes problemas para construir cohetes lo suficientemente potentes para escapar la fuerza de gravedad de la Tierra.

## Velocidad de escape

Para escapar la fuerza de gravedad de la Tierra, un cohete debe alcanzar cierta velocidad. Esta **velocidad de escape** depende de la masa del planeta y la distancia del cohete del centro del planeta. La velocidad de escape de la Tierra es de 11.2 kilómetros por segundo, o 40,320 kilómetros por hora. De la luna, es sólo 2.3 kilómetros por segundo. Del poderoso Júpiter, es 63.4 kilómetros por segundo. ¿Podrías relacionar estas diferentes velocidades de escape con la masa de cada planeta?

El primer paso al espacio requiere salir de la Tierra. Konstantin Tsiolkovsky predijo que mediante el uso de un enorme motor de reacción, un vehículo se zafaría algún día de la gravedad de la Tierra. Pero Tsiolkovsky también concluyó que un cohete impulsado con pólvora u otro combustible sólido no podría lograrlo. ¿Por qué no?

Los combustibles sólidos se consumen rápida y explosivamente. La fuerza de empuje que generan se gasta en segundos. Aunque esta fuerza provee

**Figura 2–42** *Esta tabla muestra las velocidades de escape de los nueve planetas del sistema solar, el sol y varias estrellas más. ¿Por qué la velocidad de escape de Plutón es inferior que la de los demás planetas?*

### VELOCIDADES DE ESCAPE

| Objeto | Velocidad de escape (km/segundo) |
|---|---|
| Mercurio | 4.2 |
| Venus | 10.3 |
| Tierra | 11.2 |
| Luna | 2.3 |
| Marte | 5.0 |
| Júpiter | 63.4 |
| Saturno | 39.4 |
| Urano | 21.5 |
| Neptuno | 24.2 |
| Plutón | 0.3* |
| Sol | 616 |
| Sirio B | 3400* |
| Estrella de neutrón | 200,000* |

*Aproximación

Although the force provides an enormous early thrust, it cannot maintain that thrust. As the rocket soars upward, the pull of Earth's gravity would tend to slow its climb and eventually bring it back to Earth.

In order for a rocket to build up enough speed to overcome the Earth's downward pull, the rocket must have a fuel that continues to burn and provide thrust through the lower levels of the atmosphere. Although Tsiolkovsky proposed this idea, he never built such a rocket. But in the 1920s, the American scientist Dr. Robert H. Goddard did. In 1926, Goddard combined gasoline with liquid oxygen and burned this mixture, launching a small rocket. The rocket did not go very far or very fast, but it did prove the point that liquid fuels could be used to provide continuous thrust.

Goddard built bigger and bigger rockets. And he drew up plans for multistage rockets. As each stage in such a rocket used up its fuel, the empty fuel container would drop off. Then the next stage would ignite, and its empty fuel container would drop off. In this way, a vehicle could be pushed through the atmosphere and out of Earth's grip. Today's rockets work in much the same way as Goddard's early rocket did. Now, however, the fuel is liquid hydrogen and liquid oxygen. Using such rockets, scientists are able to send spacecraft from Earth to the other planets in our solar system.

## Deep-Space Probes

The first spacecraft to travel beyond the solar system, in June 1983, was *Pioneer 10*. It was intended, along with *Pioneer 11*, to explore the outer planets of

**Figure 2–43** *You can see how the last stage of this rocket—the nose cone—is released into space.*

tremendo impulso inicial, no puede sostenerlo. Al elevarse el cohete hacia el cielo, la fuerza de gravedad terrestre tiende a retardar su ascenso y finalmente bajarlo a la Tierra.

Para que un cohete genere suficiente velocidad para sobreponerse al tirón hacia abajo de la Tierra, debe tener un combustible que siga consumiéndose y suministrando el impulso necesario. Aunque Tsiolkovsky propuso esta idea, nunca construyó tal cohete. Pero en la década de 1920, el científico norteamericano Dr. Robert H. Goddard lo hizo. En 1926 Goddard combinó gasolina con oxígeno líquido y quemó la mezcla, lanzando un cohete pequeño. El cohete no viajó muy lejos ni muy rápido, pero sí comprobó que los combustibles líquidos podrían usarse para proveer un impulso contínuo.

Goddard construyó cohetes más y más grandes e hizo planes para cohetes de varias fases. Al consumirse el combustible de cada fase, el receptáculo vacío del combustible se desprendería. La próxima fase se encendería, para luego desprenderse. Así se podría impulsar un vehículo por la atmósfera y librarlo del agarre de la Tierra. Los cohetes actuales funcionan más o menos igual que los primeros de Goddard. Pero ahora, el combustible consiste de hidrógeno líquido y oxígeno líquido. Los científicos pueden mandar naves espaciales a otros planetas con estos cohetes.

## Sondas espaciales profundas

La primera nave espacial en viajar más allá del sistema solar fue *Pioneer 10*, en junio de 1983. Se diseñó para explorar, con *Pioneer 11*, los planetas exteriores del

**Figura 2–43** *Puedes ver como la última fase del cohete—el cono de ojiva—se deja libre en el espacio.*

the solar system. In February 1990, seventeen years after it was launched, *Pioneer 11,* too, flew beyond the solar system.

**Pioneers, Vanguards, Explorers, Mariners, Rangers, Vikings, Surveyors, and Voyagers have been the workhorses of the effort of the United States to explore the solar system.** And their record has been impressive. The first successful probe of Venus was made by *Mariner 2* in 1962. The spacecraft approached to within 35,000 kilometers of the cloud-wrapped planet. *Mariner 2* quickly discovered that Venus, unlike Earth, does not have a magnetic field. And, as you have read earlier, Venus continues to be studied by spacecraft such as the *Magellan* probe.

The first successful probe of Mars was made by *Mariner 4,* in 1965. Going to within 10,000 kilometers of the red planet, the spacecraft sent back twenty-one photographs and other data. Two later probes, *Mariner 7* in 1969 and *Mariner 9* in 1971, sent back thousands of photographs of the Martian surface and the first detailed pictures of Mars's two moons.

The achievements of *Mariners 7* and *9* paved the way for the successful landings of *Vikings 1* and *2* on Mars in 1975, the first time spacecraft ever landed on another planet.

*Mariner 10* was the only spacecraft to fly by Mercury, innermost planet of the solar system. During three passes in 1974, *Mariner 10* mapped ancient volcanoes, valleys, mountains, and plains on the tiny planet.

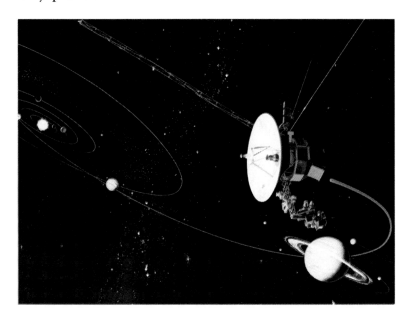

**Figure 2–44** *Here you see an artist's idea of how Voyager appeared as it passed by Saturn and made its way toward the very edge of our solar system and beyond.*

sistema solar. En febrero de 1990, a los diecisiete años de su lanzamiento, *Pioneer 11*, también salió del sistema solar.

**Las piezas fundamentales en el esfuerzo de Estados Unidos por explorar el sistma solar han sido Pioneers, Vanguards, Explorers, Mariners, Rangers, Vikings, Surveyors y Voyagers.** Y su historial ha sido impresionante. El primer sondeo efectivo de Venus se llevo a cabo por *Mariner 2* en 1962. La nave se acercó a 35,000 kilómetros del planeta cubierto de nubes. *Mariner 2* pronto descubrió que Venus, a diferencia de la Tierra, no tiene campo magnético. Y, como tú ya sabes, se sigue estudiando Venus con naves como la sonda *Magellan*.

El primer sondeo exitoso de Marte lo hizo *Mariner 4*, en 1965. Acercándose a 10,000 kilómetros del planeta rojo, la nave espacial envió a la Tierra 21 fotografías y demás datos. Dos sondas posteriores, *Mariner 7* en 1969 y *Mariner 9* en 1971, enviaron miles de fotografías de la superficie marciana y las primeras con detalles de las dos lunas de Marte.

Los logros de *Mariners 7* y *9* prepararon el terreno para el aterrizaje exitoso en Marte de *Vikings 1* y *2* en 1975, la primera vez que una nave espacial aterriza en otro planeta.

*Mariner 10* fue la única nave espacial en pasar cerca de Mercurio, el planeta más interior del sistema solar. Durante tres vuelos por el planeta en 1974, *Mariner 10* trazó mapas de antiguos volcanes, valles, montañas y llanuras del minúsculo planeta.

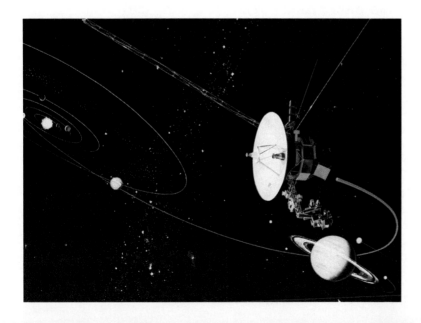

**Figura 2–44** *Aquí ves el concepto que tiene un artista de cómo se vería Voyager al pasar por Saturno y dirigirse hacia los confines de nuestro sistema solar, y más allá.*

# ACTIVITY

## WRITING

*A Different Viewpoint*

We view the solar system from the center of our world, which is Earth. Imagine how the solar system might look to intelligent creatures on another planet. In particular, how might those creatures view Earth? Use your ideas to write several pages that would be included in an alien's textbook on the solar system. (Of course, the book might be called *Neptune Science*—not *Earth Science*.)

Outward-bound *Pioneer 10* took a look at the giant planet Jupiter in December 1973 and sent back more than three hundred photographs. It also provided data on Jupiter's stormy atmosphere and its many moons. These findings were confirmed by the photographs sent back by *Pioneer 11* a short time later.

Six years later, two larger spacecraft, *Voyager 2* and *Voyager 1*, flew by Jupiter and sent back data that revealed surprises about the giant planet. Faint rings of particles and many new moons were discovered. The Pioneer and Voyager spacecraft examined Saturn and its ring system. Voyager photographs showed that what were considered to be a few broad rings are actually thousands of thin ringlets.

The missions of the Voyager spacecraft were far from over with the exploration of Saturn. Continuing on in the late 1980s and early 1990s, the Voyager spacecraft passed by and photographed Uranus and then Neptune, the twin giants of the outer solar system. Data from both spacecraft provided evidence regarding the atmosphere, core, and moons of these distant planets. Many scientists consider the Voyager spacecraft to be the most successful effort in the entire United States space program.

*Pioneer 10* and *Pioneer 11* are now beyond the solar system. By the end of this century, the Voyagers will follow into outer space. In case it should ever be found by people from another world, *Pioneer 10* contains a plaque with a message from the people of Earth. Who can say, but one day the most important discovery Pioneer may make is an advanced civilization on a planet circling a distant star!

## 2–4 Section Review

1. Identify at least one discovery made by each of the following spacecraft: Mariner, Pioneer, Viking, and Voyager.
2. How does the concept of action/reaction relate to rocketry?

**Connection—*You and Your World***
3. Discuss some of the ways sending spacecraft to distant planets has improved the quality of life for people on Earth.

*Una perspectiva diferente*

Vemos el sistema solar desde el centro de nuestro mundo, que es la Tierra. Imagínate cómo se vería el sistema solar para seres inteligentes en otro planeta. Sobre todo, ¿cómo verían esos seres la Tierra? Usa tus ideas para escribir varias páginas que se incluirían en el texto del sistema solar de un extraterrestre. (Desde luego, el libro podría llamarse *Ciencias de Neptuno*, en vez de *Ciencias de la Tierra*.)

Rumbo hacia el espacio exterior, *Pioneer 10* observó el planeta gigante Júpiter en diciembre de 1973 y envió más de trescientas fotografías. Proporcionó además datos sobre su tempetuosa atmósfera y sus numerosas lunas. Estos descubrimientos se confirmaron con las fotografías de *Pioneer 11* poco tiempo después.

A los seis años, dos naves más grandes, *Voyager 2* y *Voyager 1*, pasaron cerca de Júpiter y enviaron datos sorprendentes del planeta gigante. Se descubrieron tenues anillos de partículas y nuevas lunas. Las naves de Pioneer y Voyager examinaron Saturno y su sistema de anillos. Las fotografías de Voyager mostraron que lo que parecían ser unos pocos anillos anchos eran en realidad miles de anillitos.

Las misiones de las naves Voyager no pararon con la exploración de Saturno. Siguiendo su marcha a fines de la década de1980 y a principios de la de 1990, pasaron los planetas gigantes gemelos del sistema solar exterior, Urano y Neptuno, y enviaron fotografías. Sus datos proveyeron indicios sobre su atmósfera, centro y lunas. Muchos científicos consideran las naves Voyager el esfuerzo más exitoso de todo el programa espacial de Estados Unidos.

*Pioneer 10* y *Pioneer 11* hoy se encuentran más allá del sistema solar. Para fines del siglo, las naves Voyager las seguirán al espacio exterior. En caso de que gente de otro mundo la encuentren, *Pioneer 10* contiene una placa con un mensaje de parte de la gente de la Tierra. ¡Quién sabe si algún día el descubrimiento más importante de Pioneer sea una civilización avanzada en un planeta girando alrededor de una estrella lejana!

## 2–4 Repaso de la sección

1. Identifica por lo menos un descubrimiento hecho por cada uno de los siguientes vehículos espaciales: Mariner, Pioneer, Viking y Voyager.
2. ¿Cuál es la relación entre el concepto de acción/reacción y la cohetería?

**Conexión—*Tú y tu mundo***
3. Discute algunas de las maneras en que el envío de naves espaciales a otros planetas ha mejorado la calidad de vida para la gente en la Tierra.

# CONNECTIONS

You began this chapter by reading about the exploration of Venus by the *Magellan* probe. The *Magellan* probe did not get its name by accident. It was named for one of the greatest explorers in *history*—Ferdinand Magellan.

Born in Portugal in the late fifteenth century, Magellan became convinced that a ship could sail around the world. In those days most people did not believe the Earth was round, and they were convinced that any ship that sailed far enough would sail right off the edge of the Earth.

Before his famous trip to circle the world, Magellan studied astronomy and navigation for several years. Then in 1519, he commanded a fleet that set sail from Spain. The fleet traveled across the stormy Atlantic and reached the coast of Brazil. It then sailed down the coast of South America and wintered near what is now called Argentina. A mutiny broke out among Magellan's crew and several crew members were executed.

In 1520, the fleet set sail again and soon discovered a passage beneath South America that led them to a vast ocean, which Magellan called the Pacific Ocean, meaning peaceful ocean. To this day, the passage is called the Strait of Magellan.

Sailing across the Pacific was a great hardship for Magellan and his crew. Many suffered from a disease called *scurvy* caused by a lack of Vitamin C. Finally, the fleet reached the island of Guam. It was on Guam that Magellan suffered a fatal wound and died in 1521.

Magellan's crew continued the trip and eventually circled the planet by ship. And although Magellan did not live to see his dream completed, he is the first European to provide evidence that the Earth is a sphere.

Many historians consider Magellan's trip the greatest navigational feat in history. So it is not surprising that a twentieth-century spacecraft would be named after this courageous and daring explorer.

# CONEXIONES

## La primera sonda espacial Magellan

Empezaste este capítulo leyendo sobre la exploración de Venus por la sonda *Magellan*. La sonda *Magellan* no obtuvo su nombre por casualidad. Se nombró por uno de los más grandes exploradores en la historia—Fernando de Magallanes.

Nacido en Portugal a fines del siglo quince, Magallanes se convenció de que un barco podía navegar alrededor del mundo. En aquella época la gente no creía que la Tierra fuera redonda, y estaba convencida de que cualquier barco que viajara lo suficiente lo haría hasta caer por el borde de la Tierra.

Antes de su famoso viaje dando la vuelta al mundo, Magallanes estudió por varios años astronomía y navegación. Entonces, en 1519, partió de España al frente de una flota. La flota cruzó el Atlántico tempestuoso y alcanzó la costa de Brasil. Luego navegó costa abajo por Suramérica y pasó el invierno cerca de lo que es hoy Argentina. La tripulación se sublevó y varios marineros fueron ejecutados.

En 1520 la flota zarpó de nuevo y pronto descubrió un corredor por debajo de Suramérica que los condujo a un mar vasto que Magallanes llamó el Océano Pacífico. Todavía hoy se conoce ese corredor como el Estrecho de Magallanes.

Cruzar el Pacífico fue una penuria para Magallanes y su tripulación. Muchos sufrían de una enfermedad llamada *escorbuto*, causada por falta de vitamina C. Por fin, la flota llegó a la isla de Guam. Fue allí que Magallanes sufrió una herida mortal y murió en 1521.

La tripulación continuó en el viaje y, a la larga, dieron la vuelta al mundo por barco. Y aunque Magallanes no llegó a ver su sueño realizado, fue el primer europeo en comprobar que la Tierra es una esfera.

Muchos historiadores consideran el viaje de Magallanes la hazaña de navegación más grande de la historia. Así que no es de extrañar que una nave espacial del siglo veinte lleve el nombre de este explorador

# Laboratory Investigation

## Constructing a Balloon Rocket

### Problem

How can a balloon rocket be used to illustrate Newton's third law of motion?

### Materials (per group)

> drinking straw
> scissors
> 9-m length of string
> balloon
> masking tape
> meterstick

### Procedure

1. Cut the drinking straw in half. Pull the string through one of the halves.

2. Blow up the balloon and hold the end so that the air does not escape.

3. Have someone tape the drinking straw with the string pulled through it to the side of the balloon as shown in the diagram. Do not let go of the balloon.

4. Have two students pull the string tight between them.

5. Move the balloon to one end of the string. Release the balloon and observe its flight toward the other end of the string.

6. Record the flight number and distance the balloon traveled in a data table.

7. Repeat the flight of the balloon four more times. Record each flight number and length in your data table.

### Observations

1. What was the longest flight of your balloon rocket? The shortest flight?

2. What was the average distance reached by your balloon?

### Analysis and Conclusions

1. Using Newton's third law of motion, explain what caused the movement of the balloon.

2. Compare your balloon rocket to the way a real rocket works.

3. Suppose your classmates obtained different results for the distances their balloons traveled. What variables may have caused the differences?

4. **On Your Own** As you have read, rockets require a certain thrust to escape Earth's gravitational pull. How might you increase the thrust of your balloon rocket? Try it and see if you are correct.

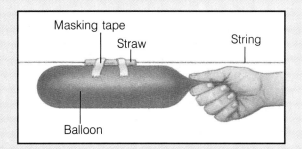

# Investigación de laboratorio

## Construir un cohete globo

### Problema

¿Cómo puede usarse un cohete de globo para ilustrar la tercer ley del movimiento de Newton?

### Materiales *(para cada grupo)*

un sorbete
tijeras
una cuerda de 9 m
globo
papel engomado
regla métrica

### Procedimiento

1. Corta el sorbete por la mitad. Pasa la cuerda por una mitad.
2. Infla el globo y aprieta la punta para que no se le escape el aire.
3. Pon a alguien a pegar el sorbete atravesado por la cuerda a un lado del globo como se ve en el diagrama. No sueltes el globo.
4. Pon a dos estudiantes a tirar de la cuerda y ponerla tensa.
5. Mueve el globo a una punta de la cuerda. Deja ir el globo y observa su vuelo hacia la otra punta de la cuerda.
6. Apunta el número del vuelo y la distancia que cubrió el globo en una tabla de datos.
7. Repite el vuelo del globo cuatro veces más. Apunta cada número del vuelo y la distancia en la tabla.

### Observaciones

1. ¿Cuál fue el vuelo más largo de tu cohete globo? ¿El más corto?
2. ¿Cuál fue la distancia media que alcanzaba el globo?

### Análisis y conclusiones

1. Usa la tercer ley del movimiento de Newton para explicar qué causó el movimiento del globo.
2. Compara tu cohete globo con la manera en que funciona un cohete de verdad.
3. Supongamos que tus compañeros de clase obtuvieran resultados diferentes de las distancias que cubrieron sus globos. ¿Qué variables pudieron causar las diferencias?
4. **Por tu cuenta** Como sabes, los cohetes requieren cierto impulso para escapar de la atracción gravitatoria terrestre. ¿Cómo podrías aumentar el impulso de tu cohete globo? Inténtalo y comprueba a ver si tienes razón.

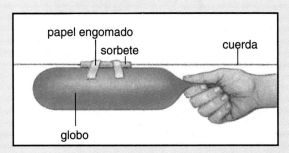

papel engomado
sorbete
cuerda
globo

M ■ 98

# Study Guide

## Summarizing Key Concepts

### 2–1  The Solar System Evolves

▲ According to the nebular theory, the solar system formed from a huge cloud of gas and dust called a nebula.

### 2–2  Motions of the Planets

▲ A planet's period of revolution is the time it takes that planet to make one complete revolution around the sun, or a year on that planet.

▲ A planet's period of rotation is the time it takes that planet to make one complete rotation on its axis, or a day on that planet.

▲ The combined effects of inertia and gravity keep planets orbiting the sun in elliptical orbits.

### 2–3  A Trip Through the Solar System

▲ Mercury is a crater-covered world with high temperatures on its daylight side and low temperatures on its nighttime side.

▲ Venus is a cloud-covered world with high temperatures. The greenhouse effect is the main cause of its high temperatures.

▲ Mars is coated with iron oxide, or rust, which gives the planet its reddish color.

▲ The atmosphere of Jupiter is primarily hydrogen and helium.

▲ Jupiter's core is probably a rocky solid surrounded by a layer of liquid metallic hydrogen.

▲ Jupiter has sixteen moons.

▲ Saturn is similar in appearance and composition to Jupiter.

▲ Saturn's spectacular rings are made mostly of water ice.

▲ Uranus and Neptune are cloud-covered worlds. The atmosphere of both planets is primarily hydrogen, helium, and methane.

▲ The axis of Uranus is tilted at an angle of almost 90°. Uranus has at least fifteen moons and nine rings. Neptune has five known rings and eight known moons.

▲ Pluto is a moon-sized, ice-covered world with a large moon, Charon.

▲ The trail of hot gases from a burning meteoroid is called a meteor. If part of a meteoroid strikes the Earth, it is called a meteorite.

▲ As a comet approaches the sun, some of the ice, dust, and gas heat up and form a cloud around the nucleus.

### 2–4 Exploring the Solar System

▲ Much of the information about our solar system has been provided by spacecraft .

---

## Reviewing Key Terms

*Define each term in a complete sentence.*

### 2–1  The Solar System Evolves

solar system
nebular theory

### 2–2  Motions of the Planets

orbit
period of revolution
period of rotation

### 2–3  A Trip Through the Solar System

retrograde rotation
greenhouse effect
asteroid belt
magnetosphere
comet
meteoroid
meteor
meteorite

### 2–4  Exploring the Solar System

reaction engine
escape velocity

## Resumen de conceptos claves

### 2–1  El sistema solar evoluciona

▲ Según la teoría nebular, el sistema solar se formó de una nube inmensa de gas y polvo llamada una nebulosa.

### 2–2  Movimientos planetarios

▲ El período de revolución de un planeta es el tiempo que se toma para completar una vuelta al sol, o un año en ese planeta.

▲ El período de rotación de un planeta es el tiempo que se toma para completar una rotación alrededor de su eje, o un día en ese planeta.

▲ Los efectos combinados de inercia y gravedad mantienen a los planetas en órbitas elípticas alrededor del sol.

### 2–3  Un viaje a través del Universo

▲ Mercurio es un mundo cubierto de cráteres con temperaturas altas en su lado diurno y temperaturas bajas en su lado nocturno.

▲ Venus es un mundo cubierto de nubes con temperaturas altas. El efecto de invernadero es la causa fundamental de estas temperaturas altas.

▲ Marte se reviste de óxido de hierro, óxido, que le da su color rojizo.

▲ La atmósfera de Júpiter es primordialmente hidrógeno y helio.

▲ El núcleo de Júpiter probablemente sea un sólido rocoso rodeado de una capa de hidrógeno metálico líquido.

▲ Júpiter tiene dieciséis lunas.

▲ Saturno es semejante a Júpiter en tamaño y composición.

▲ Los anillos espectaculares de Saturno son mayormente de hielo derretido.

▲ Urano y Neptuno son mundos cubiertos en nubes. En ambos la atmósfera es de hidrógeno, helio y metano.

▲ El eje de Urano está inclinado a un ángulo de 90°. Urano tiene por lo menos 15 lunas y 9 anillos. Neptuno tiene 5 anillos conocidos y 8 lunas conocidas.

▲ Plutón es un mundo de tamaño luna, cubierto en hielo con una luna grande, Caronte.

▲ La pista de gases calientes de un meteoride se llama un meteoro. Si parte de un meteoride cae en la Tierra, se llama un meteorito.

▲ Al acercarse al sol, parte del hielo, polvo y gas de un cometa se calienta y forma una nube alrededor del núcleo.

### 2–4  Explorando el sistema solar

▲ Gran parte de la información sobre el sistema solar se obtuvo por naves espaciales.

## Repaso de palabras claves

*Define cada palabra o palabras con una oración completa.*

### 2–1  El sistema solar evoluciona

sistema solar
teoría nebular

### 2–2  Movimientos planetarios

órbita
período de revolución
período de rotación

### 2–3  Un viaje a través del Universo

rotación retrógrada
efecto invernadero
cinturón de asteroides
magnetosfera
cometa
meteoroide
meteoro
meteorito

### 2–4  Explorando el sistema solar

motor de reacción
velocidad de escape

# Chapter Review

## Content Review

### Multiple Choice

*Choose the letter of the answer that best completes each statement.*

1. The outer gas giants do not include
   a. Jupiter.          c. Neptune.
   b. Pluto.            d. Saturn.
2. The observation that planets move in elliptical orbits was first made by
   a. Copernicus.       c. Kepler.
   b. Ptolemy.          d. Newton.
3. The time it takes a planet to make one complete trip around the sun is called its
   a. period of rotation.
   b. day.
   c. period of revolution.
   d. axis.
4. A planet with retrograde rotation is
   a. Venus.            c. Pluto.
   b. Jupiter.          d. Earth.

5. The Oort cloud is the home of
   a. asteroids.        c. meteorites.
   b. comets.           d. Pluto.
6. Rocklike objects in the region of space between the orbits of Mars and Jupiter are called
   a. comets.           c. asteroids.
   b. protoplanets.     d. meteorites.
7. The reddish color of Mars is due to
   a. carbon dioxide.   c. iron oxide.
   b. oxygen.           d. methane.
8. The planet that appears to be tipped on its side is
   a. Saturn.           c. Neptune.
   b. Uranus.           d. Venus.

### True or False

*If the statement is true, write "true." If it is false, change the underlined word or words to make the statement true.*

1. Due to the tremendous heat of the sun, the <u>outer</u> planets were unable to retain their lightweight gases.
2. The time it takes for a planet to travel once on its axis is called its <u>period of revolution</u>.
3. Newton recognized that planets do not sail off into space due to <u>gravity</u>.
4. The tail of a comet always streams <u>away</u> from the sun.
5. A <u>meteor</u> is a streak of light produced when a small object shoots through the atmosphere.
6. The <u>nebular theory</u> accounts for the formation of the solar system.
7. Newton's third law of motion states that for every action there is an <u>equal</u> and <u>opposite</u> reaction.

### Concept Mapping

*Complete the following concept map for Section 2–1. Refer to pages M6–M7 to construct a concept map for the entire chapter.*

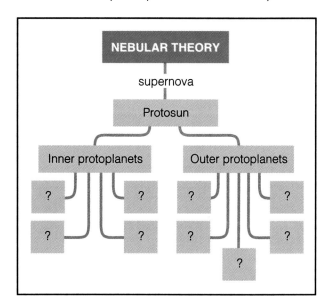

NEBULAR THEORY

supernova

Protosun

Inner protoplanets | Outer protoplanets

? ? ? ?

? ? ? ?

?

# Repaso del capítulo

## Repaso del contenido

### Selección múltiple

*Selecciona la letra de la respuesta que complete mejor cada frase.*

**1.** Los gigantes gaseosos exteriores no incluyen
  a. Júpiter.
  b. Plutón.
  c. Neptuno.
  d. Saturno.

**2.** La observación de que los planetas se mueven en órbitas elípticas fue hecha primero por
  a. Copérnico.
  b. Ptolomeo.
  c. Kepler.
  d. Newton.

**3.** El tiempo que se toma un planeta para dar una vuelta alrededor del sol se llama su
  a. período de rotación.
  b. día.
  c. período de revolución.
  d. eje.

**4.** Un planeta con rotación retrógrada es
  a. Venus.
  b. Júpiter.
  c. Plutón.
  d. Tierra.

**5.** La nube Oort es el hogar de
  a. asteroides.
  b. cometas.
  c. meteoritos.
  d. Plutón.

**6.** Objetos parecidos a piedra en la región del espacio entre Marte y Júpiter se llaman
  a. cometas.
  b. protoplanetas.
  c. asteroides.
  d. meteoritos.

**7.** El color rojizo de Marte se debe a
  a. dióxido de carbono
  b. oxígeno.
  c. óxido de hierro.
  d. metano.

**8.** El planeta que parece estar inclinado es
  a. Saturno.
  b. Urano.
  c. Neptuno.
  d. Venus.

## Verdadero o falso

*Si la afirmación es verdadera, escribe "verdad." Si es falsa, cambia las palabras subrayadas para que sea verdadera.*

**1.** Debido al calor tremendo del Sol, los planetas exteriores no <u>pudieron</u> retener sus gases livianos.

**2.** El tiempo que se toma un planeta en dar una vuelta alrededor de su eje se llama su <u>período de revolución</u>.

**3.** Newton reconocía que los planetas no se alejaban por el espacio debido a la <u>gravedad</u>.

**4.** La cola de un cometa siempre fluye <u>en sentido contrario al sol</u>.

**5.** Un <u>meteoro</u> es un rayo de luz que se produce cuando un objeto pequeño atraviesa la atmósfera.

**6.** La <u>teoría nebular</u> explica la formación del sistema solar.

**7.** La tercera ley del movimiento de Newton afirma que para cada acción hay una reacción <u>igual</u> y <u>contraria</u>.

## Mapa de conceptos

*Completa el siguiente mapa de conceptos para la sección 2–1. Para hacer un mapa de conceptos para todo el capítulo consulta las páginas M6–M7*

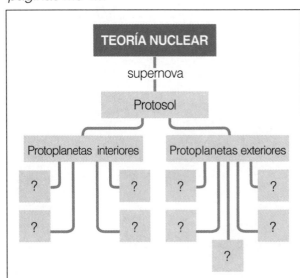

## Concept Mastery

*Discuss each of the following in a brief paragraph.*

1. Why do astronomers consider Jupiter a planet that was almost a star?
2. Describe the two types of planetary motion.
3. What factors led to the great differences between the rocky inner planets and the gaseous outer planets?
4. Describe the evolution of the solar system according to the nebular theory.
5. How has our understanding of the solar system been increased through mathematics?
6. Discuss the greenhouse effect in relation to Venus.

## Critical Thinking and Problem Solving

*Use the skills you have developed in this chapter to discuss each of the following.*

1. **Making comparisons** Compare the theories of Copernicus and Ptolemy.
2. **Relating cause and effect** Mercury is closer to the sun than Venus is. Yet temperatures on Venus are higher than those on Mercury. Explain why.

3. **Making predictions** Predict what the outer planets would be like if the sun were three times as large as it is.
4. **Making graphs** Using the chart on pages 68–69, draw a graph that plots the high and low temperatures on each planet. What conclusions can you draw from your graph?
5. **Making comparisons** Compare a meteoroid, meteor, and meteorite.
6. **Expressing an opinion** Sending spacecraft to probe the planets of our solar system costs many billions of dollars. Should the United States continue to spend money on space research, or could the money be better spent to improve conditions on Earth? What's your opinion?
7. **Using the writing process** Write a short story called "A Trip Around Planet Earth" in which you describe your home planet to an alien from another star system. Assume the alien has never been to Earth.

# Dominio de conceptos

*Comenta cada uno de los puntos siguientes en un párrafo breve.*

1. ¿Por qué consideran los astrónomos a Júpiter como un planeta que casi fue estrella?
2. Describe los dos tipos de movimientos planetarios.
3. ¿Qué factores dieron lugar a las grandes diferencias entre los planetas rocosos interiores y los planetas gaseosos exteriores?
4. Describe la evolución del sistema solar de acuerdo a la teoría nebular.
5. ¿Cómo ha aumentado nuestra comprensión del sistema solar mediante las matemáticas?
6. Comenta el efecto de invernadero con respecto a Venus.

# Pensamiento crítoco y solución de problemas

*Usa las destrezas que has desarrollado en este capítulo para resolver lo siguiente.*

1. **Hacer comparaciones** Compara las teorías de Copérnico y Ptolomeo.
2. **Relacionar causa y efecto** Mercurio está más cerca del sol que Venus. Pero las temperaturas de Venus son más altas. Explica por qué.

3. **Hacer predicciones** Predice cómo serían los planetas exteriores si el sol fuera tres veces más grande de lo que es.
4. **Construir gráficas** Usa la tabla en las páginas 68–69 para dibujar una gráfica que muestre las temperaturas altas y bajas de cada planeta. ¿Qué conclusiones puedes sacar de la gráfica?
5. **Hacer comparaciones** Compara un meteoroide, un meteoro y un meteorito.
6. **Expresar una opinión** Enviar naves espaciales a sondear los planetas del sistema solar cuesta miles de millones de dólares. ¿Debe Estados Unidos seguir gastando dinero en la investigación del espacio, o sería mejor gastarlo en el mejoramiento de las condiciones en la Tierra? ¿Cuál es tu opinión?
7. **Usar el proceso de la escritura** Escribe un cuento que se llame "Un viaje a través de la Tierra" en que describes tu planeta a un extraterrestre de otro sistema estelar. Asume que el extraterrestre nunca ha visitado la Tierra.

# *Earth* and *Its Moon*

**3**

## Guide for Reading

*After you read the following sections, you will be able to*

**3–1 The Earth in Space**

■ Relate Earth's rotation and revolution to day and night and to the seasons.

**3–2 The Earth's Moon**

■ Describe the characteristics of the moon.

■ Discuss several theories for the origin of the moon.

**3–3 The Earth, the Moon, and the Sun**

■ Identify the interactions among the Earth, the moon, and the sun.

**3–4 The Space Age**

■ Describe the functions of various types of artificial satellites.

■ Discuss some of the uses of space technology on Earth.

Hundreds of meters below the tiny spacecraft loomed a dusty plain strewn with boulders and craters—the strangest landscape humans had ever seen. But the two astronauts in the spidery craft had no time for sightseeing. Their job was to find a safe landing site—and fast, for they were running out of fuel. After traveling almost 400,000 kilometers from the Earth, they now had about 90 seconds to find a place to land on the moon.

"Down two and a half . . . forward, forward . . . good." Now they were just 12 meters above the plain called the Sea of Tranquility.

"Down two and a half . . . kicking up some dust." Nine meters to go!

"Four forward . . . drifting to the right a little." Finally, a red light flashed on the control panel.

"Contact light! Houston, Tranquility Base here. The *Eagle* has landed."

The date was July 20, 1969. For the first time in history, humans had left the Earth to explore its nearest neighbor in space, the moon. In the pages that follow, you will learn about the Earth's place in the solar system and about the relationship between the Earth and its moon.

## Journal *Activity*

***You and Your World*** Go outdoors on a clear night and look at the moon. What features can you see? In your journal, describe the appearance of the moon and include a sketch of what you see.

◄ *Astronaut Edwin E. Aldrin, Jr., walks on the surface of the moon. Notice the reflection of the Lunar Module* Eagle *in his faceplate.*

# La Tierra y su luna

**3**

Cientos de metros debajo de la diminuta nave espacial aparecía un llano polvoriento cubierto de roca y cráteres—el paisaje más raro jamás visto por ser humano. Pero los dos astronautas en el vehículo con forma de araña no estaban para excursiones. Buscaban dónde aterrizar—y pronto porque se acababa el combustible. Después de viajar casi 400,000 kilómetros desde la Tierra, ahora tenían unos 90 segundos para encontrar un lugar para aterrizar en la luna.

—Abajo dos y medio . . . adelante, adelante . . . bien.—Ahora estaban a sólo 12 metros del llano llamado Mar de la Tranquilidad.

—Abajo dos y medio . . . estamos levantando polvo.—¡Faltan nueve metros!

—Cuatro adelante . . . desviándonos un poquito a la derecha—Por fin, una luz roja en el tablero de mando.

—¡Señal de contacto! Houston, habla la Base Tranquilidad. El *Eagle* ha aterrizado.

La fecha era el 20 de julio de 1969. Por primera vez en la historia, seres humanos habían salido de la Tierra para explorar nuestro vecino más cercano en el espacio, la luna. En lo que sigue, aprenderás sobre el lugar de la Tierra en el sistema solar y la relación entre la Tierra y su luna.

## Diario *Actividad*

***Tú y tu mundo***  Sal de casa en una noche clara y mira la luna. ¿Qué rasgos puedes ver? En tu diario describe la aparencia de la luna e incluye un dibujo de lo que observas.

*El astronauta Edwin E. Aldrin, Jr. camina sobre la superficie de la Luna. Nota el reflejo del Módulo Lunar* Eagle *en el cristal de su casco espacial.*

# ACTIVITY

*A Foucault Pendulum Model*

In 1851, the French physicist Jean Foucault proved that the Earth rotates on its axis.

**1.** Tie a small weight such as an eraser to a piece of string. Tie the opposite end of the string to the arm of a ring stand.

**2.** Hang the pendulum over a turntable. The center of the turntable represents the North Pole. With a pen, make a reference mark on one side of the turntable.

**3.** Set the pendulum swinging and slowly turn the turntable. You will see that the direction of swing appears to change relative to the mark on the turntable.

If a Foucault pendulum is swinging above the North Pole, how long will it take for its direction of swing to appear to make one complete rotation? Explain.

# 3–1 The Earth in Space

Early observers saw the sun and the moon rise in the east and set in the west, just as we do today. Unlike modern observers, however, these people thought that the Earth stood still while the sun and the moon moved around it. Today we know that sunrise and sunset, as well as moonrise and moonset, are actually caused by the movements of the Earth in space.

Earth is the third planet from the sun in the solar system. Like all the other planets, Earth rotates on its axis as it travels around the sun. The Earth's axis is an imaginary line from the North Pole through the center of the Earth to the South Pole. And like the other planets, Earth revolves around the sun in an elliptical, or oval, orbit. **These two movements of the Earth—rotation and revolution—affect both day and night and the seasons on Earth.** Let's examine the effects of the Earth's rotation and revolution more closely.

## Day and Night

At the equator, the Earth rotates at a speed of about 1600 kilometers per hour. (This is about 400 kilometers per hour faster than the speed of sound in air.) It takes the Earth about 24 hours to rotate once on its axis. The amount of time the Earth takes

**Figure 3–1** *This dramatic photograph taken by the Apollo 11 astronauts shows the Earth rising above the moon's horizon.*

# ACTIVIDAD

## PARA HACER

### Un modelo del péndulo de Foucault

En 1851 el físico francés Jean Foucault comprobó que la Tierra gira alrededor de su eje.

**1.** Ata un peso leve, por ejemplo un borrador, a una cuerda. Ata la otra punta de la cuerda al brazo de un sostenedor de sortijas.

**2.** Suspende el péndulo sobre un giradiscos. El centro del giradiscos representa el polo norte. Con una pluma, haz una marca de referencia en un lado del giradiscos.

**3.** Pon el péndulo a balancearse y poco a poco haz girar el giradiscos. Observarás que la dirección del balanceo parece cambiar con respecto a la marca en el giradiscos.

Si un péndulo de Foucault se balancea sobre el polo norte, ¿Cuánto tiempo tomará para que la dirección de su balanceo parezca completar una rotación completa? Explíca tu respuesta.

# 3-1 La Tierra en el espacio

Los antiguos observadores vieron al sol y la luna salir por el este y ponerse en el oeste, tal como lo vemos hoy nosotros. Pero a diferencia de nosotros ellos creían que la Tierra se mantenía fija, mientras que el sol y la luna daban vueltas a su alrededor. Hoy sabemos que la salida y la puesta del sol y la luna se deben en realidad a movimientos de la Tierra en el espacio.

La Tierra es el tercer planeta desde el sol en el sistema solar. Igual que los demás planetas, la Tierra gira alrededor de su eje mientras da vueltas al sol. El eje de la Tierra es una línea imaginaria desde el Polo Norte, por el centro de la Tierra, hasta el Polo Sur. Y al igual que todos los planetas, la Tierra gira alrededor del sol en una órbita elíptica, u ovalada. **Estos dos movimientos de la Tierra—rotación y revolución—afectan tanto el día y la noche como las estaciones en la Tierra.** Estudiemos sus efectos detenidamente.

## Día y noche

En el ecuador, la Tierra gira a una velocidad de unos 1600 kilómetros por hora. (Esto es casi de 400 kilómetros por hora más rápido que la velocidad del sonido por el aire.) Le toma a la Tierra unas 24 horas dar un giro alrededor de su eje. El tiempo que se toma

**Figura 3–1** *Esta fotografía dramática tomada por astronautas del Apollo 11 muestra la Tierra al salir por el horizonte lunar.*

7:30 A.M.

10:30 A.M.

NOON

to complete one rotation is called a day. So a day on the Earth is about 24 hours long.

As the Earth rotates, part of it faces the sun and is bathed in sunlight. The rest of it faces away from the sun and is in darkness. As the Earth continues to rotate, the part that faced the sun soon turns away from the sun. And the part that was in darkness comes into sunlight. So the rotation of the Earth causes day and night once every 24 hours. Figure 3–2 shows a 12-hour sequence from sunrise to sunset.

If you could look down on the Earth from above the North Pole, you would see that the Earth rotates in a counterclockwise direction—that is, from west to east. The sun appears to come up, or rise, in the east, as the Earth turns toward it. The sun appears to go down, or set, in the west, as the Earth turns away from it. So a person standing on the rotating Earth sees the sun appear in the east at dawn, move across the sky, and disappear in the west at dusk.

You have probably noticed that throughout the year the length of day and night changes. This happens because the Earth's axis is not straight up and down. The Earth's axis is tilted at an angle of 23½°. If the Earth's axis were straight up and down, all parts of the Earth would have 12 hours of daylight and 12 hours of darkness every day of the year.

Because the Earth's axis is slightly tilted, when the North Pole is leaning toward the sun, the South Pole is leaning away from the sun. And when the South Pole is leaning toward the sun, the North Pole is leaning away from the sun. As a result, the

3:30 P.M.

7:30 P.M.

**Figure 3–2** *This five-photo sunrise-to-sunset sequence was taken by a satellite orbiting the Earth above South America. What causes day and night on Earth?*

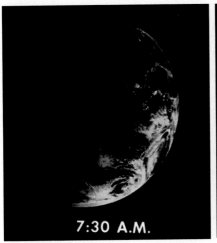

7:30 A.M.

10:30 A.M.

MEDIODÍA

3:30 P.M.

7:30 P.M.

en completar una rotación se llama un día. Así que un día en la Tierra dura unas 24 horas.

Al girar alrededor de su eje, una parte de la Tierra está frente al sol y está iluminada. El resto está de espaldas al sol y está en tinieblas. Al seguir girando la Tierra, la parte que daba para el sol pronto se vuelve hacia el otro lado. Y la parte en tinieblas entra a la luz del sol. Es así que la rotación de la Tierra causa el día y la noche una vez cada 24 horas. La figura 3–2 muestra una secuencia de 12 horas de la salida a la puesta del sol.

Si pudieras mirar la Tierra desde por encima del polo norte, verías que gira en sentido contrario al de las agujas del reloj, es decir de oeste a este. El sol parece alzarse, o salir, por el este cuando la Tierra gira hacia él. Parece ponerse en el oeste cuando la Tierra le da las espaldas. Así que una persona parada en la Tierra giratoria ve que el sol aparece por el este con el alba, se mueve a través del cielo y desaparece en el oeste al atardecer.

Probablemente te has fijado que durante el año la duración del día y la noche cambia. Esto ocurre porque el eje de la Tierra no está derecho. Está inclinado a un ángulo de 23 ¹/₂°. De estar derecho el eje, todas las partes del mundo tendrían 12 horas de luz y 12 horas de tinieblas todos los días.

Debido a que el eje está levemente inclinado, cuando el polo norte está inclinado hacia el sol, el polo sur se inclina en dirección opuesta. Y cuando el polo sur está inclinado hacia el sol, el polo norte se inclina en dirección opuesta. Por consiguiente la cantidad

**Figura 3–2** Esta secuencia de 5 fotografías desde la salida hasta la puesta del sol se tomó por un satélite girando alrededor de la Tierra, sobre América Latina. ¿Qué causa el día y la noche en la Tierra?

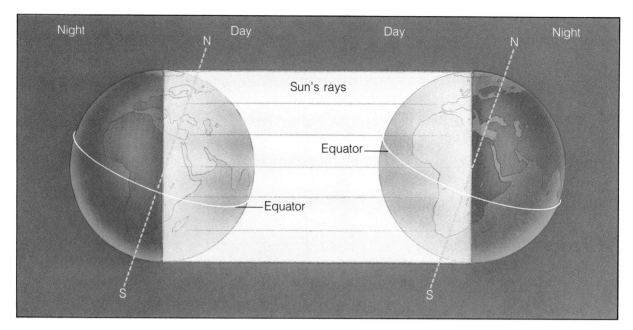

Night | Day | Day | Night

Sun's rays

Equator

Equator

**Figure 3–3** *Because of the tilt of the Earth's axis, the length of day and night is not constant. At the beginning of summer in the Northern Hemisphere (left), the North Pole is always in daylight and the South Pole is always dark. What happens at the beginning of winter (right)?*

number of daylight hours in the Northern and Southern Hemispheres is not constant. (Recall that the Earth is divided into two halves, or hemispheres, by the equator.) The hemisphere that leans toward the sun has long days and short nights. The hemisphere that leans away from the sun has short days and long nights. Today, is the Northern Hemisphere leaning toward or away from the sun? How do you know?

## A Year on Earth

At the same time that the Earth is rotating on its axis, it is also revolving in its orbit around the sun. The Earth takes about 365.26 days to complete one revolution, or one entire trip, around the sun. The time the Earth takes to complete one revolution around the sun is called a year. So there are 365.26 days in one Earth year. How many times does the Earth rotate in one year?

You do not have to look at a calendar to know that there are only 365 days in a calendar year. But the Earth rotates 365.26 times in the time it takes to make one complete revolution around the sun. So about one fourth (0.26) of a day is left off the calendar each year. To make up for this missing time, an extra day is added to the calendar every four years. This extra day is added to the month of February, which then has 29 days instead of its usual 28. What is a year with an extra day called?

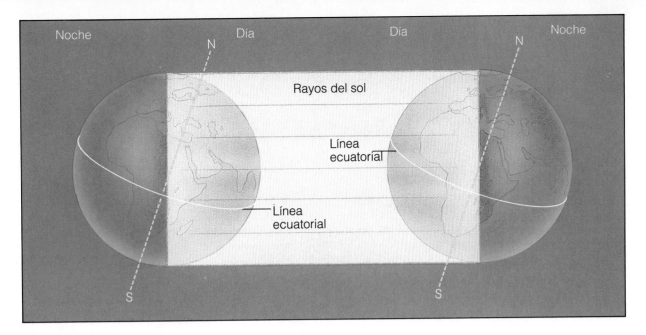

Noche · Día · Día · Noche

Rayos del sol

Línea ecuatorial

Línea ecuatorial

N · S · N · S

**Figura 3–3** *A causa de la inclinación del eje terrestre, la duración del día y la noche no es constante. A principios del verano en el hemisferio norte (izquierda), el polo norte siempre está iluminado y el polo sur siempre está oscuro. ¿Qué pasa al principio del invierno (derecha)?*

# ACTIVIDAD

## PARA AVERIGUAR

*Temperatura, luz diurna y las estaciones*

**1.** Mantén un récord en tu diario de las temperaturas altas y bajas de todos los días durante el año escolar.

**2.** Apunta la hora en que el sol sale y se pone cada día.

**3.** Calcula cuánto dura el día, en horas y minutos, para cada día.

■ ¿Cómo se relacionan la duración del día y la temperatura? Explica.

de horas de día en los hemisferios norte y sur no es fija. (Recuerda que la Tierra está dividida en dos mitades, o hemisferios, por la linea ecuatorial.) El hemisferio que se inclina hacia el sol tiene días largos y noches cortas. El hemisferio que se inclina en dirección opuesta al sol tiene días cortos y noches largas. Hoy, ¿está el hemisferio norte inclinado hacia o en dirección contraria al sol? ¿Cómo lo sabes?

## Un año en la Tierra

A la vez que la Tierra gira alrededor de su eje, también está girando en su órbita alrededor del sol. La Tierra tarda unos 365.26 días en dar una vuelta al sol. El tiempo que se toma la Tierra en dar una vuelta al sol se llama un año. Así que hay 365.26 días en un año terrestre. ¿Cuántas veces al año gira la Tierra alrededor de su eje?

No tienes que buscar en un calendario para saber que hay sólo 365 días en un año del calendario. Pero la Tierra gira 365.25 veces alrededor de su eje en el tiempo que se toma darle una vuelta al sol. Así que se le quita al calendario un cuarto de día (.26), más o menos, cada año. Para reponerlo, se le añade un día al calendario cada cuatro años. Se añade en febrero, dándole 29 en vez de sus 28 días normales. ¿Cómo se llama un año que tiene un día adicional?

# PROBLEM Solving

## What Causes Summer?

When the Northern Hemisphere is tilted toward the sun, that part of the Earth receives more direct rays of sunlight than the Southern Hemisphere does. The Southern Hemisphere, which is tilted away from the sun, receives slanting rays of sunlight. As a result, it is summer in the Northern Hemisphere and winter in the Southern Hemisphere.

During the summer season, the Earth's land surface, oceans, and atmosphere receive the greatest amount of heat from the sun. Why is this so? Using a globe, a light source, and one or two thermometers, design an experiment to compare the amount of heat produced by direct rays of light and by slanting rays of light.

**Finding cause and effect** Think about a typical sunny day. Do the sun's rays feel hotter at noon when the sun is directly overhead, or in the late afternoon when the sun is low in the sky? Explain.

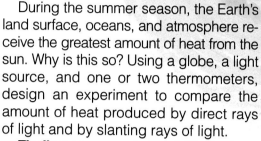

## Seasons on Earth

Most people live in a part of the Earth that has four distinct seasons: winter, spring, summer, and autumn. If you could spend a year on each of the other eight planets in the solar system, you would find that five of them (Mars, Saturn, Uranus, Neptune, and possibly Pluto) share this characteristic with the Earth. The other three planets (Mercury, Venus, and Jupiter) either have no seasons at all or have seasons that vary so slightly they are not noticeable. Why do some planets have seasons and others do not?

If you study all the planets that have seasons, you will find that they all have one characteristic in common. They are all tilted on their axes. This is not true of the planets that do not have seasons. So you might conclude that the different seasons on Earth are caused by the tilt of the Earth's axis. And you would be correct.

# PROBLEMA
## a resolver

### ¿Qué causa el verano?

Cuando el hemisferio norte se inclina hacia el sol, esa parte de la Tierra recibe más rayos de sol directos que el hemisferio sur. Éste a su vez, inclinado en dirección opuesta al sol, recibe rayos de sol oblicuos. Por consiguiente es verano en el hemisferio norte e invierno en hemisferio sur.

Durante el verano, la superficie de la Tierra, los océanos y la atmósfera reciben la mayor cantidad de calor del sol. ¿Por qué? Usando un globo, un instrumento de luz y uno o dos termómetros, diseña un experimento para comparar la cantidad de calor que producen rayos de luz directos y rayos de luz oblicuos.

**Causa y efecto** Piensa en un día soleado. ¿Se sienten más calientes los rayos del sol a medio día cuando el sol está directamente en alto, o por la tarde cuando el sol está bajo? Explica.

## Las estaciones de la Tierra

La mayoría de la gente vive en una parte de la Tierra que tiene cuatro estaciones inconfundibles: invierno, primavera, verano y otoño. Si pudieras pasarte un año en cada uno de los otros ocho planetas, te encontrarías con que cinco de ellos (Marte, Saturno, Urano, Neptuno y quizás Plutón) comparten esta característica con la Tierra. Los otros tres planetas (Mercurio, Venus y Júpiter) no tienen estaciones o las que tienen varían tan poco que no se notan. ¿Por qué es que algunos planetas tienen estaciones y otros no?

Si estudias todos los planetas que tienen estaciones, encontrarás que todos tienen una característica en común. Su eje está inclinado. No es así con los planetas que no tienen estaciones. Así, puedes concluir que las diferentes estaciones en la Tierra se deben a la inclinación del eje terrestre. Y tendrías razón.

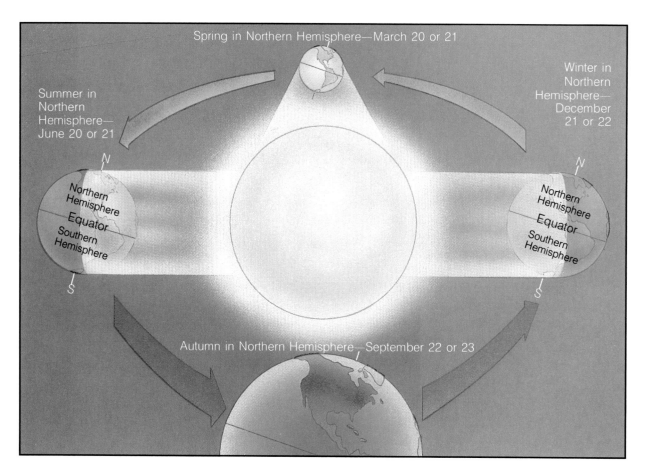

Spring in Northern Hemisphere—March 20 or 21

Summer in Northern Hemisphere— June 20 or 21

Winter in Northern Hemisphere— December 21 or 22

N

Northern Hemisphere
Equator
Southern Hemisphere

S

N

Northern Hemisphere
Equator
Southern Hemisphere

S

Autumn in Northern Hemisphere—September 22 or 23

**Figure 3–4** *When the North Pole is tilted toward the sun, the Northern Hemisphere receives more sunlight. It is summer. When the North Pole is tilted away from the sun, the Northern Hemisphere receives less sunlight. It is winter. Is the same true for the South Pole and the Southern Hemisphere?*

# ACTIVITY

## CALCULATING

*The Earth on the Move*

The Earth moves at a speed of about 30 km/sec as it orbits the sun. What distance, in kilometers, does the Earth travel in a minute? An hour? A day? A year?

As the Earth revolves around the sun, the axis is tilted away from the sun for part of the year and toward the sun for part of the year. This is shown in Figure 3–4. When the Northern Hemisphere is tilted toward the sun, that half of the Earth has summer. At the same time, the Southern Hemisphere is tilted away from the sun and has winter. How is the Earth's axis tilted when the Southern Hemisphere has summer?

It is interesting to note that summer and winter are not affected by the Earth's distance from the sun. In fact, when the Northern Hemisphere is experiencing summer, the Earth is actually farthest away from the sun in its elliptical orbit. The same is true for summer in the Southern Hemisphere.

The hemisphere of the Earth that is tilted toward the sun receives more direct rays of sunlight and also has longer days than the hemisphere that is tilted away from the sun. The combination of more direct sunlight and longer days causes the Earth's surface and atmosphere to receive more heat from the sun. The result is the summer season.

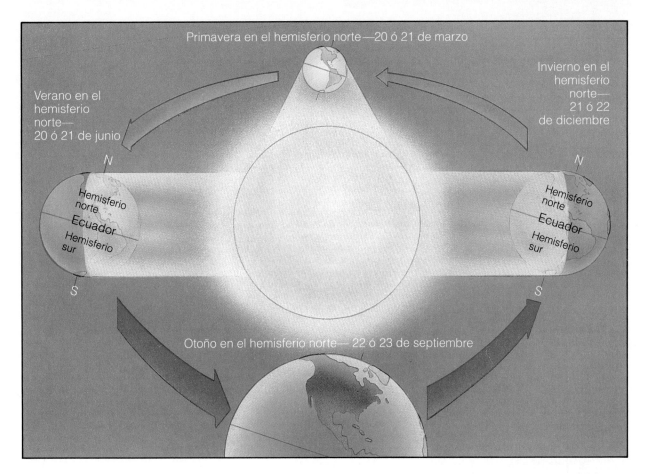

Primavera en el hemisferio norte—20 ó 21 de marzo

Verano en el hemisferio norte— 20 ó 21 de junio

Invierno en el hemisferio norte— 21 ó 22 de diciembre

N

Hemisferio norte
Ecuador
Hemisferio sur

S

N

Hemisferio norte
Ecuador
Hemisferio sur

S

Otoño en el hemisferio norte— 22 ó 23 de septiembre

**Figura 3–4** *Cuando el polo norte está inclinado hacia el sol, el hemisferio norte recibe más luz. Es verano. Cuando el polo norte se inclina en dirección opuesta al sol, el hemisferio norte recibe menos luz. Es invierno. ¿Es esto cierto también para el polo sur y el hemisferio sur?*

# Actividad

## PARA CALCULAR

*La Tierra en marcha*

La Tierra se mueve a una velocidad de unos 30 km/segundo mientras gira alrededor del sol. ¿Qué distancia, en kilómetros, recorre la Tierra en un minuto? ¿Una hora? ¿Un día? ¿Un año?

Mientras la Tierra gira alrededor del sol, el eje se inclina en dirección opuesta al sol por una parte del año y hacia el sol el resto del año. Esto se muestra en la figura 3–4. Cuando el hemisferio norte se inclina hacia el sol, esa mitad de la Tierra está en el verano. A la misma vez, el hemisferio sur se inclina en dirección opuesta al sol y está en el invierno. ¿Cómo se inclina el eje de la Tierra cuando el hemisferio sur está en el verano?

Es interesante observar que la distancia de la Tierra al sol no afecta verano e invierno. De hecho, cuando el hemisferio del norte está en el verano, la Tierra en verdad está más lejos del sol en su órbita elíptica. Lo mismo es cierto para el verano del hemisferio sur.

El hemisferio de la Tierra que se inclina hacia el sol recibe más rayos directos de sol y también tiene días más largos que el hemisferio que está inclinado en dirección contraria al sol. La combinación de rayos de sol más directos y días más largos hace que la superficie de la Tierra reciba más calor solar. Lo que resulta es el verano.

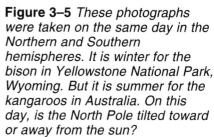

Summer begins in the Northern Hemisphere on June 20 or 21. This is the day when the North Pole is tilted a full 23½° toward the sun. The Northern Hemisphere has its longest day at this time, while the Southern Hemisphere has its shortest day. The longest day of the year is known as the **summer solstice** (SAHL-stihs). The word solstice comes from two Latin words meaning sun and stop. It refers to the time when the sun seems to stop moving higher in the sky each day. The sun reaches its highest point in the sky on the summer solstice.

After the summer solstice, the sun seems to move lower and lower in the sky until December 21 or 22, when the **winter solstice** occurs. At this time, the North Pole is tilted a full 23½° away from the sun. The shortest day of the year in the Northern Hemisphere and the longest day of the year in the Southern Hemisphere occur on the winter solstice.

Twice a year, in spring and in autumn, neither the North Pole nor the South Pole is tilted toward the sun. These times are known as equinoxes (EE-kwuh-naks-uhz). The word equinox comes from Latin and means equal night. At the equinoxes, day and night are of equal length all over the world. In the Northern Hemisphere, spring begins on the **vernal equinox,** March 20 or 21. Autumn begins on the **autumnal equinox,** September 22 or 23. What season begins in the Southern Hemisphere when spring begins in the Northern Hemisphere?

**Figure 3–6** *Stonehenge, on Salisbury Plain in England, was built 4000 to 6000 years ago. Its massive stones were aligned to point to the rising or setting positions of the sun at the summer and winter solstices.*

Figura 3–5 *Estas fotografías se tomaron al mismo día en los hemisferios norte y sur. Es el invierno para los bisontes en el Yellowstone National Park, Wyoming. Pero para los canguros en Australia es verano. En este día, ¿el polo norte está inclinado hacia o en sentido contrario al sol?*

El verano comienza en el hemisferio norte el 20 o 21 de junio. Es el día en que el polo norte está inclinado a 23 $\frac{1}{2}°$ hacia el sol. Es el día más largo del año en el hemisferio norte, y el más corto para el hemisferio sur. El día más largo del año se conoce como el **solsticio de verano**. La palabra solsticio viene de dos palabras latinas que significan sol y parar. Se refiere al tiempo en que el sol parece dejar de ascender cada día más en el cielo. El sol está más alto en el cielo durante el solsticio de verano.

Después del solsticio de verano, el sol parece estar más y más bajo en el cielo hasta el 21 o 22 de diciembre cuando ocurre el **solsticio de invierno**. Entonces el polo norte está inclinado a 23 $\frac{1}{2}°$ en dirección contraria al sol. El día más corto del hemisferio norte y más largo del hemisferio sur ocurre en el solsticio de invierno.

Dos veces al año, en primavera y otoño, ni el polo norte ni el polo sur están inclinados hacia el sol. Son los días del equinoccio. Esta palabra viene del Latín y significa noche igual. Durante los equinoccios, día y noche duran lo mismo en todo el mundo. En el hemisferio norte, la primavera comienza con el **equinoccio primavera**, el 20 o 21 de marzo. El otoño comienza con el **equinoccio de otoño** el 22 o 23 de septiembre. ¿Qué estación comienza en el hemisferio sur cuando la primavera comienza en el hemisferio norte?

Figura 3–6 Stonehenge, *en Salisbury Plain, Inglaterra, se construyó hace 4,000 a 6,000 años. Sus bloques macizos estaban alineados para señalar las posiciones del sol saliente y poniente durante los solsticios de verano e invierno.*

# A Magnet in Space

**Figure 3–7** *The Earth is enveloped in a huge magnetic field called the magnetosphere (bottom), whose lines of force produce the same pattern as those of a small bar magnet (top). The solar wind from the sun blows the magnetosphere far into space in the shape of a long tail.*

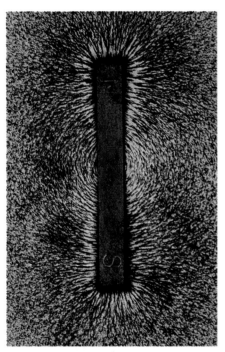

In Figure 3–7 you can see the pattern that forms when iron filings are sprinkled on a plate of glass covering a bar magnet. The pattern of iron filings reveals the invisible lines of force that connect the two poles, or ends, of the magnet. These invisible lines of force are called a magnetic field.

The Earth, much like a magnet, is surrounded by similar lines of force. In fact, you might think of the Earth as having a giant bar magnet passing through it from pole to pole. The Earth's magnetism forms a magnetic field around the Earth similar to the magnetic field around a bar magnet. Where does the Earth's magnetism come from? Although scientists are not sure, they think the Earth's magnetism is probably the result of the movement of materials in the Earth's inner core. The Earth's inner core is made mainly of the metals iron and nickel.

You can see in Figure 3–7 that the Earth's magnetic poles are not in the same place as the geographic North and South poles. The geographic poles are at the opposite ends of the Earth's tilted axis. But the magnetic poles, like the poles of a bar magnet, are at the ends of the lines of force that form the Earth's magnetic field.

The Earth's magnetic field is called the **magnetosphere.** The magnetosphere begins at an

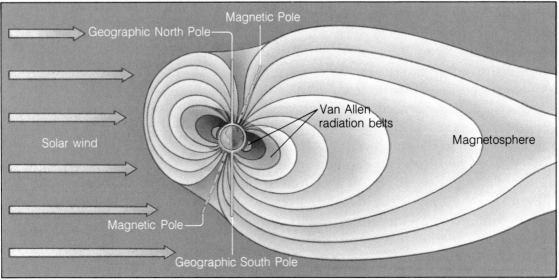

# Imán en el Espacio

En la figura 3–7 se ve el patrón que se forma cuando se echan limaduras de hierro en un plato de cristal sobre un imán. Este patrón revela las líneas de fuerza invisibles que enlazan los dos polos, o extremos, del imán. Estas líneas de fuerza invisibles se llaman campos magnéticos.

La Tierra, muy parecida al imán, está rodeada de líneas de fuerza semejantes. De hecho, podrías concebir que la Tierra tiene un imán gigantesco atravesándola de polo a polo. El magnetismo de la Tierra forma un campo magnético a su alrededor parecido al campo magnético alrededor del imán. ¿De dónde viene el magnetismo de la Tierra? Aunque los científicos no están seguros, creen que el magnetismo terrestre probablemente resulta del movimiento de materiales en el centro de la Tierra, compuesto sobre todo de hierro y níquel.

Puedes observar en la figura 3–7, que los polos magnéticos de la Tierra no son los mismos que los polos geográficos de Norte y Sur. Estos están a extremos opuestos del eje inclinado de la Tierra. Pero los polos magnéticos, al igual que los de un imán, están en los extremos de líneas de fuerza que forman el campo magnético de la Tierra.

El campo magnético de la Tierra se llama **magnetosfera**. Ésta comienza a una altura de unos 1000 kilómetros, y se

**Figura 3–7** *La Tierra está inmersa en un campo magnético enorme llamado la magnetosfera (abajo), cuyas líneas de fuerza producen el mismo patrón que el de un imán pequeño (arriba). El viento solar arrastra la magnetosfera hacia el espacio en la forma de una cola larga.*

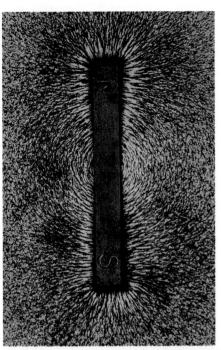

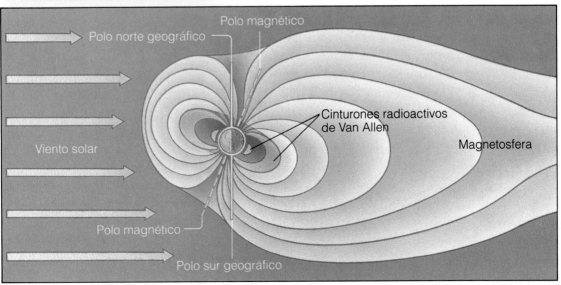

Polo magnético

Polo norte geográfico

Cinturones radioactivos de Van Allen

Magnetosfera

Viento solar

Polo magnético

Polo sur geográfico

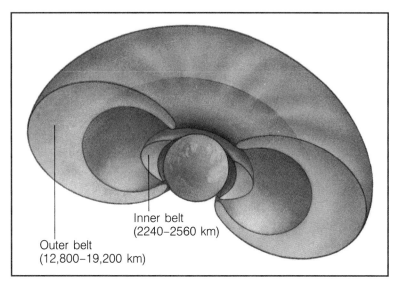

Inner belt
(2240–2560 km)

Outer belt
(12,800–19,200 km)

**Figure 3–8** *Particles in the solar wind are trapped to form the doughnut-shaped Van Allen radiation belts. What is it that traps the particles from the solar wind?*

altitude of about 1000 kilometers. It extends to an altitude of 64,000 kilometers on the side of the Earth facing toward the sun. But on the side of the Earth facing away from the sun, the magnetosphere extends in a tail millions of kilometers long! This long tail is caused by a stream of charged particles, called the solar wind, blowing from the sun. The solar wind constantly reshapes the magnetosphere as the Earth rotates on its axis. The magnetosphere is shown in Figure 3–7.

Two doughnut-shaped regions of charged particles are formed as the magnetosphere traps some of the particles in the solar wind. These regions are called the **Van Allen radiation belts.** They were named after Dr. James Van Allen, the scientist who first identified them. The outer Van Allen belt contains mostly electrons, or negatively charged particles. The inner Van Allen belt contains mainly protons, or positively charged particles.

Charged particles trapped by the Van Allen radiation belts may travel along magnetic lines of force to the Earth's poles. Here they collide with particles in the Earth's upper atmosphere. These collisions cause the atmospheric particles to give off visible light, producing an **aurora** (aw-RAW-ruh). The aurora may appear as bands or curtains of shimmering colored

A CTIVITY

DISCOVERING

*Lines of Force*

**1.** Place a thin sheet of glass or plastic over a bar magnet.

**2.** Sprinkle iron filings onto the glass or plastic.

**3.** Gently shake the glass or plastic back and forth until a clear pattern of lines forms.

**4.** Draw the pattern of lines of force that you observe.

How do the lines of force you observed compare with those shown in Figure 3–7?

■ How would the lines of force change if you placed another magnet under the glass or plastic? Test your prediction.

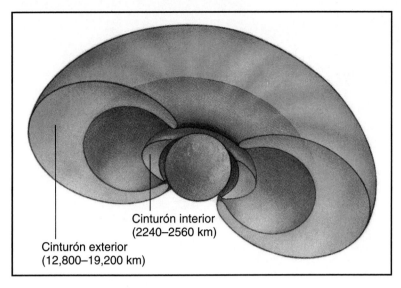

Cinturón interior
(2240–2560 km)

Cinturón exterior
(12,800–19,200 km)

**Figura 3–8** *Partículas en el viento solar se atrapan para formar los anillos de los cinturones radioactivos de Van Allen. ¿Qué atrapa a las partículas del viento solar?*

extiende hasta una altura de 64,000 kilómetros, del lado de la Tierra frente al sol. Pero al otro lado de la Tierra, ¡la magnetosfera se extiende en una cola de millones de kilómetros de largo! Esta larga cola se debe a una corriente de partículas cargadas, llamada viento solar, que emana del sol. El viento solar continuamente reforma la magnetosfera al girar la Tierra alrededor de su eje. La magnetosfera está ilustrada en la figura 3–7.

Dos regiones de partículas cargadas, en forma de anillos, se forman cuando la magnetosfera atrapa algunas partículas del viento solar. Son los **cinturones radioactivos de Van Allen**, identificadas originalmente por el Dr. James Van Allen. El cinturón de Van Allen exterior contiene mayormente electrones, o partículas de carga negativa. El cinturón de Van Allen interior contiene mayormente protones, o partículas de carga positiva.

Partículas cargadas atrapadas por los cinturones de Van Allen pueden viajar por líneas de fuerza magnéticas hasta los polos terrestres. Aquí chocan con partículas de la atmósfera terrestre superior. Estos choques hacen que las partículas atmosféricas emitan luz visible, produciéndose una **aurora** que puede parecerse a

**Figure 3–9** *The eerie green glow of the aurora australis, or southern lights, was photographed from the Space Shuttle* Discovery.

lights. Near the North Pole, the aurora is called the aurora borealis, or northern lights. Near the South Pole, the aurora is called the aurora australis, or southern lights.

## 3–1 Section Review

1. What causes day and night on the Earth?
2. How does the tilt of the Earth's axis, combined with the Earth's revolution, cause the occurrence of the seasons?
3. What do the words solstice and equinox mean? How are they related to the position of the Earth's axis?
4. What is the magnetosphere? What are the Van Allen radiation belts?
5. What causes an aurora?

**Connection—*You and Your World***
6. Describe the season you are experiencing today in terms of the Earth's position in space relative to the sun.

**Figura 3–9** *La extraña incandescencia verde de la aurora austral, o luces del sur, se fotografió desde el transbordador espacial* Discovery.

franjas o cortinas de luces relucientes. Cerca del polo norte, la aurora se llama la aurora boreal, o luces del norte. Cerca del polo sur, la aurora se llama aurora austral, o luces del sur.

## 3–1 Repaso de la sección

1. ¿Qué causa el día y la noche en la Tierra?
2. ¿Cómo causan la inclinación del eje terrestre y el giro de la Tierra alrededor del sol el fenómeno de las estaciones?
3. ¿Qué significan las palabras solsticio y equinoccio? ¿Cómo están relacionados con la Tierra?
4. ¿Qué es la magnetosfera? ¿Qué son los cinturones radioactivos de Van Allen?
5. ¿Qué causa la aurora boreal?

**Conexión—*Tú y tu mundo***

6. Describe la estación del año actual en términos de la posición de la Tierra con respecto al sol.

# CONNECTIONS

## Solar Wind Blows Out the Lights

Storms on the sun send forth huge bursts of charged particles. When these charged particles reach Earth, they can move the magnetic field that surrounds the Earth. When a magnetic field moves in relation to a conductor, an electric current results. In this case, the conductor is the Earth itself.

Usually, electric charges in the Earth equalize themselves by flowing back and forth through soil or rocks. Trouble results, however, when the electric current encounters dense igneous rocks. *Electricity* cannot flow easily through these rocks. As a result, the electric current seeks an easier path—and electric power lines provide the perfect alternative.

Because the equipment that manufactures electric power cannot handle the electric current produced by a solar storm, power systems can be seriously damaged or destroyed. This is what happened in March 1989 when a solar storm caused a power blackout in Quebec, Canada, and ruined two huge transformers at a nuclear power plant in southern New Jersey.

Due to the destructive potential of solar storms, several electric-power companies have suggested that a satellite "watchdog" be placed in orbit around the Earth. Such a satellite would be able to predict a solar storm in advance because charged particles in the solar wind travel much more slowly than electromagnetic radiation from the sun does. Sensors in the satellite would pick up signals from the electromagnetic radiation about an hour before the burst of charged particles actually took place. This advance warning would give power companies at least a chance to reduce power loads on certain transformers and possibly prevent sensitive equipment from being knocked out.

# 3–2 The Earth's Moon

"That's one small step for a man, one giant leap for mankind." With those words, astronaut Neil Armstrong became the first human to set foot on the moon. After landing, Armstrong and Edwin (Buzz) Aldrin left the Lunar Module *Eagle* to explore the moon. (The word lunar comes from the Latin word for moon.) While they walked on the surface, their fellow astronaut Michael Collins remained in orbit around the moon in the Apollo Command Module *Columbia*.

## Guide for Reading

*Focus on this question as you read.*

▶ *What are the major characteristics of the moon?*

# CONEXIONES

## El viento solar apaga las luces

Tormentas solares lanzan estallidos enormes de partículas cargadas. Cuando alcanzan la Tierra, pueden desplazar el campo magnético que la rodea. Cuando un campo magnético se mueve con respecto a un conductor, se produce una corriente eléctrica. En este caso, el conductor es la Tierra misma.

Normalmente, cargas eléctricas en la Tierra se neutralizan al fluir de una parte a otra por suelo o roca. Pero hay problemas cuando la corriente eléctrica encuentra piedras ígneas. *La electricidad* no fluye con facilidad a través de ellas. La corriente eléctrica busca entonces otra vía—y los cables de fuerza eléctrica ofrecen la alternativa perfecta.

Como el equipo que produce electricidad no tiene capacidad suficiente para tanta corriente como la producida por una tormenta solar, los sistemas de fuerza eléctrica pueden averiarse o destruirse. Esto ocurrió en marzo de 1989, cuando una tormenta solar causó un apagón en Quebec, Canadá, y dañó dos transformadores enormes en una planta de energía nuclear en New Jersey.

Debido al potencial destructivo de las tormentas solares, varias compañías de energía eléctrica sugieren que se ponga en órbita un satélite "vigilante." El satélite ya que predeciría la tormenta solar a tiempo ya que las partículas cargadas en el viento solar viajan mucho más despacio que la radiación electromagnética. Sensores en el satélite captarían señales de radiación electromagnética casi una hora, antes de ocurrir el estallido de partículas cargadas. Este aviso por adelantado le daría a las compañías por lo menos la oportunidad de reducir los niveles de energía de ciertos transformadores y, quizás evitar que se dañe equipo susceptible.

# 3–2 La luna

"Un pequeño paso para un hombre, un salto enorme para la humanidad." Con estas palabras, el astronauta Neil Armstrong se convirtió en el primer ser humano en pisar la luna. Al alunizar, Armstrong y Edwin (Buzz) Aldrin descendieron del Módulo lunar *Eagle* para explorar la luna. Mientras caminaban sobre la luna, su compañero Michael Collins se mantuvo en órbita alrededor de la luna en el Módulo Apollo de Mando *Columbia*.

### Guía para la lectura

*Piensa en esta pregunta mientras lees.*

▶ *¿Cuáles son las características principales de la luna?*

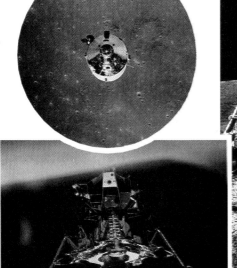

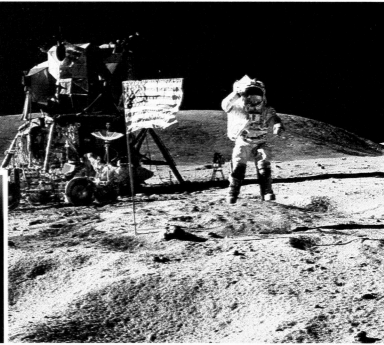

Figure 3–10 *Landing people on the moon was a complex mission. Here you see the Lunar Module approaching the moon (bottom). The Apollo Command Module (top), which remained in lunar orbit during the mission, was photographed from the Lunar Module shortly after it separated from the Command Module. After landing, the astronauts walked on the moon (right).*

## ACTIVITY

### READING

*A Voyage to the Moon*

For a fictional account of the first exploration of the moon, read *From the Earth to the Moon* by the French novelist Jules Verne (1828–1905).

Although Armstrong and Aldrin were the first astronauts to step onto the moon's dusty surface, they would not be the last. By the time the Apollo moon-landing project ended in 1972, twelve American astronauts had explored the moon. Scientists learned more about the moon from the Apollo missions than they had learned in the previous thousands of years. Here is some of what they now know about the moon.

## The Moon's Characteristics

The moon measures 3476 kilometers in diameter, or about one fourth the diameter of the Earth. It is much less dense than the Earth. The gravity of the moon is also less than that of the Earth. The moon's gravity is only one sixth that of the Earth. So objects weigh less on the moon than they do on Earth. To find out how much you would weigh on the moon, divide your weight by six. What would your weight be on the moon?

Today scientists know that the average distance to the moon is 384,403 kilometers. How do they know this? Among the instruments left on the moon by the Apollo astronauts was a small mirror. Scientists bounced a beam of laser light from the Earth off the mirror. Then they measured the amount of time it took the beam to bounce back to the Earth. Using

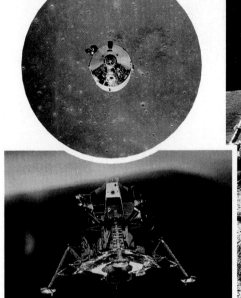

**Figura 3–10** *Hacer aterrizar gente en la luna era una misión compleja. Aquí ves el módulo lunar acercarse a la luna (abajo). El módulo de mando Apollo (arriba), que se mantuvo en órbita lunar durante la misión, fue fotografiada desde el módulo lunar poco después de separarse del módulo de mando. Después de aterrizar, los astronautas caminaron en la luna (derecha).*

Aunque Armstrong y Aldrin fueron los primeros astronautas en pisar la superficie polvorienta de la luna, no serían los últimos. Cuando terminó el proyecto de alunizaje Apollo en 1972, doce astronautas americanos habían explorado la luna. Los científicos aprendieron más sobre la luna de las misiones de Apollo que lo que habían aprendido en los miles de años que precedían. Aquí hay algo de lo que actualmente se sabe de la luna.

## Características de la luna

La luna mide 3476 kilómetros de diámetro, o una cuarta parte del diámetro de la Tierra. Es mucho menos densa que la Tierra. La gravedad de la luna también es menor que la de la Tierra. Es sólo una sexta parte de la gravedad de la Tierra. Así que las cosas pesan menos en la luna que en la Tierra. Para averiguar cuánto pesarías tú en la luna, divide tu peso por seis. ¿Cuánto pesarías tú en la luna?

Hoy, los científicos saben que la distancia media a la luna es de 383,403 kilómetros. ¿Cómo lo saben? Entre los instrumentos que los astronautas de Apollo dejaron en la luna, estaba un pequeño espejo. Desde la Tierra, los científicos rebotaron un rayo de luz del espejo. Luego midieron el tiempo que tomó el rayo en volver a la

**A**CTIVIDAD

**PARA LEER**

*Un viaje a la luna*

Para un relato ficticio de la primera exploración de la luna, lee *From the Earth to the Moon* del novelista francés Jules Verne (1828–1905).

**Figure 3–11** *The Apollo 14 astronauts left a mirror—the Laser Ranging Retro Reflector—on the surface of the moon. How did this mirror help scientists determine the distance to the moon?*

the known speed of light, they could then calculate the distance to the moon accurately.

Astronauts also left instruments on the moon to measure moonquakes. These instruments have measured as many as 3000 moonquakes per year. From these data, scientists now know that the moon's outer layer, or crust, is about 60 kilometers thick. Below the crust, there appears to be another layer of denser rock that is about 800 kilometers thick. Beneath this layer is a central core that may be made of melted iron.

Apollo astronauts also brought back samples of moon rocks. The oldest moon rocks are about 4.6 billion years old, which is about the same age as the Earth. So it seems likely that the moon and the Earth formed at about the same time.

The moon rocks brought back to Earth by the astronauts show no traces of water. So scientists believe that there never was any water on the moon. And the moon has no atmosphere. Without an atmosphere, there is no weather on the moon.

The temperature range on the moon is extreme. Noonday temperatures may rise above 100°C. During the long lunar nights, and in the shadows cast by crater walls, surface temperatures may drop to –175°C. **In short, the moon is a dry, airless, and barren world.**

## Features of the Moon

In 1609, Galileo Galilei became the first person to look at the moon through a telescope. He saw light areas and dark areas on the surface. The light areas he saw are mountain ranges soaring thousands of meters into the black sky. They are called **highlands.** Some of the highlands on the moon reach 8 kilometers above the surrounding plains. The broad, smooth lowland plains are the

**Figure 3–12** *The chart lists some important facts about the moon. How much greater is the moon's circumference than its diameter?*

## FACTS ABOUT THE MOON

**Average distance from Earth**
384,403 kilometers

**Diameter**
About 3476 kilometers (about $1/4$ Earth's diameter)

**Circumference**
About 10,927 kilometers

**Surface area**
About 37,943,000 square kilometers

**Rotation period**
27 days, 7 hours, 43 minutes

**Revolution period around Earth**
29 days, 12 hours, 44 minutes

**Length of day and night**
About 14 Earth-days each

**Surface gravity**
About $1/6$ Earth's gravity

**Mass**
$1/81$ Earth's mass

**Volume**
$1/50$ Earth's volume

**Figura 3–11** *Los astronautas de Apollo 14 dejaron un espejo— el* Laser Ranging Retro Reflector—*en la superficie de la luna. ¿Cómo les ayudó este espejo a los científicos a calcular la distancia de la luna?*

Tierra. Con la cifra conocida de la velocidad de la luz, pudieron calcular la distancia a la luna con precisión.

Los astronautas también dejaron en la luna instrumentos para medir terremotos lunares. Ya han medido hasta 3000 en un año. Por estos datos los científicos ahora saben que la capa exterior de la luna, o la corteza, tiene un grosor de unos 60 kilómetros. Debajo de la corteza parece que hay otra capa de piedra más densa de unos 800 kilómetros de grosor. Y debajo de esta capa, un núcleo central que puede ser de hierro fundido.

Los astronautas del Apollo también trajeron muestras de piedras lunares. Las rocas antiguas tienen unos 4.6 mil millones de años, que es la edad aproximada de la Tierra. Así parece que la luna y la Tierra se formaron más o menos al mismo tiempo.

Las piedras lunares que los astronautas trajeron a la Tierra no muestran señales de agua. Por consiguiente los científicos creen que nunca hubo agua en la luna. Y la luna no tiene atmósfera. Como carece de atmósfera, no hay tiempo meteorológico en la luna.

La temperatura lunar varía al extremo. A medio día puede alcanzar sobre 100°C. Durante las largas noches lunares, y en la sombra de las paredes de cráteres, las temperaturas de la superficie pueden bajar hasta a −175°C. **En pocas palabras, la luna es un mundo seco, yermo, y sin aire.**

## Rasgos lunares

En 1609 Galileo Galilei fue la primera persona en observar la luna por un telescopio. Vio zonas iluminadas y oscuras en la superficie. Las zonas iluminadas que vio son cadenas de montañas elevándose miles de kilómetros en el cielo oscuro. Se llaman **tierras altas**, o montañas. Hay montañas que alcanzan los 8 kilómetros por encima de los bajos llanos circundantes. Estos, anchos y lisos, son las zonas

**Figura 3–12** *Esta tabla enumera algunos datos importantes de la luna. ¿Cuánto más grande es la circunferencia de la luna que su diámetro?*

## DATOS DE LA LUNA

**Distancia media desde la Tierra**
384,403 kilómetros

**Diámetro**
Unos 3476 kilómetros (cerca de ¼ el diámetro de la Tierra)

**Circunferencia**
Unos 10,927 kilómetros

**Área de la superficie**
Unos 37,943,000 kilómetros cuadrados

**Período de rotación**
27 días, 7 horas, 43 minutos

**Período de revolución alrededor de la Tierra**
29 días, 12 horas, 44 minutos

**Duración del día y la noche**
Unos 14 días-Tierra cada uno

**Gravedad en la superficie**
Cerca de ⅙ la gravedad terrestre

**Masa**
$\frac{1}{81}$ de la masa terrestre

**Volumen**
$\frac{1}{50}$ del volumen terrestre

**Figure 3–13** *Astronaut James Irwin explores the moon in a Lunar Rover. The surface of the moon has changed very little since Galileo studied it in 1609. What evidence of their presence did the Apollo astronauts leave on the moon?*

dark areas Galileo saw through his telescope. He called them **maria** (MAHR-ee-uh). *Maria* (singular, *mare*) is the Latin word for seas. Although the name maria seems to indicate that there is water on the moon, scientists now know that the moon has no surface water. Why do you think Galileo called the plains maria?

Among the most striking features of the moon are its many craters. Craters ranging in size from microscopic to hundreds of kilometers across cover the moon's surface. One of the largest craters on the moon is called Copernicus. (Many craters are named for famous scientists. Copernicus was a Polish astronomer who first stated the theory that Earth and the other planets revolve around the sun.) The crater Copernicus is approximately 91 kilometers in diameter. Imagine a crater about the same distance across as the distance between Houston, Texas, and Galveston, Texas. Most of the moon's craters are in the highlands. Few craters are located in the maria.

Scientists think that most craters were formed by the continuous bombardment of meteorites. These meteorites blasted out craters when they hit the moon. A few of the craters, however, seem to be the result of volcanic activity. In fact, the maria are filled with hardened rock that may have flowed into the plains as hot lava billions of years ago. And lava comes from active volcanoes.

**Figure 3–14** *Here you see a moon rock brought back to Earth by the Apollo astronauts. What have scientists learned about the moon by studying these rocks?*

**Figura 3–13** *El astronauta James Irwin explora la luna en un Lunar Rover. La superficie de la luna ha cambiado muy poco desde que Galileo la estudió en 1609. ¿Qué indicios de su visita dejaron los astronautas de Apollo en la luna?*

**Figura 3–14** *Aquí se ve una piedra lunar traída a la Tierra por los astronautas de Apollo. ¿Qué han aprendido los científicos sobre la luna basándose en estas piedras?*

oscuras que Galileo observó por su telescopio. Él las llamó **maria.** *Maria* (singular, *mare*) es la palabra latina para mares. Aunque el nombre mares parece indicar que hay agua en la luna, los científicos ahora saben que no hay agua en la superficie. ¿Por qué crees que Galileo les llamó a los llanos mares?

Entre los rasgos más impresionantes de la luna están sus muchos cráteres. Varían en tamaño desde lo microscópico hasta a cientos de kilómetros de largo y cubren toda su superficie. Uno de los más grandes se llama Copérnico. (Muchos cráteres tienen el nombre de científicos famosos. Copérnico es el astrónomo polaco que primero teorizó que la Tierra y los planetas giran alrededor del sol.) El cráter Copérnico tiene un diámetro aproximado de 91 kilómetros. Imagínate un cráter tan largo como la distancia entre Houston y Galveston en Texas. La mayoría de los cráteres de la luna están en las tierras altas. Hay pocos cráteres en las maria.

Los científicos creen que los cráteres en su mayoría se formaron por el bombardeo constante de meteoritos. Los meteoritos los formaron al estallar contra la luna. Algunos, sin embargo, parece que se deben a la acción volcánica. Los mares están llenos de roca endurecida que pudo haber fluído hasta los llanos en forma de lava caliente hace miles de millones de años. La lava viene de volcanes activos.

**Figure 3–15** *Meteorites have been crashing into the moon for billions of years and have carved out many craters. Here you see the large crater Tsiolkovsky on the far side of the moon (right).*

Other evidence that the moon once had active volcanoes may be the long valleys, or **rilles,** that crisscross much of its surface. Hadley Rille is one such valley. It is about 113 kilometers long. Because there was no running water to carve the rilles, they might have been cut into the moon's surface by rivers of flowing lava. Another possible explanation is that the rilles may be cracks caused by moonquakes. Or the rilles may have opened up billions of years ago when the moon's hot surface cooled and shrank. Whatever caused the rilles, scientists agree that today's cold and inactive moon was once hot and active.

## Movements of the Moon

As the Earth revolves around the sun, the moon revolves around the Earth in an elliptical orbit. At **perigee** (PEHR-uh-jee), the point of the moon's orbit closest to the Earth, it is about 350,000 kilometers from the Earth. At **apogee** (AP-uh-jee), the point of the moon's orbit farthest from the Earth, it is about 400,000 kilometers away.

Like the sun, the moon seems to move west across the sky. This apparent movement is caused by the Earth's rotation. When viewed against a background of stars, however, the actual movement of the moon eastward can be observed. You can

**Figura 3–15** *Los meteoritos han chocado con la luna por miles de millones de años y han perforado muchos cráteres. Aquí se ve el cráter grande Tsiolsovsky al otro lado de la luna (derecha).*

Otros indicios de que hubo volcanes activos en la luna podrían ser los valles largos, o **fisuras**, que se entrecruzan por gran parte de la superficie. Hadley Rille es un valle de unos 113 kilómetros de largo. Como no hay corriente de agua que abran las fisuras, quizás lo hicieron torrentes de lava. Otra posibilidad es que los surcos pueden ser grietas en la superficie causadas por terremotos lunares. O quizás se abrieron hace miles de millones de años cuando la superficie caliente de la luna se enfrió y encogió. Cualquiera que sea la causa, los científicos están de acuerdo de que la luna fría e inactiva fue una vez caliente y activa.

## Movimientos de la luna

Mientras la Tierra gira alrededor del sol, la luna da vueltas a la Tierra en una órbita elíptica. En su **perigeo**, el punto en que su órbita se acerca más a la Tierra, está a unos 350,000 kilómetros. En su **apogeo**, el punto en que su órbita se aparta más de la Tierra, está a unos 400,000 kilómetros.

Al igual que el sol, la luna parece moverse hacia el oeste al cruzar por el cielo. Este movimiento aparente lo causa la rotación de la Tierra. Visto con un fondo de estrellas, sin embargo, se puede observar que el movimiento verdadero de la luna es hacia el este.

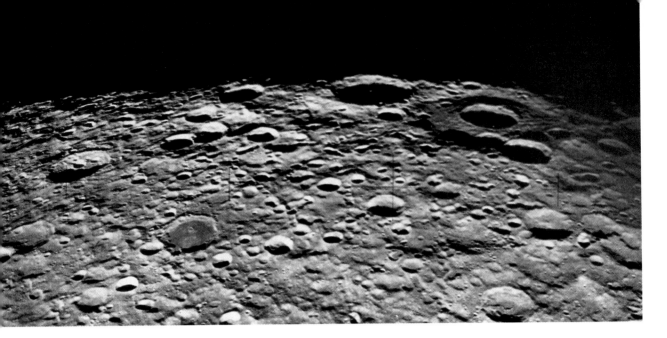

**Figure 3–16** *This photograph of the far side of the moon clearly shows some of the thousands of craters scattered across the moon's surface.*

prove this by observing the moon when it is at the western edge of a cluster of stars. If you observe carefully for several hours, the moon's eastward movement can be seen as it passes in front of each star, one after the other.

Recall that it takes the Earth about 24 hours to rotate once on its axis. The moon takes much longer. The moon rotates once on its axis every 27.3 days. This is the same amount of time it takes the moon to revolve once around the Earth. Thus the moon's period of rotation is the same as its period of revolution. This means that a day on the moon is just as long as a year on the moon! As a result, the same side of the moon always faces toward the Earth. For many years, scientists could observe only the side of the moon that faces the Earth. Then the Lunar Orbiter space probe photographed the far side of the moon for the first time. The astronauts of the Apollo 8 mission, which circled the moon, were the first humans to see the far side directly. The entire surface of the moon has now been photographed. These photographs show a bleak, lifeless landscape of boulders, craters, plains, and valleys.

## Origin of the Moon

One of the most interesting questions scientists have asked about the moon is: Where did the moon come from? There are several theories concerning the moon's origin. According to one theory, the

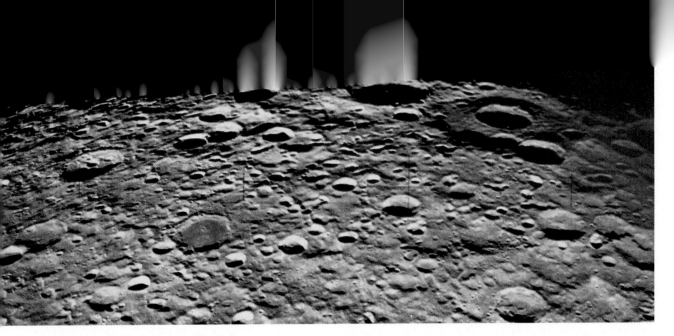

**Figura 3–16** *Esta fotografía del otro lado de la luna muestra claramente algunos de los miles de cráteres dispersos a través de su superficie.*

Esto se puede comprobar observando la luna cuando está al oeste de un cúmulo de estrellas. Si lo observas con cuidado por varias horas, el movimiento de la luna es evidente al pasar al frente de cada estrella, una tras otra.

Recuerda que la Tierra se toma unas 24 horas para girar una vez alrededor de su eje. La luna se toma mucho más—unos 27.3 días. Esto equivale al tiempo que le toma a la luna darle una vuelta a la Tierra. Así que el período de rotación de la luna es igual a su período de revolución. ¡Esto quiere decir que un día en la luna dura tanto como un año! Debido a esto, la luna siempre nos da la misma cara. Por muchos años, los científicos sólo podían observar sólo el lado de la luna que da a la Tierra. Entonces la sonda espacial Lunar Orbiter tomó fotografías del otro lado de la luna por primera vez. Los astronautas de la misión de Apollo 8, que le dio vueltas a la luna, fueron los primeros seres humanos que vieron directamente el otro lado. Toda la superficie de la luna ya ha sido fotografiada. Estas fotografías muestran un paisaje desolador y sin vida, de roca, cráteres, llanos y valles.

## Orígenes de la luna

Una de las preguntas más interesantes que se han hecho los científicos es ésta: ¿de dónde vino la luna? Hay varias teorías con respecto a los orígenes de la luna. De acuerdo a una teoría, la luna pudo haberse formado

moon may have been formed millions or billions of kilometers away from the Earth and later "captured" by the Earth's gravity. Most scientists, however, do not think that is what happened. Another theory is that the moon formed from the same swirling cloud of gas and dust from which the sun, Earth, and other planets were formed. Indeed, the composition of the moon is similar enough to the composition of the Earth to indicate that they could have formed from the same material.

Probably the most likely explanation for the origin of the moon is that the moon was "born" when a giant asteroid the size of the planet Mars struck the early Earth, tearing a chunk of material from the planet. According to this theory, the Pacific Ocean may be the hole left when the moon was torn from the Earth. This explanation, based on evidence from moon rocks, would explain why the moon is so similar to Earth and yet has no water. Any water in the material that was blasted off the Earth would have been vaporized (turned into a gas) when the material was blown into orbit. When the material came together again to form the moon, there would have been no water left.

Scientists are still not sure how the moon was formed. But clues gathered by astronauts and robot space probes are helping scientists to solve the mystery of the moon's origin.

## 3–2 Section Review

1. What are the main characteristics of the moon?
2. How might the moon's craters and rilles have formed?
3. Why is a day on the moon the same length as a year on the moon?
4. Describe three possible theories to explain the origin of the moon.

**Critical Thinking—*Making Inferences***
5. Why is the distance between the Earth and the moon usually given as an average?

# CAREERS

### Aerospace Engineer
Engineers are people who make things work. The people who design spacecraft and satellites are **aerospace engineers.** They may plan and develop navigation and communications systems, scientific instruments, and safety devices. Aerospace engineers will design safe and comfortable space stations for the twenty-first century.

A career in aerospace engineering requires high school courses in physics, trigonometry, and geometry, as well as a college degree in engineering. To learn more about a career in aerospace engineering, write to the National Aeronautics and Space Administration, Johnson Space Center, Houston, TX 77058.

a millones o miles de millones de kilómetros de la Tierra y luego "capturada" por la gravedad terrestre. La mayoría de los científicos, sin embargo, no piensan que fue así. Otra teoría es que la luna se formó de la misma nube arremolinada de gas y polvo de que se formó el sol, la Tierra y otros planetas. De hecho, la composición de la luna se asemeja lo suficiente a la de la Tierra para indicar que se formaron de la misma materia.

Es probable que la mejor explicación para los orígenes de la luna es que "nació" cuando un enorme asteroide del tamaño de Marte chocó con la Tierra joven, arrancándole un canto al planeta. Según esta teoría, el Océano Pacífico puede ser el hoyo que quedó cuando se le quitó la luna a la Tierra.

Esta explicación, basada en los indicios de piedras lunares, explicaría el porqué la luna se parece tanto a la Tierra y sin embargo carece de agua. Cualquier agua en la materia que se voló se hubiera vaporizado (vuelto gas) al impactarse y ponerse en órbita. Cuando la materia se volvió a integrar para formar la luna, ya no habría quedado agua.

Los científicos todavía no están seguros de cómo se formó la luna. Pero los indicios que recolectaron astronautas y sondeos espaciales robóticos le ayudan a los científicos a resolver el misterio de los orígenes de la luna.

## 3–2 Repaso de la sección

1. ¿Cuáles son las características principales de la luna?
2. ¿Cómo se pueden haber formado los cráteres y fisuras lunares?
3. ¿Por qué dura un día lunar lo mismo que un año lunar?
4. Describe tres teorías posibles que explican los orígenes de la luna.

**Razonamiento crítico—*Hacer inferencias***
5. ¿Por qué se da la distancia entre la Tierra y la luna usualmente como un promedio?

# 3–3 The Earth, the Moon, and the Sun

We can think about the motions of the Earth and the motions of the moon separately. Usually, however, scientists consider the motions of the Earth–moon system as a whole. As the Earth moves in its yearly revolution around the sun, the moon moves in its monthly revolution around the Earth. At the same time, both the Earth and the moon rotate on their axes. Gravitational attraction keeps the moon in orbit around the Earth and the Earth in orbit around the sun. **The relative motions of the Earth, the moon, and the sun result in the changing appearance of the moon as seen from the Earth and the occasional blocking of the sun's light.**

## Phases of the Moon

The moon revolves around the Earth. The revolution of the moon causes the moon to appear to change shape in the sky. The different shapes are called phases of the moon. The phases of the moon are shown in Figure 3–17. The moon goes through all its phases every 29.5 days.

Why does the moon go through phases? The moon does not shine by its own light. Rather, the moon reflects sunlight toward the Earth. The phase of the moon you see depends on where the moon is in relation to the sun and the Earth. Refer to Figure 3–17 as you read the description that follows.

When the moon comes between the sun and the Earth, the side of the moon facing the Earth is in darkness. The moon is not visible in the sky. This phase is called the new moon. Sometimes the new moon is faintly visible because it is bathed in earthshine. Earthshine is sunlight reflected off the Earth onto the moon.

As the moon continues to move in its orbit around the Earth, more of the lighted side of the moon becomes visible. First a slim, curved slice called a crescent appears. This is the waxing crescent phase. The moon is said to be waxing when the lighted area appears to grow larger. When the lighted area appears to grow smaller, the moon is said to be waning.

# ACTIVITY
## DOING

*Observing the Moon*

The best time to observe the moon is on the second or third day after the first-quarter phase. At this time, the moon is in a good position in the evening sky. Many surface features are clearly visible because the moon is not reflecting full light toward the Earth. Details are easier to see.

**1.** Using binoculars or a small telescope and a labeled photograph of the moon, locate some of the most prominent surface features on the moon.

**2.** Draw a sketch of the moon and label the features you were able to identify.

▶ *Esta fotografía del otro lado de la luna muestra claramente algunos de los miles de cráteres dispersos a través de su superficie.*

# 3–3 La Tierra, la luna y el sol

Podemos concebir los movimientos de la Tierra y los de la luna por separado. Sin embargo los científicos generalmente consideran los movimientos del sistema Tierra-luna de forma íntegra. Mientras la Tierra gira anualmente alrededor del sol, la luna gira mensualmente alrededor de la Tierra. Y a la vez Tierra y luna giran alrededor de sus ejes. La atracción gravitatoria mantienen a la luna y a la Tierra en sus respectivas órbitas. **Los movimientos relativos de la Tierra, la luna y el sol resultan en las apariencias cambiantes de la luna tal como se ve desde la Tierra y en el ocultamiento ocasional de la luz solar.**

## ACTIVIDAD

### PARA HACER

*Observar la luna*

El mejor momento para observar la luna es el segundo o tercer día después de la fase del primer cuarto. Entonces la luna está en una posición ideal en el firmamento. Muchos rasgos de la superficie se ven con claridad porque la luna no está reflejando una luz llena hacia la Tierra. Es más fácil observar detalles.

**1.** Usando binoculares o un telescopio pequeño y una fotografía de la luna con rótulos, busca algunos de los rasgos más sobresalientes de la superficie.

**2.** Haz un dibujo de la luna e identifica los rasgos que reconociste.

## Las fases lunares

La luna gira alrededor de la Tierra. Este giro la hace parecer cambiar en la forma. Las diversas formas de la luna se llaman las fases lunares. Se ven las fases de la luna en la figura 3–17. La luna pasa por todas sus fases cada 29.5 días.

¿Por qué cambia de fases la luna? La luna no brilla con su propia luz. En su lugar, refleja la luz del sol hacia la Tierra. La fase de la luna que se observa depende de dónde está la luna con respecto al sol y la Tierra. Consulta la figura 3–17 mientras leas la descripción que sigue.

Cuando la luna se interpone entre el sol y la Tierra, el lado de la luna que da a la Tierra está en tinieblas. No se ve la luna en el firmamento. Esta fase se llama luna nueva. A veces la luna nueva se ve tenuemente porque está bañada con el brillo terrestre, o la luz del sol reflejada por la Tierra hacia el sol.

Mientras la luna sigue en su órbita alrededor de la Tierra, se ve más de la parte iluminada de la luna. Primero aparece una porción fina y encorvada que se llama creciente. Ésta es la fase del cuarto creciente. Se dice que la luna está creciente cuando la región iluminada parece que crece. Cuando la región iluminada parece empequeñecer, se dice que la luna está menguante.

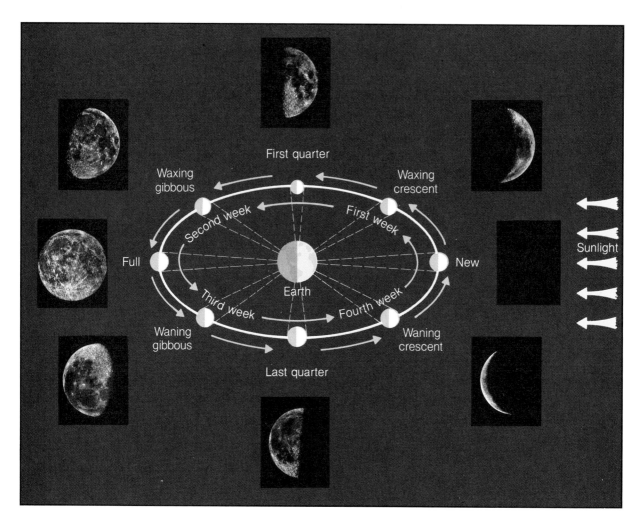

First quarter

Waxing gibbous

Waxing crescent

Second week

First week

Sunlight

Full

Earth

New

Third week

Fourth week

Waning gibbous

Waning crescent

Last quarter

**Figure 3–17** *The eight phases of the moon you see from Earth depend on where the moon is in relation to the sun and the Earth. How many days does it take for the moon to pass through all eight phases?*

About a week after the new moon, the moon has traveled a quarter of the way around the Earth. At this time, half the moon appears lighted. This phase is the first-quarter phase. As the days pass, more of the lighted area can be seen during the waxing gibbous phase.

About two weeks after the new moon, the entire lighted side of the moon is visible in the sky. This phase is called the full moon. The Earth is then between the moon and the sun. The moon takes another two weeks to pass through the waning-gibbous, last-quarter, and waning-crescent phases, and back to the new moon. The phases of the moon then start all over again. What phase of the moon was visible to you last night?

## Eclipses

More than 2000 years ago, a great war was about to begin. The two armies faced each other across a vast plain. Suddenly, the sky turned dark. The sun

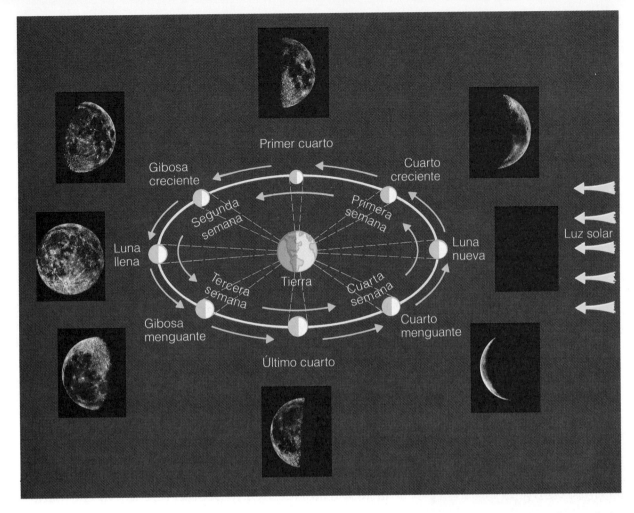

Luz solar

Primer cuarto

Gibosa creciente

Cuarto creciente

Segunda semana

Primera semana

Luna llena

Tierra

Luna nueva

Tercera semana

Cuarta semana

Gibosa menguante

Cuarto menguante

Último cuarto

Después de una semana de luna nueva, ésta ha recorrido una cuarta parte de su giro alrededor de la Tierra. Entonces mitad de la luna parece estar iluminada. Esta fase se llama el primer cuarto. Al pasar los días, se puede ver más y más de la región iluminada durante la fase gibosa creciente.

Aproximadamente a las dos semanas de luna nueva, se ve en el firmamento toda la parte iluminada de la luna. Esta fase se llama luna llena. La Tierra entonces se encuentra entre la luna y el sol. La luna se tomará dos semanas más para pasar por la fase gibosa menguante, el último cuarto, y el cuarto menguante y de vuelta a luna nueva. Luego se repiten todas las fases. ¿Cuál fase de la luna podías ver anoche?

**Figura 3–17** *Las ocho fases de la luna que ves desde la Tierra dependen de la posición de la luna con respecto al sol y la Tierra. ¿Cuántos días se toma la luna para pasar por todas sus fases?*

## Eclipses

Hace más de 2000 años, una gran guerra estaba por estallar. Se enfrentaban dos ejércitos en un llano inmenso. De pronto, el cielo oscureció. Parecía que

seemed to be swallowed up. Both armies thought the sun's disappearance was a sign that they should not fight. Although the sun soon reappeared, the frightened soldiers went home without fighting. There was no battle that day. The soldiers never knew that what they had witnessed was not a sign but one of Earth's most dramatic natural events—an eclipse.

As the moon revolves around the Earth and the Earth and the moon together revolve around the sun, they occasionally block out some of the sun's light. The long, cone-shaped shadows that result extend thousands of kilometers into space. Sometimes the moon moves into the Earth's shadow. At other times the moon casts its shadow onto the Earth. Each event results in an eclipse.

There are two types of eclipses. The two types of eclipses are named depending on which body—the sun or the moon—is eclipsed, or blocked. A **solar eclipse** occurs when the new moon comes directly between the sun and the Earth. As the Earth moves into the moon's shadow, sunlight is blocked from reaching the Earth. Any shadow has two parts. The small, inner shadow is called the **umbra** (UHM-bruh). The larger, outer shadow is called the **penumbra** (pih-NUHM-bruh). Only people directly in the path of the umbra see a total solar eclipse, in which the sun is completely blocked out. People in the penumbra see a partial solar eclipse, in which only part of the sun is blocked out.

As you have read, a new moon occurs once a month. But as you probably know from experience, this is not true for a solar eclipse. Why is there not a solar eclipse once every month? The answer is that the orbit of the moon is slightly tilted in relation to the orbit of the Earth. A solar eclipse takes place only when the new moon is directly between the Earth and the sun, which happens only rarely.

To anyone who has ever seen a total solar eclipse, the experience is awe-inspiring. When the sky begins to darken, birds are fooled into thinking it is evening, and so they stop singing. Dogs begin to howl. The air temperature drops sharply. For a few minutes, day becomes night. If you are ever fortunate enough to view a solar eclipse, you must remember one very important rule. Never look directly at the sun. Your eyes may be burned by

**Figure 3–18** *The magnificent pearly light of the sun's corona is visible during a total solar eclipse.*

algo se había tragado al sol. Ambos ejércitos interpretaron la desaparición del sol como una señal para que no pelearan. Aunque el sol pronto reapareció, los soldados asustados se fueron a casa, sin guerrear. Los soldados nunca supieron que lo que habían presenciado no era una señal sino uno de los fenómenos naturales más dramáticos—un eclipse.

Mientras la luna gira alrededor de la Tierra, y la Tierra y la luna juntas giran alrededor del sol, de vez en cuando bloquean alguna parte de la luz del sol. Las largas sombras cónicas que resultan se extienden por miles de kilómetros en el espacio. A veces la luna entra en la sombra de la Tierra. En otras ocasiones, la luna proyecta su sombra sobre la Tierra. En ambos eventos, el resultado es un eclipse.

Hay dos tipos de eclipses. Se nombran según el cuerpo—sol o luna—que se eclipsa, u oculta. Un **eclipse solar** ocurre cuando la luna nueva se interpone directamente entre el sol y la Tierra. Mientras la Tierra entra en la sombra de la luna, la luz solar se bloquea. Toda sombra tiene dos partes. La sombra interior pequeña se llama **umbra**. La sombra exterior más grande se llama **penumbra**. Sólo la gente directamente bajo la umbra ve un eclipse total, en que se oculta el sol totalmente. La gente en la penumbra ve un eclipse solar parcial, en que sólo se oculta una parte del sol .

Como ya has leído, una luna nueva ocurre una vez al mes. Pero como ya sabrás por experiencia, esto no es verdad en cuanto a un eclipse solar. ¿Por qué no hay un eclipse solar todos los meses? La respuesta es que la órbita de la luna está levemente inclinada con respecto a la órbita de la Tierra. Un eclipse solar tiene lugar sólo cuando la luna nueva está directamente entre la Tierra y el sol, que ocurre sólo en muy pocas ocasiones.

Para cualquiera que haya visto un eclipse solar total, la experiencia es imponente. Cuando el cielo comienza a obscurecer, las aves se engañan pensando que ya atardece y por consiguiente dejan de cantar. Los perros empiezan a aullar. La temperatura del aire baja rápidamente. Por unos minutos, el día se vuelve noche. Si tienes la buena suerte de presenciar un eclipse solar, debes recordar una regla muy importante. Nunca mires el sol directamente. Los rayos del sol

**Figura 3–18** *La maravillosa luz color perla de la corona solar se vuelve visible durante un eclipse solar total.*

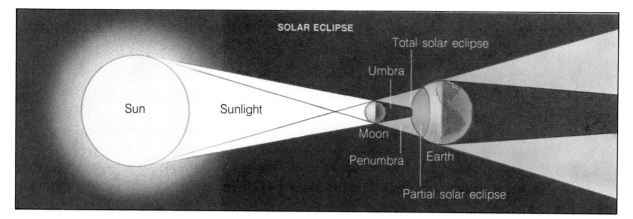

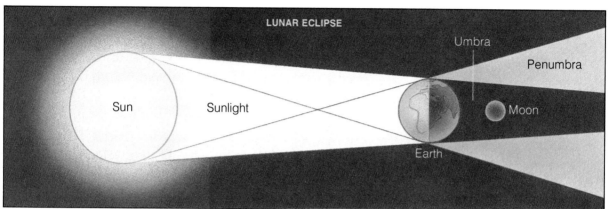

the sun's rays—even when they do not appear to be visible—and you may be blinded.

The second type of eclipse occurs when the Earth comes directly between the sun and the full moon. This event is called a **lunar eclipse.** A lunar eclipse takes place when the moon passes through the Earth's shadow. When the moon moves through the umbra, a total lunar eclipse occurs. When the moon moves through the penumbra, a partial lunar eclipse occurs. Earth's shadow falling on the full moon dims the moon's glow to a dark coppery color. This eerie reddish color results when sunlight reflected off the moon is bent as it passes through Earth's atmosphere.

## Tides

Because the moon is close to the Earth, there is a gravitational attraction between the Earth and the moon. As a result of the gravitational pull of the Earth on the moon, the side of the moon facing the Earth has a distinct bulge. But the moon also exerts a gravitational pull on the Earth. This pull results in the rise and fall of the oceans as the moon moves in its orbit around the Earth.

**Figure 3–19** *During a solar eclipse, the moon passes between the sun and the Earth. During a lunar eclipse, the Earth passes between the sun and the moon. When does a total eclipse of the moon occur?*

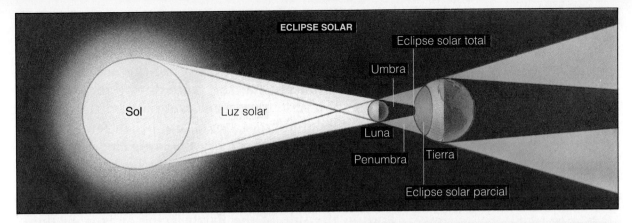

ECLIPSE SOLAR

Eclipse solar total

Umbra

Sol

Luz solar

Luna

Penumbra

Tierra

Eclipse solar parcial

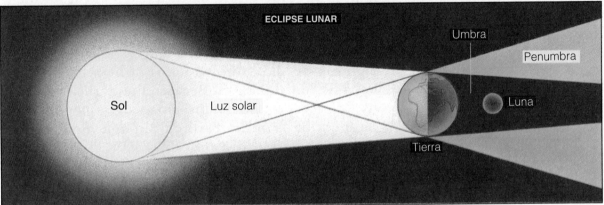

ECLIPSE LUNAR

Umbra

Penumbra

Sol

Luz solar

Luna

Tierra

pueden quemarte los ojos—aun cuando los rayos no parecen visibles—y puedes quedarte ciego.

El segundo tipo de eclipse ocurre cuando la Tierra se interpone directamente entre el sol y la luna llena. Este fenómeno se llama **eclipse lunar**. Un eclipse lunar ocurre cuando la luna entra en la sombra de la Tierra. Cuando la luna se mueve por la umbra, hay un eclipse lunar total. Cuando se mueve por la penumbra, tiene lugar un eclipse lunar parcial. La sombra de la Tierra que cae sobre la luna llena disminuye la luz de la luna a un color cobrizo oscuro. Este extraño color rojizo ocurre cuando la luz solar reflejada en la luna se desvía al pasar por la atmósfera terrestre.

## Las mareas

Como la luna está cerca de la Tierra, hay una atracción gravitatoria entre la Tierra y la luna. Debido a la fuerza de atracción de la Tierra que cae sobre la luna, la cara de la luna de frente a la Tierra tiene una protuberancia notable. Pero la luna también ejerce su fuerza gravitatoria sobre la Tierra. Esto da lugar a la subida y la bajada de los océanos al moverse la luna en su órbita alrededor de la Tierra.

**Figura 3–19** *Durante un eclipse solar, la luna pasa entre el sol y la Tierra. Durante un eclipse lunar, la Tierra se interpone entre el sol y la luna. ¿Cuándo ocurre un eclipse total de la luna?*

## Activity Bank

What Causes High Tides?, p.151

If you have ever spent a day at the beach, you probably noticed that the level of the ocean at the shoreline did not stay the same during the day. For about six hours, the ocean level rises on the beach. Then, for another six hours, the ocean level falls. The rise and fall of the oceans are called **tides.**

As the moon's gravity pulls on the Earth, it causes the oceans to bulge. The oceans bulge in two places: on the side of the Earth facing the moon and on the side of the Earth facing away from the moon. Each of these bulges causes a high tide.

At the same time that the high tides occur, low tides occur between the two bulges. The diagram in Figure 3–20 shows the positions of high tides and low tides on the Earth. Because the Earth rotates on its axis every 24 hours, the moon's gravity pulls on different parts of the Earth at different times of the day. So at a given place on the Earth, there are two high tides and two low tides every 24 hours. But because the moon rises about 50 minutes later each day, the high and the low tides are also 50 minutes later each day.

Some high tides are higher than other high tides. For example, during the full moon and the new moon phases, the high tides are higher than at other times. These higher tides are called **spring tides.** Spring tides occur because the sun and the moon are in a direct line with the Earth. The increased

**Figure 3–20** *The pull of the moon's gravity causes tides. During a 12-hour period, Los Angeles moves from a high tide (left) to a low tide (center) to another high tide (right). At the same time, the moon moves in its orbit. As a result, the tides occur slightly later each day.*

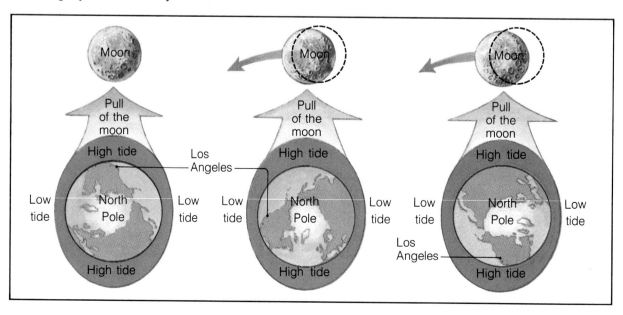

Si te has pasado un día en la playa, te habrás dado cuenta de que el nivel del océano por la orilla no se mantiene igual todo el día. Por unas seis horas, el nivel del mar sube a la playa. Luego, por las próximas seis horas, el nivel del mar baja. El ascenso y descenso de los océanos se llama **mareas**.

Al atraer la Tierra, la fuerza de gravedad de la luna, causa que los océanos se bombeen. Esto ocurre en dos lugares: al lado de la Tierra de frente a la luna y al lado opuesto. Cada una de estas protuberancias causan una marea alta.

A la vez que ocurren mareas altas, hay mareas bajas entre las dos protuberancias. El diagrama en la figura 3–20 muestra las posiciones de mareas altas y mareas bajas. Como la Tierra gira alrededor de su eje cada 24 horas, la fuerza de gravedad de la luna atrae diferentes partes de la Tierra durante diferentes partes del día. En un lugar dado de la Tierra, hay dos mareas altas y dos mareas bajas cada 24 horas. Pero como la luna sale unos 50 minutos más tarde todos los días, las mareas altas y bajas también ocurren con un retraso de 50 minutos diariamente.

Algunas mareas altas suben más que otras. Por ejemplo, durante la luna llena y la luna nueva, son más altas que en otras fases. Estas mareas más altas se llaman **mareas vivas**. Ocurren porque el sol y la luna están alineados con la Tierra. El efecto mayor de la fuerza

Pozo de actividades

¿Qué causa las mareas altas?, p. 151

**Figura 3–20** *La atracción gravitatoria de la luna causa las mareas. Durante un período de 12 horas, Los Angeles pasa de la marea alta (izquierda), por la marea baja (centro), hasta otra marea alta (derecha). A la vez, la luna se mueve en su órbita. Por consiguiente, las mareas ocurren un poco más tarde cada día.*

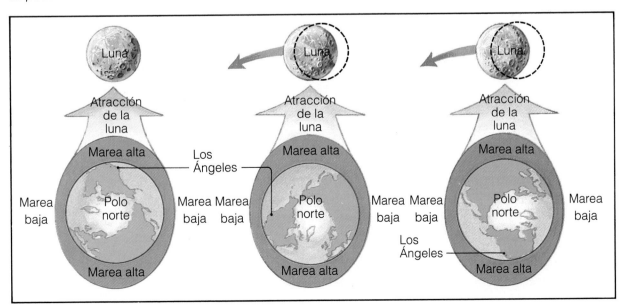

effect of the sun's gravity on the Earth causes the ocean bulges to be larger than usual.

When the moon is at the first and last quarter phases, its gravitational pull on the oceans is partially canceled by the sun's gravitational pull. This results in high tides that are lower than usual. These lower high tides are called **neap tides.** What is the position of the sun and the moon with respect to each other during neap tides?

The varying distance between the Earth and the moon as the moon moves in its orbit also affects the tides. The closer the moon is to the Earth, the greater the pull of the moon's gravity on the Earth. If the moon is at perigee during a new moon or a full moon, extremely high tides and low tides will occur.

## 3–3 Section Review

1. How is the relative motion of the Earth, the moon, and the sun related to the phases of the moon? To eclipses?
2. When would you be able to see a lunar eclipse? A solar eclipse?
3. How does the moon affect tides on the Earth?

**Critical Thinking—*Relating Concepts***
4. Why does a lunar eclipse occur either two weeks before or two weeks after a total solar eclipse?

de gravedad solar sobre la Tierra causa protuberancias más prominentes.

Cuando la luna está en sus fases de primer y último cuarto, su atracción gravitatoria sobre los océanos se cancela parcialmente debido a la fuerza gravitatoria del sol. Esto da lugar a mareas altas más bajas de lo corriente. Estas mareas menos altas se llaman **mareas muertas**. ¿Cuál es la posición relativa del sol y de la luna durante la marea muerta?

La distancia variable entre la Tierra y la luna cuando ésta gira en su órbita también afecta la marea. Mientras más próxima está la luna de la Tierra, mayor la atracción lunar sobre la Tierra. Si la luna está en su perigeo durante las fases nueva o llena, habrá mareas extremadamente altas y bajas.

**Figura 3–21** *Durante la marea alta, los botes flotan serenamente en su amarradero en Bay of Fundy en Nueva Escocia (izquierda). En unas pocas horas, durante la marea baja, quedan sobre el lodo (derecha).*

## 3–3 Repaso de la sección

1. ¿Cómo están relacionados los movimientos de la Tierra, la luna y el sol con las fases lunares? ¿Y con los eclipses?
2. ¿Cuándo podrías observar un eclipse lunar? ¿Y un eclipse solar?
3. ¿Cómo afecta la luna las mareas terrestres?

**Razonamiento crítico—***Aplicación de conceptos*
4. ¿Por qué ocurre un eclipse lunar dos semanas antes o dos semanas después de un eclipse solar total?

# 3–4 The Space Age

The first exciting step into space was taken on October 4, 1957. On that historic day, a Soviet rocket boosted *Sputnik 1,* the world's first artificial satellite, into Earth orbit. The Space Age had begun!

Since that day, thousands of artificial satellites have been placed in orbit around the Earth. Astronauts have gone to the moon and returned. People have lived and worked in Earth orbit for extended periods of time. Slowly, humans are taking their first tentative steps beyond the home planet and into the solar system. At the same time, we are learning more about our planet and finding ways to improve our lives.

## Artificial Satellites

Artificial satellites are satellites built by people. Like the moon, which is Earth's natural satellite, artificial satellites travel just fast enough so that they neither escape the Earth's gravity nor fall back to the Earth's surface. There are several different types of satellites orbiting the Earth. **Communications satellites, weather satellites, navigation satellites, and scientific satellites are among the artificial satellites that orbit the Earth today.** Each of these types of satellites has a specific function.

**Figure 3–22** *In spite of problems with its main mirror, astronomers hope the* Hubble Space Telescope *will reveal many secrets about the universe. This view is from inside the Space Shuttle as the telescope was being held by the robot arm before being released from the cargo bay.*

# 3–4 La era espacial

El primer paso emocionante al espacio se tomó el 4 de octubre de 1957. En ese día histórico, un cohete soviético impulsó *Sputnik 1*, el primer satélite artificial que se colocó en órbita alrededor de la Tierra. ¡Se había lanzado la Era del Espacio!

Desde aquel día, se han puesto en órbita alrededor del mundo miles de satélites artificiales. Los astronautas han ido a la luna y vuelto. Hay gente que ha vivido y trabajado en órbita por largos períodos de tiempo. La humanidad da sus primeros pasos más allá del planeta natal, en el sistema solar. Al mismo tiempo, estamos aprendiendo mucho de nuestro planeta y descubriendo formas de mejorar nuestras vidas.

## Satélites artificiales

Los satélites artificiales son hechos por el hombre. Al igual que el satélite natural de la Tierra, la luna, un satélite artificial viaja a una velocidad lo suficientemente alta para no escapar la gravedad terrestre ni caer a la Tierra. Hay varios tipos. **Satélites de comunicaciones, satélites meteorológicos, satélites de navegación y satélites científicos son algunos de los tipos de satélites artificales en órbita alrededor de la Tierra.** Cada tipo tiene su función particular.

**Figura 3–22** *A pesar de los problemas con su espejo principal, los astrónomos esperan que el Telescopio Espacial Hubble revele muchos secretos del universo. Esta perspectiva se ve desde el interior del transbordador espacial mientras el brazo robot sujetaba el telescopio antes de despedirlo del compartimiento para la carga.*

**COMMUNICATIONS SATELLITES** Many of the satellites orbiting the Earth are communications satellites. Communications satellites beam television programs, radio messages, telephone conversations, and other kinds of information all over the world. You can think of a communications satellite as a relay station in space. The satellite receives a signal from a transmitting station on Earth. The satellite then beams the signal to a receiving station somewhere else on Earth. In this way, information is quickly transmitted from one place to another, even on the other side of the world.

Communications satellites are often placed in **geosynchronous** (jee-oh-SIHNG-kruh-nuhs) **orbit.** A geosynchronous orbit is one in which the satellite revolves around the Earth at a rate equal to the Earth's rotation rate. As a result, the satellite stays in one place above a certain point on the Earth's surface. Three such satellites placed equal distances apart at an altitude of about 35,000 kilometers above the Earth can relay signals to any place on Earth.

**WEATHER SATELLITES** Artificial weather satellites have greatly improved our ability to track weather patterns and forecast weather conditions all over the world. By studying and charting weather patterns, scientists can predict the weather with greater accuracy than ever before. These predictions are particularly important in tracking dangerous storms such as hurricanes. Through the use of weather satellites, scientists today can better predict when and where a hurricane will strike. This information gives people in the path of a hurricane time to protect themselves and their property and often saves lives.

**NAVIGATION SATELLITES** Navigation satellites are another type of artificial satellite. They send precise, continuous signals to ships and airplanes. Using information from navigation satellites, sailors and pilots can determine their exact locations within seconds. This information is especially useful during storms when other kinds of navigation equipment may not provide accurate information. Someday it may even be possible for cars and trucks to use navigation satellites to pinpoint their locations.

**SCIENTIFIC SATELLITES** Many different types of scientific satellites now orbit the Earth. Long before

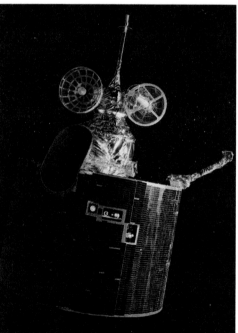

**Figure 3–23** *A communications satellite floats above Africa after being released into orbit by the Space Shuttle* Columbia *(top). The GOES satellite makes it possible for meteorologists to track the paths of severe storms (bottom). What type of satellite is GOES?*

**SATÉLITES DE COMUNICACIONES** Muchos de los satélites en órbita alrededor de la Tierra son satélites de comunicaciones. Transmiten programas de televisión, mensajes de radio, conversaciones telefónicas y toda clase de información al mundo entero. Puedes concebirlo como una estación retransmisora en el espacio. El satélite recibe una señal de una estación transmisora en la Tierra. Luego la transmite a una estación receptora en otro punto terrestre. Así se transmite la información pronto de un punto a otro, aún al otro lado del mundo.

A menudo los satélites de comunicaciones se ponen en una **órbita geosincrónica**. Ésta es una órbita en la que el satélite se mueve a una velocidad idéntica a la de la rotación de la Tierra. Así el satélite se mantiene sobre un punto particular de la Tierra. Tres satélites como éste a iguales distancias uno del otro y a unos 35,000 kilómetros de altura pueden transmitir señales a cualquier parte de la Tierra.

**SATÉLITES METEOROLÓGICOS** Los satélites artificiales meteorológicos han mejorado enormemente nuestra capacidad de seguimiento de los patrones meteorológicos y pronosticar condiciones del tiempo en todas partes del mundo. Al estudiar y registrar los patrones del tiempo, los científicos pueden pronosticar el tiempo con mayor precisión que nunca. Estos pronósticos son aun más importantes al seguir tormentas peligrosas como los huracanes. Con satélites meteorológicos se puede predecir mejor dónde y cuándo azotará el huracán. Con esta información, la gente amenazada por el huracán puede proteger sus vidas y sus bienes.

**SATÉLITES DE NAVEGACIÓN** Son otro tipo de satélite artificial. Transmiten señales precisas continuamente a barcos y aviones. Usando información de satélites de navegación, los marinos y pilotos pueden calcular su posición precisa en pocos segundos. Esta información es especialmente útil durante tempestades cuando otros tipos de equipo de navegación pueden ser menos precisos. Quizás algún día hasta carros y camiones podrían usar satélites de navegación para situarse bien.

**SATÉLITES CIENTÍFICOS** Hay muchas clases de satélites científicos que orbitan la Tierra. Mucho antes

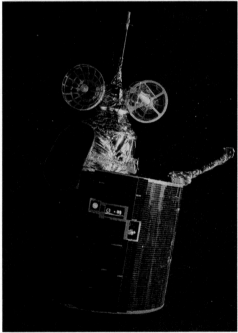

**Figura 3–23** *Un satélite de comunicaciones flota sobre el África después de que el transbordador espacial* Columbia *lo dejase en su órbita (arriba). El satélite GOES hace posible que los meteorólogos sigan la trayectoria de tempestades severas (abajo). ¿Qué tipo de satélite es el GOES?*

**Figure 3–24** *Advance warning of a hurricane provided by weather satellites helps to prevent property damage and may even save lives. Manhattan is visible in the center of this satellite map of New York City and the surrounding area.*

*Sputnik,* scientists looked forward to the day when they could observe the Earth and the universe from orbiting satellites. They thought scientific satellites would help them to solve old mysteries and to make new discoveries about the universe. And they were correct!

In 1958, the first satellite launched by the United States, *Explorer 1,* discovered the Van Allen radiation belts around the Earth. Since that time, other scientific satellites have added greatly to our knowledge of the universe. One satellite in particular—the Infrared Astronomy Satellite, or *IRAS*—has solved many mysteries of the universe. *IRAS* has found evidence of planetary systems forming around distant stars, as well as evidence of massive black holes at the center of the Milky Way and other galaxies. (A black hole is a collapsed star that is so dense that nothing—not even light—can escape its grip.)

Other scientific satellites focus their attention on Earth. In 1991, the Upper Atmosphere Research Satellite was sent into orbit to study the Earth's protective ozone layer. This satellite was the first in a series of environmental science satellites launched as part of Mission to Planet Earth. Mission to Planet Earth is a long-term research program that will use scientific satellites to study the Earth's environment.

## Laboratories in Space

In 1973, the United States launched Skylab into orbit. Skylab was a space station designed to allow astronauts to perform experiments in space. Astronauts could dock their spacecraft with Skylab and

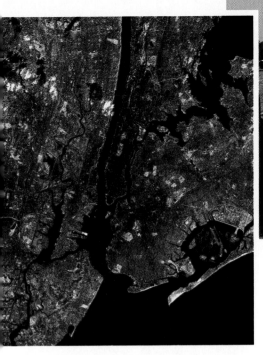

**Figura 3–24** *El aviso por adelantado de un huracán que ofrecen los satélites meteorológicos contribuye a evitar pérdidas y daños a los bienes raíces y hasta a salvar vidas. Se ve Manhattan en el centro de este mapa de satélite de la Ciudad de Nueva York y el área circundante.*

de *Sputnik,* los científicos esperaban el día cuando pudieran observar la Tierra y el universo desde satélites en órbita. Pensaban que los satélites científicos les ayudarían a resolver antiguos misterios y hacer nuevos descubrimientos sobre el Universo. ¡Y tenían razón!

En 1958 Explorer 1, el primer satelite que lanzó Estados Unidos descubrió los cinturones radioactivos de Van Allen que rodean la Tierra. Desde entonces otros satélites científicos han contribuido enormemente a nuestro conocimiento del universo. Uno en particular—el Satélite Astronómico de Aparatos Infrarrojos, o *IRAS*—ha solucionado muchos misterios. Descubrió indicios de sistemas planetarios en formación alrededor de astros lejanos, y de agujeros negros masivos en el centro de la Vía Láctea y en otras galaxias. (Un agujero negro es una estrella que sufre un colapso y se hace  tan densa que nada—ni la luz—puede escapar su atracción.)

Otros satélites científicos se concentran en la Tierra. En 1991 se puso en órbita el Satélite de Investigación de la Atmósfera Superior para estudiar la capa de ozono que protege la Tierra. Fue el primero de una serie de satélites que se lanzan como parte de la Misión al Planeta Tierra, un proyecto de investigación de largo plazo que usará satélites científicos para estudiar el medio ambiente.

## Laboratorios en el espacio

En 1973 Estados Unidos puso Skylab en órbita. Skylab era una estación espacial diseñada para permitirles a los astronautas experimentos en el espacio. Podían atracar su nave con Skylab y entrar en

enter its laboratory. Later the astronauts could re-enter their spacecraft and return to Earth with their data. Visiting crews aboard Skylab made detailed studies of the sun, conducted several health-related experiments, and learned to work in space. Skylab was the United States' first laboratory in space.

Today Spacelab has taken the place of Skylab. Spacelab is a laboratory that is designed to be carried into orbit by the Space Shuttle. The laboratory can be fitted with different types of scientific equipment, depending on the types of experiments being performed.

In 1986, the Soviet Union launched a space station called *Mir*. (The Russian word *mir* means peace.) Space station *Mir* was designed as a series of modules that could be added to the original basic module. Today, *Mir* consists of four permanent modules. Eventually, two more modules may be added on. Cosmonauts, who often remain on the space station for months, perform a variety of scientific experiments aboard *Mir*.

*Mir* is now the largest and most complex space station ever to orbit the Earth. The United States, however, is planning to build its own space station, which will be called *Freedom*. Space station *Freedom* is designed to be built in orbit from parts carried into space by the Space Shuttle. Someday *Freedom* may serve as a base for return trips to the moon and for the exploration of Mars.

**Figure 3–25** *The* Mir *space station orbits 320 kilometers above the Earth (bottom right). Here you see an artist's idea of what space station* Freedom *may look like (bottom left). Astronaut Mae Jemison performs experiments in the science module of Spacelab J inside the cargo bay of the Space Shuttle* Endeavour *(top).*

su laboratorio. Luego podían volver a su nave espacial y regresar a la Tierra con sus datos. En Skylab se hicieron estudios detallados del sol y varios experimentos relacionados con la salud y se aprendió cómo trabajar en el espacio. Skylab fue el primer laboratorio norteamericano en el espacio.

Hoy Spacelab ha sustituido a Skylab. Spacelab es un laboratorio diseñado para transportarse en el transbordador espacial hasta llegar a su órbita. El laboratorio puede equiparse con diferentes tipos de aparatos científicos, dependiendo de la clase de experimentos que se vayan a realizar.

En 1986 la Unión Soviética lanzó la estación espacial *Mir*. (La palabra rusa *mir* significa paz.) *Mir* se diseñó como una serie de módulos que podían agregárseles al módulo básico original. Hoy, *Mir* consiste de cuatro módulos permanentes. Con el tiempo, se puede añadir dos módulos más. Los cosmonautas, que muchas veces permanecen en la estación espacial por meses, llevan a cabo diversos experimentos científicos a bordo de *Mir*.

*Mir* es ahora la estación espacial más grande y más compleja que haya girado en órbita alrededor de la Tierra. Estados Unidos, sin embargo, tiene proyectado construir su propia estación espacial, que se llamará *Freedom*. Estará diseñada para ser construída en órbita de componentes llevados al espacio en el transbordador espacial. Algún día *Freedom* podría ser una base para vuelos con vuelta desde la luna y para explorar Marte.

**Figura 3–25** *La estación espacial* Mir *con órbita alrededor de la Tierra gira a una altura de 320 kilómetros (derecha abajo). Aunque se ve una interpretación artística de cómo podría ser la estación espacial* Freedom *(izquierda abajo). La astronauta Mae Jemison hace experimentos en el módulo científico Spacelab J dentro del compartimiento de carga del transbordador espacial* Endeavour *(arriba).*

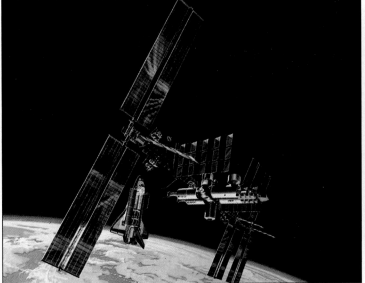

**Figure 3–26** *Multilayer insulation was developed to protect experiments in the Space Shuttle's open cargo bay. It is now used to make cold weather clothing. The Newtsuit, an experimental diving suit made possible by space technology, will be used as a model for twenty-first century space suits. The bicyclist is wearing a miniature insulin pump first developed for NASA.*

Although most of the major discoveries of the space program have been made far from the Earth, many aspects of space technology have practical applications. Because these applications have been "spun off" the space program, they are called space technology spinoffs. They owe their existence to the exploration of space. Thousands of spinoffs—from heart pacemakers to lightweight tennis rackets—have resulted from applications of space technology.

In 1967, NASA scientists and engineers searched for a fabric to use in spacesuits. The fabric would have to be strong enough to withstand the extreme temperature variations in space and yet flexible enough to fashion into a spacesuit. It was not long before such a fabric was invented. Astronauts walking in space and on the moon found themselves dressed properly—and safely—for conditions in space. Soon after, the same fabric was used to make roofs for a department store in California, an entertainment center in Florida, and a football stadium in Michigan.

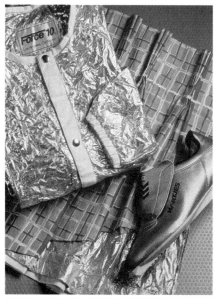

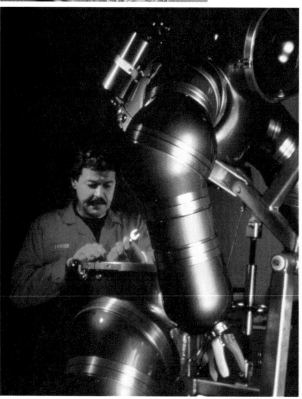

**Figura 3–26** *Se dessarrolló material aislante de varias capas para proteger experimentos en el compartimiento de carga abierto. Ahora se usa en la ropa de invierno. El Newtsuit, un traje de buceo experimental que se debe a la tecnología espacial, se usará de modelo para trajes espaciales del siglo 21. El biciclista usa una bomba de insulina creada por NASA.*

# Beneficios indirectos de la tecnología espacial

**Aunque la mayoría de los descubrimientos fundamentales del programa espacial se han hecho lejos de la Tierra, muchos aspectos de la tecnología espacial tienen aplicaciones prácticas.** Se les llama beneficios indirectos de la tecnología espacial ya que son aplicaciones procedentes del programa espacial. Miles de beneficios indirectos—desde marcapasos hasta raquetas de ténis livianas—se deben a aplicaciones de la tecnología espacial.

En 1967 científicos e ingenieros de NASA buscaban una tela para trajes espaciales. Tendría que ser tan fuerte como para resistir los cambios extremos de temperatura y lo suficientemente flexible como para servir de traje espacial. No pasó mucho tiempo en inventarse. Los astronautas en el espacio o la luna estaban vestidos de forma apropiada y segura para las condiciones espaciales. Poco después la misma tela se usó para construir techos en una tienda en California, un centro de diversiones en Florida y un estadio de fútbol americano en Michigan.

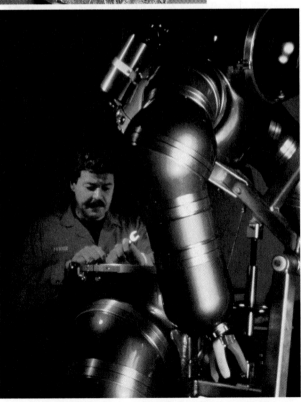

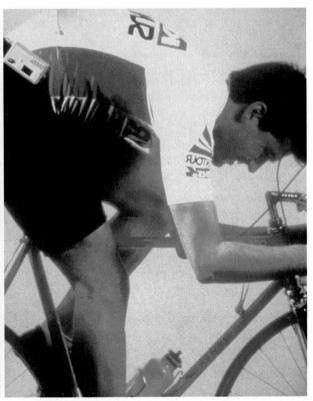

An astronaut exposed to direct sunlight in space runs the risk of overheating. To reduce the danger of overheating, space scientists developed various devices to be fitted into spacesuits. One of these devices was a gel packet that draws excess heat away from the body. These gel packets are now used by marathon runners to absorb excess heat from their foreheads, necks, and wrists.

One of the questions that puzzled scientists was how the human body would react to the new environment of space. To find the answers, scientists designed a series of automatic monitoring devices that would relay to Earth an astronaut's blood pressure, heart rate, and other vital statistics. Such devices are now used by paramedics when they answer emergency calls. These devices provide rapid and accurate information about a patient's condition. Such information can often mean the difference between life and death.

The message seems clear. Space technology—even if it is intended for use far beyond the frontiers of Earth—may have practical applications for billions of people who will never get farther from the Earth's surface than an energetic leap can take them.

## ACTIVITY WRITING

*Space Technology Facilities*

Space-technology facilities are located throughout the world. Some of those run by NASA in the United States are listed below. Choose one that sounds interesting to you and find out more about that facility. Write a brief report of your findings. Be sure to include where the facility is located, what technological development occurs there, and what the plans are for future research.

Goddard Space Flight Center
Jet Propulsion Laboratory
Kennedy Space Center
Langley Research Center
Lewis Research Center
Marshall Space Flight Center

## 3–4 Section Review

1. What are four kinds of artificial satellites? Describe the basic function of each.
2. How can space technology be beneficial to people? Why are applications of space technology called spinoffs?
3. Describe one practical application for each of the following: the fabric used in spacesuits; gel packets used to keep astronauts from overheating; automatic monitoring devices used to keep track of an astronaut's vital signs.

**Critical Thinking**—*Applying Concepts*
4. Explain what you think is meant by the following statement: "The space program is a down-to-Earth success."

Un astronauta expuesto en el espacio a la luz solar directa corre el riesgo de sobrecalentarse. Para reducir este peligro, los científicos desarrollaron varios artefactos para equipar el traje espacial. Uno era un paquete de sustancia gelatinosa que atrae el exceso de calor del cuerpo. Estos paquetes ahora los usan los maratonistas para absorber el calor excesivo de la frente, el cuello y las muñecas.

Una de las preguntas que confundían a los científicos era cómo reaccionaría el cuerpo humano al nuevo ambiente espacial. Para dar con la respuesta, diseñaron una serie de aparatos automáticos para observar la presión, el pulso y otros datos vitales de un astronauta y transmitir los datos a la Tierra. Ahora los paramédicos usan tales aparatos cuando acuden a una emergencia. Proveen información rápido y precisa sobre la condición del paciente. Esta información puede significar la diferencia entre la vida y la muerte.

El mensaje parece claro. La tecnología espacial—aun cuando se diseña para usarse más allá de las fronteras de la Tierra—puede tener aplicaciones prácticas para miles de millones de gente que jamás irán más lejos de la superficie terrestre que lo que lo llevan un buen salto.

# ACTIVIDAD

## PARA ESCRIBIR

*Instalaciones de tecnología espacial*

Hay instalaciones de tecnología espacial a través del mundo. Algunas de las de NASA en Estados Unidos se enumeran abajo. Entonces escoge una que te parezca interesante y averigua más sobre esa instalación. escribe un informe breve de lo que averiguaste. Asegura incluir dónde está la instalación, qué investigación tecnológica se lleva a cabo allí y qué planes se proyectan para el futuro.

Goddard Space Flight Center
Jet Propulsion Laboratory
Kennedy Space Center
Langley Research Center
Lewis Research Center
Marshall Space Flight Center

## 3–4 Repaso de la sección

1. ¿Cuáles son los cuatro tipos de satélites artificiales? Describe la función básica de cada uno.
2. ¿Cómo puede beneficiar la tecnología espacial a la gente? ¿Por qué se les llama beneficios indirectos a su aplicación?
3. Describe una aplicación práctica de cada uno de los siguientes: la tela utilizada en los trajes espaciales; los paquetes de sustancia gelatinosa contra el sobrecalentamiento del astronauta; los aparatos automáticos para observar las funciones vitales del astronauta.

**Pensamiento crítico—*Aplicación de conceptos***
4. Explica el significado de esta afirmación: "El programa espacial es un éxito terrestre."

# Laboratory Investigation

## Observing the Apparent Motion of the Sun

### Problem

How can the sun's apparent motion in the sky be determined by observing changes in the length and direction of a shadow?

### Materials *(per student)*

wooden stick and base
piece of cardboard, 25 cm x 25 cm
compass
wide-tip felt pen
metric ruler

### Procedure

1. Place the stick attached to a base in the middle of a piece of cardboard. Trace the outline of the base on the cardboard so that you will be able to put it in the same position each time you make an observation of the sun.

2. Place the stick and the cardboard on flat ground in a sunny spot.

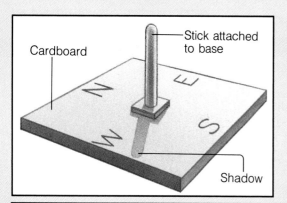

Cardboard

Stick attached to base

Shadow

3. Using the compass, locate north, south, east, and west. Write the appropriate directions near the edges of the cardboard.

4. With the felt pen, trace the shadow of the stick on the cardboard. Write the time of day along the line. Measure the length of the shadow. Determine in which direction the shadow is pointing. Determine the position of the sun in the sky. **CAUTION:** *Do not look directly at the sun!* Record your observations in a data table similar to the one shown here.

5. Repeat step 4 five more times throughout the day. Be sure to include morning, noon, and afternoon observations.

### Observations

1. In which direction does the sun appear to move across the sky?

2. In which direction does the shadow move?

3. At what time of day is the shadow the longest? The shortest?

### Analysis and Conclusions

1. Why does the length of the shadow change during the day?

2. What actually causes the sun's apparent motion across the sky?

3. **On Your Own** How is it possible to tell time using a sundial? Turn your shadow stick into a sundial by writing the correct time of day in the appropriate places on the cardboard.

| Time of Day | Shadow Length | Direction of Shadow | Location of Sun |
|---|---|---|---|
|  |  |  |  |
|  |  |  |  |
|  |  |  |  |
|  |  |  |  |

# Investigación de laboratorio

## Observar el movimiento aparente del sol

### Problema

¿Cómo se puede precisar el movimiento aparente del sol en el cielo observando los cambios en el largo y la dirección de una sombra?

### Materiales *(para cada estudiante)*

palo de madera y base
pedazo de cartón, 25 cm x 25 cm
compás
rotulador de punta gruesa
regla métrica

### Procedimiento

1. Sujeta el palo a la base en el centro del pedazo de cartón. Traza la forma de la base en el cartón para poder ponerla en la misma posición para cada observación del sol.

2. Pon el palo y el pedazo de cartón en un suelo plano donde dé el sol.

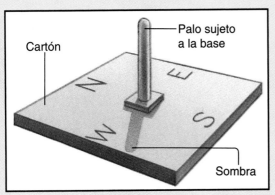

Cartón

Palo sujeto a la base

Sombra

3. Usando el compás, busca norte, sur, este y oeste. Escribe las direcciones apropiadas en los márgenes del cartón.

4. Con el rotulador, traza la sombra del palo sobre el cartón. Escribe la hora junto a la línea. Mide el largo de la sombra. Determina en qué dirección apunta la sombra. Determina la posición del sol en el cielo. **CUIDADO:** *No mires directamente al sol.* Apunta tus observaciones en una tabla de datos como la que se muestra aquí.

5. Repite el paso 4 cinco veces más durante el día. Asegura que incluyas observaciones por la mañana, el mediodía y la tarde.

### Observaciones

1. ¿En qué dirección parece moverse el sol en el cielo?

2. ¿En qué dirección se mueve la sombra?

3. ¿A qué hora del día es más larga la sombra? ¿Más corta?

### Análisis y conclusiones

1. ¿Por qué cambió el largo de la sombra durante el día?

2. ¿Qué causa en realidad el movimiento aparente del sol en el cielo?

3. **Por tu cuenta** ¿Cómo es posible decir la hora, usando un reloj de sol? Convierte tu palo sombra en un reloj de sol escribiendo la hora del día en los lugares correspondientes en el cartón.

| Hora del día | Largo de la sombra | Dirección de la sombra | Ubicación del sol |
|---|---|---|---|
|  |  |  |  |
|  |  |  |  |
|  |  |  |  |
|  |  |  |  |

# Study Guide

## Summarizing Key Concepts

### 3–1 The Earth in Space

▲ The rotation and revolution of the Earth affect both day and night and the seasons on Earth.

▲ The apparent motions of the sun and the moon in the sky are caused by the rotation of the Earth.

▲ The tilt of the Earth's axis, combined with its revolution, causes the seasons.

▲ The Earth is surrounded by a magnetic field called the magnetosphere.

### 3–2 The Earth's Moon

▲ The moon has neither water nor an atmosphere.

▲ The main features of the moon are highlands, maria, craters, and rilles.

▲ The moon revolves around the Earth in an elliptical orbit.

▲ There are three possible theories to explain how the moon was formed.

### 3–3 The Earth, the Moon, and the Sun

▲ The relative motions of the Earth, the moon, and the sun result in the phases of the moon and in eclipses.

▲ As the moon revolves around the Earth, its shape appears to change; the moon goes through all its phases in 29.5 days.

▲ There are two types of eclipses: solar eclipses and lunar eclipses.

▲ The gravitational pull of the moon on the Earth causes the tides.

### 3–4 The Space Age

▲ Artificial satellites include communications satellites, weather satellites, navigation satellites, and scientific satellites.

▲ Space stations, such as Skylab, Spacelab, *Mir,* and *Freedom,* serve as laboratories in space.

▲ Space technology spinoffs have many practical applications on Earth.

## Reviewing Key Terms

*Define each term in a complete sentence.*

### 3–1 The Earth in Space
summer solstice
winter solstice
vernal equinox
autumnal equinox
magnetosphere
Van Allen radiation belts
aurora

### 3–2 The Earth's Moon
highlands
maria
rille
perigee
apogee

### 3–3 The Earth, the Moon, and the Sun
solar eclipse
umbra
penumbra
lunar eclipse
tide
spring tide
neap tide

### 3–4 The Space Age
geosynchronous orbit

## Resumen de conceptos claves

### 3–1 La Tierra en el espacio

▲ La rotación y revolución de la Tierra afectan el día, la noche y las estaciones terrestres.

▲ Los movimientos aparentes del sol y la luna en el cielo se causan por la rotación terrestre.

▲ La inclinación del eje de la Tierra, combinado con su revolución, causan las estaciones.

▲ Un campo magnético que se llama la magnetosfera rodea la Tierra.

### 3–2 La luna

▲ La luna carece de agua y atmósfera.

▲ Los rasgos principales de la luna son montañas, mares, cráteres y surcos.

▲ La luna gira alrededor de la Tierra en una órbita elíptica.

▲ Hay tres posibles teorías para explicar la formación de la luna.

### 3–3 La Tierra, la luna y el sol

▲ Los movimientos relativos de la Tierra, la luna y el sol dan lugar a las fases lunares y a eclipses.

▲ Cuando la luna gira en órbita alrededor de la Tierra, su forma parece cambiar; la luna pasa por todas sus fases en 29.5 días.

▲ Hay dos tipos de eclipses: eclipses solares y eclipses lunares.

▲ La atracción gravitatoria de la luna sobre la Tierra causa las mareas.

### 3–4 La era espacial

▲ Los satélites artificiales incluyen los de comunicaciones, los meteorológicos de navegación y los científicos.

▲ Las estaciones espaciales, tales como *Skylab, Spacelab, Mir* y *Freedom,* sirven de laboratorios en el espacio.

▲ La tecnología espacial tiene muchas aplicaciones pragmáticas en la Tierra.

## Repaso de palabras claves

*Define cada palabra o palabras con una oración completa.*

### 3–1 La Tierra en el espacio
solsticio de verano
solsticio de invierno
equinoccio primavera
equinoccio de otoño
magnetosfera
cinturones radioactivos
  de Van Allen
aurora

### 3–2 La luna
montañas
maria
fisuras
perigeo
apogeo

### 3–3 La Tierra, la luna y el sol
eclipse solar
umbra
penumbra
eclipse lunar
marea
marea viva
marea muerta

### 3–4 La era espacial
órbita geosincrónica

# Chapter Review

## Content Review

### Multiple Choice

*Choose the letter of the answer that best completes each statement.*

1. Smooth lowland areas on the moon are
   a. maria.
   b. rilles.
   c. highlands.
   d. craters.
2. The phase of the moon that follows the waning-crescent phase is called the
   a. full moon.
   b. new moon.
   c. waxing crescent.
   d. last quarter.
3. The sun reaches its highest point in the sky on the
   a. summer solstice.
   b. winter solstice.
   c. vernal equinox.
   d. autumnal equinox.
4. Which of the following are examples of space technology spinoffs?
   a. heart pacemakers
   b. heat-absorbing gel packets
   c. blood-pressure monitors
   d. all of these
5. The magnetic field around the Earth is called the
   a. solar wind.
   b. aurora australis.
   c. magnetosphere.
   d. aurora borealis.
6. The Earth's axis is tilted at an angle of
   a. 90°.
   b. 45°.
   c. 23½°.
   d. 30°.
7. Of the following, the one that is a natural satellite of the Earth is
   a. the moon.
   b. a communications satellite.
   c. a scientific satellite.
   d. a weather satellite.
8. The first satellite launched by the United States was
   a. *IRAS.*
   b. Skylab.
   c. *Explorer 1.*
   d. *Sputnik.*
9. Every four years, an extra day is added to the month of
   a. January.
   b. February.
   c. March.
   d. December.
10. Another name for the aurora borealis is the
    a. magnetosphere.
    b. Van Allen belts.
    c. northern lights.
    d. southern lights.

### True or False

*If the statement is true, write "true." If it is false, change the underlined word or words to make the statement true.*

1. The Earth rotates in a <u>clockwise</u> direction.
2. When the Northern Hemisphere is tilted toward the sun, it is <u>summer</u> in the Southern Hemisphere.
3. The Earth's magnetic poles <u>are</u> in the same place as the geographic poles.
4. The longest day of the year occurs on the <u>winter</u> solstice.
5. The moon goes through all its phases every <u>30</u> days.
6. The outer part of a shadow is called the <u>umbra</u>.
7. Exceptionally high tides that occur during a full-moon phase are called <u>neap</u> tides.

### Concept Mapping

*Complete the following concept map for Section 3–1. Refer to pages M6–M7 to construct a concept map for the entire chapter.*

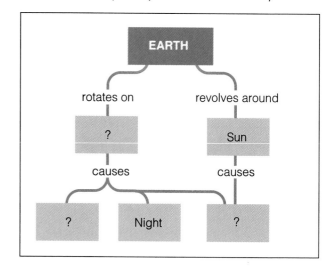

# Repaso del capítulo

## Repaso del contenido

### Selección múltiple

*Selecciona la letra de la respuesta que mejor complete cada frase.*

1. Areas bajas y lisas de la luna son
   a. maria.
   b. fisuras.
   c. montañas.
   d. cráteres.

2. La fase lunar que le sigue a la del cuarto menguante se llama
   a. luna llena.
   b. luna nueva.
   c. cuarto creciente.
   d. último cuarto.

3. El sol alcanza su punto cimero en el espacio en el
   a. solsticio de verano.
   b. solsticio de invierno.
   c. equinoccio vernal.
   d. equinoccio de otoño.

4. ¿Cuál de los siguientes es un ejemplo de los beneficios indirectos de la tecnología espacial?
   a. marcapasos.
   b. paquetes que absorben calor.
   c. monitor de la presión sanguínea.
   d. todos estos.

5. El campo magnético que rodea la Tierra se llama el/la
   a. viento solar.
   b. aurora austral.
   c. magnetosfera.
   d. aurora boreal.

6. El eje de la Tierra se inclina a un ángulo de
   a. 90°.
   b. 45°.
   c. 23 ½°.
   d. 30°.

7. De los siguientes, el que es un satélite natural de la Tierra es
   a. la luna.
   b. un satélite de comuniciaciones.
   c. un satélite científico.
   d. un satélite meteorológico.

8. El primer satélite lanzado por Estados Unidos fue
   a. *IRAS*.
   b. *Skylab*.
   c. *Explorer 1*.
   d. *Sputnik*.

9. Cada cuatro años, se añade un día al mes de
   a. enero.
   b. febrero.
   c. marzo.
   d. diciembre.

10. Otro nombre para la aurora boreal es
    a. magnetosfera.
    b. cinturones de Van Allen.
    c. luces del norte.
    d. luces del sur.

### Verdadero o falso

*Si la afirmación es verdadera, escribe "verdad." Si es falsa, cambia las palabras subrayadas para que sea verdadera.*

1. La Tierra rota en la dirección <u>de las agujas del reloj</u>.
2. Cuando el hemisferio norte se inclina hacia el sol, es <u>verano</u> en el hemisferio sur.
3. Los polos magnéticos terrestres <u>están</u> en el mismo lugar que los polos geográficos.
4. El día más largo del año ocurre en el solsticio de <u>invierno</u>.
5. La luna pasa por todas sus fases cada <u>30</u> días.
6. La parte exterior de una sombra se llama <u>umbra</u>.
7. Las mareas particularmente grandes que ocurren durante la fase de la luna llena se llaman mareas <u>muertas</u>.

### Mapa de conceptos

*Completa el siguiente mapa de conceptos para la sección 3–1. Para hacer un mapa de conceptos de todo el capítulo consulta las páginas M6–M7.*

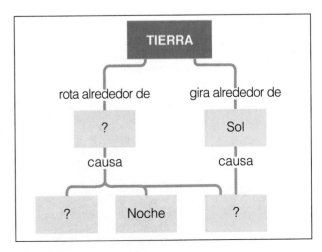

# Concept Mastery

*Discuss each of the following in a brief paragraph.*

1. Explain why one side of the moon always faces toward the Earth while the other side always faces away from the Earth.
2. Describe the functions of the various kinds of artificial satellites.
3. How is the direction of the Earth's rotation related to the apparent motion of the sun across the sky?
4. What is the difference between a solstice and an equinox?
5. Explain why there are tides on the Earth.
6. Why should you never look directly at the sun?
7. Why is an Earth year (the time it takes the Earth to complete one revolution around the sun) different from a calendar year? What is done to make up for this difference?
8. What is the difference between a solar eclipse and a lunar eclipse? When can you see a total solar eclipse? A total lunar eclipse?

# Critical Thinking and Problem Solving

*Use the skills you have developed in this chapter to answer each of the following.*

1. **Applying concepts** Lunar eclipses occur during a full moon. The moon goes through a full-moon phase every month. Yet lunar eclipses are fairly rare. Why is there not a lunar eclipse every month? *Hint:* You may want to use models to arrive at your answer.
2. **Making predictions** Describe how living conditions on the Earth might change if the Earth's axis were straight up and down instead of tilted.
3. **Interpreting diagrams** Identify each of the phases of the moon in the diagram.
4. **Identifying relationships** The moon seems to move westward across the sky. But when it is viewed against the background of stars, it appears to move eastward. Explain why this is so.
5. **Making comparisons** How is the Earth like a magnet?
6. **Using the writing process** Write a science-fiction story describing what you think life would be like on an orbiting space station or a moonbase in the twenty-first century.

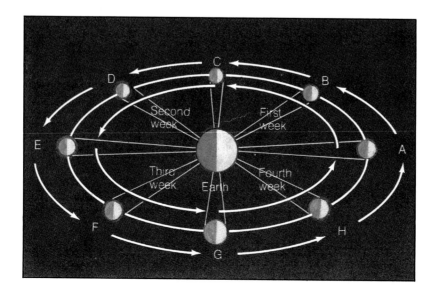

# Dominio de conceptos

*Comenta cada uno de los puntos siguientes en un párrafo breve.*

1. Explica por qué una cara de la luna siempre está de frente a la Tierra mientras que la otra siempre da a la dirección opuesta.
2. Describe las funciones de los varios tipos de satélites artificiales.
3. ¿Qué relación tiene la dirección de la rotación terrestre con el movimiento aparente del sol en el cielo?
4. ¿Cuál es la diferencia entre el solsticio y el equinoccio?
5. ¿Explica por qué hay mareas en la Tierra?
6. ¿Por qué nunca debes mirar el sol?
7. ¿Por qué es un año terrestre (el tiempo que se toma la Tierra en completar una vuelta alrededor del sol) diferente de un año del calendario? ¿Qué se hace para compensar esta diferencia?
8. ¿Cuál es la diferencia entre un eclipse solar y un eclipse lunar? ¿Cuándo puedes ver un eclipse solar total? ¿Un eclipse lunar total?

# Pensamiento crítico y solución de problemas

*Usa las destrezas que has desarrollado en este capítulo para resolver lo siguiente.*

1. **Aplicar conceptos** Los eclipses lunares ocurren durante la luna llena. La luna pasa por una fase de luna llena cada mes. Pero los eclipses lunares son bastante raros. ¿Por qué no hay un eclipse total todos los meses? *Pista:* Quizás quieras usar modelos para llegar a tu respuesta.
2. **Hacer predicciones** Describe cómo las condiciones de vida en la Tierra podrían cambiar si el eje de la Tierra estuviera derecho en vez de inclinado.
3. **Interpretar diagramas** Identifica cada fase de luna en el diagrama.
4. **Identificar relaciones** La luna parece moverse hacia el oeste en el firmamento. Pero cuando se ve con el fondo de las estrellas, parece moverse hacia el este. ¿Explica por qué es así?
5. **Hacer comparaciones** ¿Cómo se asemeja la Tierra a un imán?
6. **Usar el proceso de la escritura** Escribe un cuento de ciencia ficción describiendo tu concepto de la vida en una estación espacial en órbita o en una base lunar en el siglo veintiuno.

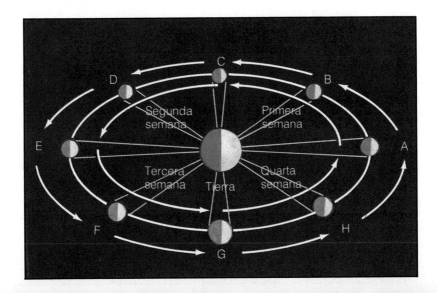

# GAZETTE

# IAN K. SHELTON DISCOVERS AN

# EXPLODING S*T*A*R

**T**he time: 170,000 years ago. Much of North America is covered by huge sheets of ice. Herds of woolly mammoths and other unusual creatures roam the land. From time to time, the ancestors of modern humans gaze up at the stars twinkling in the night sky. Although these human ancestors have no way of knowing, in a galaxy 170,000 light years away a giant star is exploding.

The time: February 24, 1987. Ian K. Shelton, a young Canadian scientist, prepares to spend another long night at the Cerro Tololo Inter-American Observatory in Chile, South America. Shelton assumes it will be another quiet night. But little does he know that light produced when that giant star exploded more than 170,000 years ago will finally reach the Earth this night!

Shelton has been studying photographs of a small galaxy called the Large Magellanic Cloud. By early morning, he is ready to call it a night. "I had decided," he recalls, "that enough was enough. It was time to go to bed." Yet before going to sleep, Shelton decided to develop one last photograph.

As he studied the last photograph, Shelton realized there was something most unusual in the picture. A bright spot could be seen. Photographs taken of the same area on previous nights had not shown this bright spot. "I was sure there was some flaw on the photograph," he recalled. But then he did something astronomers rarely do. He went outside and looked up at the area of the sky he had just photographed. And without the telescope, or even a pair of binoculars, Shelton saw the same bright spot in the Large Magellanic Cloud. He knew right away that this was something new and unusual.

Shelton could hardly believe what he was seeing. "For more than three hours," he explained later, "I tried several logical explanations. It took me a long time to actually accept that what I had just seen was a supernova."

Supernovas are the last stage in the life of certain giant stars. As the star dies it begins to contract. Then, in its last moments of life, the star explodes and sends matter and energy blasting through the universe.

During a supernova, a star reaches temperatures of billions of degrees Celsius. At those temperatures, atoms in the star fuse and new elements are produced. The light

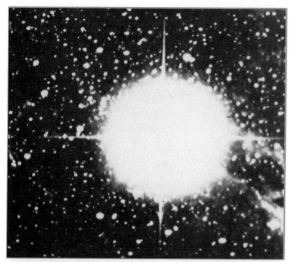

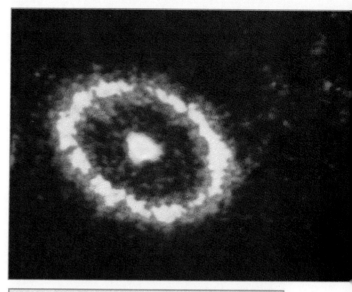

On February 24, 1987, Ian K. Shelton observed the supernova pictured top left. The bottom left photograph, taken three years before, shows the star that became Supernova 1987A. The photograph above shows a view of Supernova 1987A taken by the Hubble Space Telescope in 1990. The green ring is gas released before the star exploded and the pink blob is debris from the explosion.

produced by a supernova is brighter than the light produced by a million normal stars. It was that bright light Shelton observed in 1987, after the light had traveled 170,000 years toward Earth.

Shelton immediately sent telegrams to astronomers all over the world. Observatories in other parts of the world soon confirmed Shelton's discovery. "It's like Christmas," remarked astronomer Stan Woosley from the University of California. This was the first supernova close to the Earth that modern astronomers had ever had a chance to study. A few weeks after the discovery, the new supernova was officially named Supernova 1987A.

Why, you might wonder, is the discovery of a new supernova so important? Many as-

tronomers believe that supernovas cause the birth of new stars. So, by studying supernovas, astronomers can learn a great deal about the life cycles of stars. Also, the elements a supernova produces shower nearby areas of space. In fact, most of the elements on the Earth probably formed some 6 billion years ago during a supernova. "The calcium in our bones, the iron in hemoglobin and the oxygen we all breathe came from explosions like this one," says astronomer Woosley.

For Ian K. Shelton, the discovery of an exploding star would change his life. Shelton knows he owes some of the credit for the discovery to modern technology. "We couldn't conduct modern astronomy without these wonderful instruments," he has said. "But without the romance, most of us would never have been attracted to this wonderful science in the first place. Just look at that beautiful supernova up there. Isn't that enough to make you glad you're alive?"

# LOOKING FOR LIFE BEYOND EARTH

*Should the Search for ETs Go On?*

△ Although this extraterrestrial of movie fame is a fictional character, some scientists believe that intelligent life may exist somewhere else in the universe.

Our sun is only one of more than billions and billions of stars in the universe. Scientists believe that many of these stars have planets, more than half of which are probably larger than Earth. That makes our planet a fairly ordinary member of a very large group.

Yet we know our planet has a very special feature. It is the home of intelligent life. We are on it! Does that make Earth unique in all the universe? Are we alone, or could there be other intelligent beings among the stars?

According to Frank J. Tipler, an American physicist, "Earth is unique. We are alone. Extraterrestrial beings, living things not from Earth, do not exist." A number of biologists share Tipler's view. They say that a combination of complex conditions and circumstances—"rare accidents"—led to the evolution of intelligent life on Earth. In the opinion of these scientists, the odds are against the same events occurring anywhere else in the universe. These scientists argue further that, if we were not alone, we would

have been visited or contacted by beings from another world by now. They suggest that the absence of contact with extraterrestrials, or ETs, is strong evidence that such beings do not exist.

Many scientists, including several prominent astronomers, disagree with these arguments. They think it is quite unlikely that Earth is the only planet in the vast universe on which intelligent life might have developed. Although we cannot be sure that intelligent beings exist elsewhere in the universe, they say, we certainly cannot be sure they do not exist. In the words of American astronomer Carl Sagan, "absence of evidence is not evidence of absence."

## THE SEARCH

Professor Woodruff T. Sullivan III of the University of Washington points out that the only way to silence skeptics and be sure that extraterrestrial intelligence exists is to find direct evidence of it. Over many years, scientists in several countries have taken part in a search for extraterrestrial intelligence, or SETI. These scientists have been listening for special radio signals from space.

There has been no shortage of signals. The universe is a very noisy place in which stars, planets, and many other objects give off a broad range of radio energy waves. However, none of these signals form patterns that would indicate that they carry a message from ETs.

What makes the search even more complicated is the fact that scientists are not sure which radio wavelengths to "eavesdrop" on, nor are they sure of where to aim their antennae. In other words, the scientists do not know what "station" to tune in. Moreover, they are not even sure they would recognize an intelligent signal if they did tune in the right "station." Would such a signal have to be a regular pattern of electromag-

△ With its giant reflecting dish pointed toward the heavens, the Goldstone radio telescope searches for a message from an extraterrestrial civilization. If such a message is ever received, it would be the most monumental discovery in human history.

netic radiation, such as a series of "dots and dashes"? Or might it appear totally random to a human observer? As Professor Frank Drake of Cornell University says, the present search for ETs is like sifting for an "alien needle" in a "cosmic haystack."

The idea of using radio telescopes to search for signals from space was first proposed in 1959 by Massachusetts Institute of Technology professor Philip Morrison. Morrison realized that radio signals traveling at the

SETI pioneer Philip Morrison, along with co-author Guiseppe Cocconi, was the first scientist to suggest searching for radio signals at the wavelength of hydrogen.

speed of light—about 300,000 kilometers per second—were the only practical way for alien civilizations to communicate with Earth. The problem now was to narrow down the range of radio frequencies to search. Morrison quickly realized that hydrogen, which is the most abundant element in the universe, radiates energy at a frequency of 1420 megahertz. He decided that this was the "magic frequency" at which to search for signals from space. "I was convinced," Morrison explains, "that an advanced extraterrestrial civilization, one smart enough to communicate across the galaxies with radio technology, would certainly also have detected . . . the hydrogen signal."

## WHY SEARCH?

There are many different motives behind the search for ETs. Many people believe that it would be comforting to know that we are not alone in the universe. We would come to see the whole universe as, in some sense, our home. At the same time, we would recognize that we must live cooperatively and not as though we humans were in charge of the universe.

Some people also believe that highly developed alien civilizations could teach us a great deal about technology. Enlightened aliens might provide new energy sources, advanced medical cures, and even the ability to travel to the stars. Perhaps they could also help us in dealing with problems of communication among humans.

Even if we do not succeed in contacting ETs, the effort devoted to the search could still produce positive technological and social results. For example, it could lead to new developments in radio astronomy. In particular, it could increase our knowledge of the sources of the many different types of radio signals streaming in from space.

Much of the opposition to the search for extraterrestrials comes from people who either are convinced that intelligent life exists only on Earth or feel that extraterrestrial beings can never be contacted from Earth. These people strongly object to spending money on SETI programs.

However, as part of a National Aeronautics and Space Administration (NASA) program, three giant radio antennae normally used to communicate with spacecraft are being used to listen for radio signals from space. The antennae are located at Goldstone, California; Madrid, Spain; and Tidbinbilla, Australia. Connected to the telescopes will be a radio receiver that can scan at least 10 million radio channels at the same time!

The scientists involved in the SETI programs don't expect any easy discoveries. They foresee technical problems, increased skepticism, disappointments, and budget battles ahead. However, these setbacks and problems are not likely to curb the basic human curiosity that prompts the question, Are we alone? As long as some people think there is a possibility that we are not alone and there is a chance, no matter how remote, that we can contact another civilization, the search will probably go on.

# VOYAGE TO THE
# RED PLANET
## ESTABLISHING THE FIRST COLONY ON MARS

T hirty-three days from Earth, the explorers aboard the *Martian Mayflower* are showing signs of space fatigue. Some are angry and hostile much of the time. Others are depressed and withdrawn. Almost everyone suffers occasional headaches and nausea. Weightlessness, crowded living conditions, and lack of privacy have made the space voyagers tense and weary.

The voyagers wonder silently whether they will be able to endure another month cooped up in the spacecraft. However, they know they have no choice. The *Martian Mayflower* has passed the point of no return. It is more than halfway to planet Mars.

## TO CREATE A DISTANT COLONY

Sixty days from Earth, the surface of Mars looms ahead. The mood of the space voyagers is changing. They are excited by the thought of stepping onto a new world and creating the first human settlement beyond Earth.

Mars is not a totally unknown world to the people of the *Martian Mayflower*, however. Some years earlier, three astronauts explored an area of the Martian surface. When they returned to Earth, the astronauts brought back samples of Martian rock and atmosphere. Careful study of these samples convinced scientists that people could settle on Mars.

In addition to the three human astronauts, hundreds of robot instruments, including

△ **At speeds topping 35,000 kilometers per hour, the spaceship finally approaches Mars. Feelings of boredom and weariness are forgotten, quickly replaced by a sense of awe.**

△ Colonists search for ice in a huge Martian canyon more than ten times as long as the Grand Canyon on Earth.

some robot vehicles, have been sent to Mars to prepare for the *Martian Mayflower* expedition. Several of these robots were activated on landing. They are broadcasting essential information, such as reports on Martian weather and surface conditions, to the approaching space voyagers. Other robots wait silently on Mars. Instruments and supplies on these robots may mean the difference between life and death for the settlers during the long Martian year, which lasts 669 days.

## TOUCHDOWN

The landing site selected for the *Martian Mayflower* is on a plateau above a deep canyon. The plateau is relatively level and smooth with few large boulders. It seems to be ideal for the spaceship touchdown. Moreover, instruments aboard previous spacecraft have detected signs of underground ice, a possible source of drinking water.

The location of the canyon was also an important factor in picking the landing site. Fierce winds and dust storms frequently sweep across the surface of Mars. A deep canyon seemed the best place to shelter the expedition's living quarters and scientific

labs from the harsh Martian weather.

As the spaceship orbits Mars, robot instruments on the Martian surface are measuring wind velocity, temperature, and atmospheric pressure. This information is transmitted to the spaceship's master computer. The computer then determines the best path to the landing site and the safest speed for the descent to the surface.

At last, the calculations are complete. The spaceship angles into position. On computer command, maneuvering rockets fire to slow the spaceship and send it plunging into the thin Martian atmosphere. Close to the surface, the maneuvering rockets fire again to correct the spaceship's path of descent and position it over the landing site. Special parachutes open to ease the spaceship onto the Martian plateau. The landing is soft and smooth. The ship is undamaged and will be able to return the colonists to Earth when their work is finished.

## DIGGING IN

Shortly after touchdown, the voyagers give their protective spacesuits one last check. Finally, groups of explorers are ready to leave the ship and set foot on the dusty Martian surface. Each group has an appointed task.

The first group sets out to find a Mars rover vehicle. The position of the robot vehicle, which had landed a few months earlier, was pinpointed just before the spaceship landed. At that time, the robot vehicle seemed close to the landing site. But as the spacesuited voyagers struggle over the rocky Martian surface, the robot vehicle seems far away. The surrounding area reminds the voyagers of the dry valley in Antarctica where they trained. However, there are differences.

On Mars, dust particles give the atmosphere a rusty tinge. Occasionally the voyagers stumble into kneehigh dust drifts. Hours pass before the weary voyagers finally reach the robot vehicle.

Meanwhile, back near the landing site, several groups search for subsurface deposits of ice. At the spaceship, the remaining voyagers struggle to build a solar power station and temporary living quarters. Since gravity on Mars is one-third that on Earth, the voyagers find that they can lift and move relatively large loads. So within a short period of time, they are able to set up a power station, a life-support system, and living quarters around the spaceship.

Giant mirrors in orbit around Mars collect solar energy and beam it to the power station in the form of microwaves. In the station, the microwaves are converted into electricity, which is used in the life-support system to concentrate Martian atmospheric gases. Carbon dioxide is liquefied and removed. The result is a breathable mixture of nitrogen, argon, and oxygen with traces of water vapor.

If it is absolutely necessary, the colonists can survive by condensing this water vapor into liquid water. But it will not be necessary. Two of the groups searching for ice report success. Large deposits of subsurface frozen water and carbon dioxide have been located near the landing site. These deposits can be mined and processed to provide water, oxygen, hydrogen, and plant nutrients.

Late in the Martian day, the colonists get more good news. The first group of explorers rolls into camp aboard a functioning Mars rover.

## THE COLONY SUCCEEDS

As the days pass, the Mars rover is used to collect materials and instruments from other robot craft. From these materials, the voyagers construct permanent quarters. In time, the voyagers will create a large area where they can work, study, relax, and exercise without their cumbersome spacesuits.

As the colonists learn to use the various resources of Mars for their own benefit and that of future colonists, they also gain enormous knowledge of the Red Planet. But most of all, they know that humans can survive, and even thrive, far beyond Earth's protective atmosphere.

7 The first human settlement beyond the Earth provides voyagers the opportunities to work, study, relax, and exercise.

l tiempo: hace 170,000 años. Gran parte de Norte América está cubierta de enormes capas de hielo. Manadas de mamuts lanosos y de otras bestias raras recorren la tierra. De vez en cuando, los antepasados de los humanos modernos contemplan las estrellas titilantes en el firmamento. Aunque estos seres ancestrales no pueden saberlo, acaba de estallar un astro gigante en una galaxia a 170,000 años luz de la Tierra.

El tiempo: 24 de febrero de 1987. Ian K. Shelton, un joven científico canadiense, se prepara para pasar otra larga noche en el Observatorio Interamericano de Cerro Tololo en Chile, América del Sur. Shelton se imagina que será otra noche sin novedad. ¡No tiene idea de que la luz que brotó de una estrella gigante al explotar hace 170,000 años por fin llegará a la Tierra esta noche!

Shelton ha estado estudiando las fotografías de un galaxia pequeña que se llama la Gran Nube de Magallanes. Ya entrada la mañana, está listo para irse a casa. Él recuerda : —Yo había decidido que ya estaba bien. Era hora de acostarme.— Pero antes de acostarse, Shelton decidió revelar una fotografía más.

Mientras estudiaba la fotografía, se dió cuenta de que había algo muy raro en ella. Se veía un punto brillante. Las fotografías que se habían tomado de esa región antes no tenían este punto brillante. —Estaba convencido de que había algún problema con la fotografía—, recuerda Shelton. Pero entonces hizo algo que los astrónomos muy pocas veces hacen. Salió afuera y miró la parte del cielo de la fotografía. Y sin telescopio, ni siquiera binoculares, Shelton vio el mismo punto luminoso en la Gran Nube de Magallanes. Inmediatamente supo que esto era algo nuevo e insólito.

Shelton a penas podia creer lo que veía. Relató luego: —Me pasé más de tres horas buscando una explicación lógica. Me tomó

# IAN K. SHELTON DESCUBRE UNA

# E*S*T*R*E*L*L*A QUE EXPLOTA

mucho tiempo para aceptar de verdad que lo que acababa de presenciar era una supernova.

La supernova representa la última etapa en la vida de ciertas estrellas gigantes. Al ir apagándose, se contraen. Luego, en los momentos finales de su vida, explotan. Lanzan materia y energía volando por el universo.

Durante la supernova, la estrella alcanza temperaturas de miles de millones de grados celsius. A tales temperaturas, los átomos de la estrella se fusionan para formar nuevos elementos. La luz de una supernova es más luminosa que la luz de un millón de estrellas corrientes juntas.

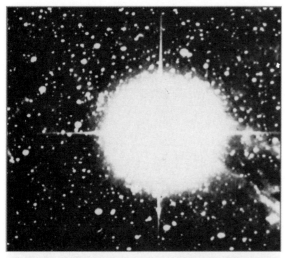

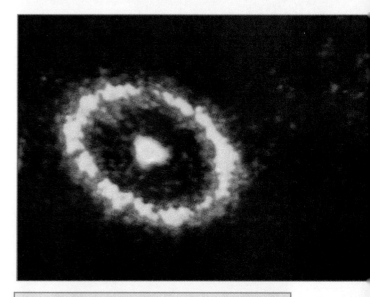

Fue esa luz brillante, al final de un viaje de 170,000 años hacia la Tierra, que Shelton observó en 1987.

Shelton inmediatamente envió telegramas a astrónomos de todas partes. Los observatorios en otros lugares del mundo pronto confirmaron el descubrimiento de Shelton. —Como si fuera Navidades— comentó el astrónomo Stan Woosley de la Universidad de California. Era la primera supernova próxima a la Tierra que los astrónomos modernos habían podido estudiar. Varias semanas después del descubrimiento, se nombró oficialmente Supernova 1987A.

Te preguntarás, ¿qué importancia tiene el descubrimiento de una supernova? Muchos astrónomos creen que de las supernovas nacen nuevas estrellas, y al estudiarlas, aprenden sobre el ciclo de vida de los astros.

Además, los elementos que produce una supernova se esparcen por el espacio circundante. La mayor parte de los elementos en la Tierra probablemente se formaron hace 6 mil millones de años durante una supernova. —El calcio de nuestros huesos, el hierro en la hemoglobina y el oxígeno que todos respiramos vinieron de explosiones como ésta— dice Woosley.

El descubrimiento de un astro que explota le cambiaría la vida a Ian K. Shelton. Él reconoce que en parte se lo debe a la tecnología moderna. —No podríamos practicar la astronomía moderna sin estos magníficos instrumentos. Pero sin el romance, la mayoría de nosotros jamás nos hubiéramos interesado en primera instancia en esta ciencia maravillosa. Mira esa hermosa supernova allá arriba. ¿No basta como para sentirse uno feliz de estar vivo?

# EN BUSCA DE LA VIDA MÁS ALLÁ DE LA TIERRA

## ¿Debe seguir buscándose extraterrestres?

Aunque este extraterrestre de fama cinematográfica es ficticio, algunos científicos creen que seres inteligentes puede existir en alguna otra parte del universo.

Nuestro sol es sólo uno de miles de billones de astros en el universo. Los científicos creen que muchos de ellos tienen planetas, de los cuales más de la mitad, se supone, serán más grandes que la Tierra. Eso significa que la Tierra es un miembro bastante ordinario de un grupo bastante numeroso.

Pero sabemos que nuestro planeta tiene un rasgo muy especial. Es el hogar de seres inteligentes. ¡Aquí estamos! ¿Hace este hecho que la Tierra sea un mundo único en todo el universo? ¿Estamos solos, o habrá otros seres inteligentes entre las estrellas?

Según Frank J. Tipler, un físico norteamericano —La Tierra es única. Estamos solos. Seres extraterrestres, cosas vivientes fuera de la Tierra, no existen.— Hay biólogos de acuerdo con Tipler. Dicen que una combinación de condiciones y circunstancias complejas, "accidentes raros", condujeron a la evolución de la vida inteligente en la Tierra. En su opinión, hay pocas probabilidades de que se repitan los mismos eventos en otro punto del universo. Además, afirman que de no ser los únicos, ya nos hubieran visitado, o se hubieran

comunicado con nosotros, esos seres de otros mundos. Sugieren que la falta de contacto con extraterrestres, o ETs, es prueba convincente de que no existen.

Muchos científicos, incluyendo algunos de prominencia, no están de acuerdo con estos argumentos. Piensan que es muy poco probable que la Tierra sea el único planeta del vasto universo en que se pudo desarrollar la vida inteligente. Aunque no podemos estar seguros de que haya seres inteligentes en otras partes del universo, es imposible estar seguro de que no existen. Como dice el astrónomo americano Carl Sagan, "la falta de evidencia no es evidencia de que faltan."

## LA BÚSQUEDA

El Profesor Woodruff T. Sullivan III de la Universidad de Washington señala que la única forma de acallar a los dudosos y estar seguro de que existen extraterrestres es encontrar pruebas directas. A través de muchos años, científicos de varios países han participado en una búsqueda de la inteligencia extraterrestre, o SETI (en inglés). Estos científicos han estado escuchando el espacio por señales de radio especiales.

Y señales no han faltado. El universo es un lugar muy ruidoso. Estrellas, planetas y muchos otros objetos emiten toda clase de ondas de radio. Sin embargo, ninguna de estas señales forman un patrón indicando que traen un mensaje de ETs.

Lo que dificulta la búsqueda aun más es el hecho de que los científicos no están seguros de qué longitudes de onda de radio escuchar, ni de hacia dónde deben apuntar sus antenas. Dicho de otra forma, los científicos no saben cuál "estación" sintonizar. Además, no están seguros ni de que reconocerían una señal inteligente si acaso dan con la "estación" correcta. ¿Tendría que ser tal señal un patrón regular de radiación electromagnética, por ejemplo una serie de "puntos y rayas"? ¿O a un observador humano le parecería ser algo

Con su plato reflector enorme apuntado hacia los cielos, el radiotelescopio Goldstone busca mensajes de una civilización extraterrestre. Si se llegara a recibir tal mensaje, sería el mayor descubrimiento de la historia humana.

totalmente sin orden? Como dice el Profesor Frank Drake de la Universidad de Cornell, es como buscar "una aguja extraterrestre" en un "pajar cósmico".

La idea de usar radiotelescopios para buscar señales del espacio fué propuesta por primera vez en 1959 por el Profesor Philip Morrison del Massachusetts Institute of Technology. Morrison se dio cuenta de que las señales de radio que viajan a la velocidad de la luz—unos

△ **Philip Morrison, pionero de la búsqueda de la inteligencia extraterrestre, o SETI, quien con co-autor Guiseppe Cocconi, fue el primer científico que sugirió que se buscara señales de radio de la misma longitud de onda que la del hidrógeno.**

300,000 kilómetros por segundo—serían la única forma práctica para que una civilización extraterrestre se comunicara con la Tierra.

El problema, entonces, era reducir la gama de radiofrecuencias que escuchar. Morrison se dio cuenta en seguida de que el hidrógeno, que es el elemento más común del universo, emite energía a una frecuencia de 1420 megahertzios. Decidió que ésta era la "frecuencia mágica" que se debía escuchar para señales del espacio. —Estaba convencido— explica Morrison —de que una civilización avanzada extraterrestre, lo suficientemente inteligente como para comunicarse a través de las galaxias con tecnología de radio, seguramente habría detectado la señal del hidrógeno.

## ¿POR QUÉ BUSCAR?

Hay muchas razones que justifican la búsqueda de ETs. Mucha gente cree que sería reconfortante saber que no estamos solos en el universo. En cierto sentido, pasaríamos a ver el universo como nuestro hogar. Al mismo tiempo, reconoceríamos que tenemos que vivir cooperativamente y no como si los humanos estuviéramos a cargo del universo entero.

Alguna gente también cree que una civilización extraterrestre altamente desarrollada nos podría enseñar muchísimo de la tecnología. Extraterrestres ilustrados podrían enseñarnos nuevas fuentes de energía, remedios médicos avanzados y hasta la capacidad de viajar a las estrellas. Quizás podrían también ayudarnos con problemas de comunicación entre los seres humanos.

Aún si no logramos comunicarnos con ETs, el esfuerzo que dedicamos a su búsqueda puede rendirnos beneficios tecnológicos y sociales positivos. Por ejemplo, podrá conducir a nuevos desarrollos en la radioastronomía. En particular podría aumentar nuestro conocimiento de las fuentes de los muchos tipos diferentes de señales de radio que fluyen desde el espacio.

Gran parte de la oposición a la búsqueda de extraterrestres viene de gente que cree que la vida inteligente sólo existe en la Tierra o que nunca podríamos ponernos en contacto con seres extraterrestres. Se oponen firmemente a gastar dinero en programas de SETI.

Sin embargo, un programa del *National Aeronautics and Space Administration* (NASA) incluye tres enormes antenas de radio, normalmente para naves espaciales, que están a la escucha de señales de radio del espacio. Las antenas están en Goldstone, California, Madrid, España y Tidbinbilla, Australia. ¡Y se conectará un radioreceptor a los telescopios que puede explorar más de 10 millones de canales de radio a la vez!

Los científicos asociados con el programa SETI no esperan descubrimientos fáciles. Anticipan problemas técnicos, mayor escepticismo, desilusiones y luchas por el presupuesto. Pero los fracasos y problemas no podrán reprimir la curiosidad humana básica que provoca la pregunta, "¿Estamos solos?" Mientras haya gente que crea que hay una posibilidad de que no estamos solos y que hay una oportunidad, por más remota que sea, de poder comunicarnos con otra civilización, es probable que la búsqueda continue.

# VIAJE AL
# PLANETA ROJO

## ESTABLECER LA PRIMERA COLONIA EN MARTE

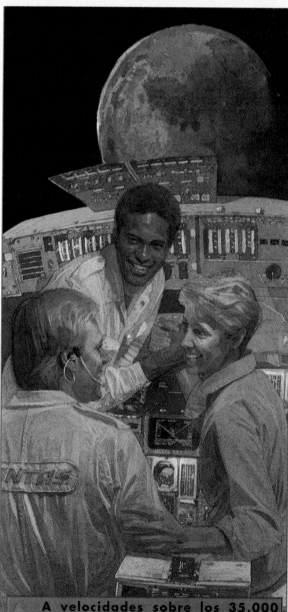

A velocidades sobre los 35,000 kilómetros por hora, la nave espacial por fin se acerca a Marte. Se olvidan el aburrimiento y el hastío que pronto ceden el paso a la sensación del asombro.

**A** los treintitrés días de partir, los exploradores a bordo del *Martian Mayflower* dan señales de fatiga espacial. Algunos se pasan el tiempo enojados y hostiles. Otros se deprimen y aíslan. Casi todo el mundo sufre de vez en cuando de dolores de cabeza y náuseas. La ingravidez, la falta de espacio y privacidad han puesto a los viajeros del espacio tensos y hastiados.

Los viajeros se preguntan en silencio si podrán aguantar otro mes apiñados en la nave espacial. Sin embargo, saben que no hay alternativas. El *Martian Mayflower* ya ha sobrepasado el punto de no retorno. Está a más de mitad del camino a Marte.

## A CREAR UNA COLONIA DISTANTE

Apartados ya sesenta días de la Tierra, la superficie de Marte surge adelante. El humor de los pasajeros del espacio está cambiando. La idea de pisar un nuevo mundo y levantar la primera colonia humana fuera de la Tierra los emociona.

Sin embargo Marte no es un planeta totalmente desconocido para la gente del *Martian Mayflower*. Hace unos años, tres astronautas exploraron un área de la superficie marciana. Cuando regresaron a la Tierra, traían muestras de rocas y de la atmósfera marciana. El estudio cuidadoso de estas muestras convenció a los científicos de que seres humanos podrían vivir en Marte.

Aparte de los tres astronautas humanos, cientos de instrumentos autómatas, incluyendo

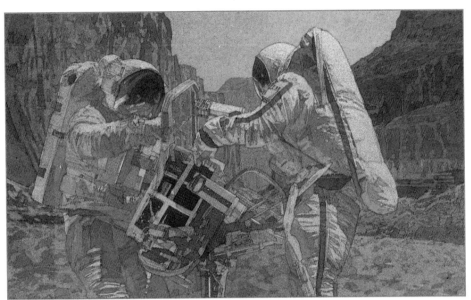

▲ **Los colonizadores buscan hielo en un cañón marciano enorme, más de diez veces el largo del Gran Cañón en la Tierra.**

algunos vehículos robóticos, se han mandado a Marte para preparar el terreno para la expedición del *Martian Mayflower*. Varios de estos robots se activaron al aterrizar. Están emitiéndo información esencial, tales como informes sobre el tiempo marciano y las condiciones de la superficie. Otros robots esperan quietos en Marte. Los instrumentos y provisiones que cargan pueden significar para los colonizadores la diferencia entre la vida y la muerte durante el largo año marciano de 669 días.

## ATERRIZAJE

El área de aterrizaje escogida para el *Martian Mayflower* es una meseta sobre un cañón hondo. La meseta está bastante nivelada y plana, con pocas rocas grandes. Parece ideal para el aterrizaje. Además, los instrumentos de naves espaciales anteriores detectaron señales de hielo subterráneo, una posible fuente de agua potable.

El lugar del cañón era otro factor importante al escoger el área de aterrizaje. Vientos feroces y tormentas de polvo se extienden con frecuencia por la superficie marciana. Un cañón profundo parecía el mejor lugar para proteger el alojamiento y los

laboratorios científicos de la expedición del severo tiempo marciano.

Mientras la nave orbita alrededor de Marte, los instrumentos autómatas en la superficie miden velocidad del viento, temperatura y presión atmosférica. Se transmiten estos datos a la computadora principal de la nave. La computadora entonces decide cuál es la mejor ruta hacia el área de aterrizaje y la velocidad más segura a que descender a la superficie.

Por fin, los cálculos están listos. La nave se pone en posición. Al mando de la computadora, se disparan unos cohetes de maniobrar que disminuyen su velocidad y la hacen caer por la enrarecida atmósfera de Marte. Más cerca de la superficie, vuelven a dispararse, corrigiendo el curso del descenso y poniendo la nave en posición sobre el área de aterrizaje. Se abren paracaídas especiales que templan el descenso de la nave hasta la meseta marciana. El aterrizaje es suave y tranquilo. La nave, intacta, podrá llevar a los colonizadores de vuelta a la Tierra cuando hayan cumplido con su trabajo.

## A ESTABLECERSE

Poco después de aterrizar, los viajeros vuelven a revisar sus trajes espaciales protectores. Por fin, están listos los grupos de exploradores para abandonar la nave y pisar el suelo polvoriento de Marte. Cada grupo tiene asignado una tarea.

El primer grupo sale a buscar un vehículo *rover* marciano. La posición del vehículo autómata, que llegó hace varios meses, se detectó justo antes de aterrizar la nave. En aquel momento el vehículo parecía estar cerca. Pero mientras los viajeros luchan para desplazarse por la rocosa superficie marciana, el vehículo parece muy distante. El área circundante les recuerda al valle seco en Antártida donde se entrenaron. Sin embargo, hay diferencias. En

# CIENCIA, TECNOLOGÍA Y SOCIEDAD

Marte, hay partículas de polvo que le dan a la atmósfera un matiz rojizo. A veces los viajeros se tropiezan con montones de polvo que llegan hasta las rodillas. Pasan horas antes de llegar, ya cansados, al vehículo autómata.

Mientras tanto, por el área de aterrizaje, varios grupos buscan depósitos subterráneos de hielo. En la nave, otros se esfuerzan para construir una planta de energía solar y alojamiento temporario. Como la gravedad marciana es una tercera parte la de la Tierra, los viajeros descubren que pueden levantar y mover cargas bastantes grandes. Al poco tiempo logran montar la planta de energía, el sistema de respiración artificial y el alojamiento.

Espejos inmensos en órbita alrededor de Marte recojen energía solar y la proyectan sobre la planta de energía en forma de microondas. En la planta, las microondas se convierten en electricidad, que se usa en el sistema de respiración artificial para concentrar gases atmosféricos marcianos. El dióxido de carbono es licuado y removido, dejando una mezcla respirable de nitrógeno, argón y oxígeno con un rastro de vapor de agua.

Si no hay más remedio, los viajeros podrían sobrevivir condensando el vapor de agua en agua líquida. Pero no hará falta. Dos grupos informan que encontraron hielo. Hay grandes depósitos subterráneos de agua congelada y dióxido de carbono cerca del área de aterrizaje. Se podrán explotar estos depósitos y procesarlos para obtener agua, oxígeno, hidrógeno y nutrientes de plantas.

Ya tarde en el día marciano, los colonizadores reciben otras buenas noticias. El primer grupo de exploradores llega al campamento montados en un *rover* marciano.

## ÉXITO PARA LA COLONIA

Al pasar los días, se usa el *rover* para recoger materiales e instrumentos de otros vehículos autómatas. Con ello, los viajeros construyen alojamiento permanente. Podrán crear un área amplia para trabajar, estudiar, relajarse y hacer ejercicios sin sus incómodos trajes espaciales.

A la vez que aprenden a explotar los recursos de Marte en beneficio propio y de futuros colonizadores, adquieren muchísimo conocimiento del Planeta Rojo. Sobre todo, ahora saben que los seres humanos pueden sobrevivir, y aun prosperar, mucho más allá de la atmósfera protectora de la Tierra.

▼ La primera colonia más allá de la Tierra les da a los viajeros la oportunidad de trabajar, estudiar, relajarse y ejercitarse.

GACETA ■ 143

# For Further Reading

If you have been intrigued by the concepts examined in this textbook, you may also be interested in the ways fellow thinkers—novelists, poets, essayists, as well as scientists—have imaginatively explored the same ideas.

## Chapter 1: Stars and Galaxies

Anker, Charlotte. *Last Night I Saw Andromeda*. New York: Henry Z. Walck.

Clarke, Arthur C. *2001: A Space Odyssey*. New York: New American Library.

Engdahl, Sylvia. *This Star Shall Abide*. New York: Atheneum.

Ride, Sally, with Susan Okie. *To Space and Back*. New York: Lothrop, Lee & Shepard.

## Chapter 2: The Solar System

Cameron, Eleanor. *The Wonderful Flight to the Mushroom Planet*. Boston: Little Brown and Co.

Gallant, Roy A. *The Constellations: How They Came to Be*. New York: Four Winds.

Harris, Alan, and Paul Weissman. *The Great Voyager Adventure: A Guided Tour Through the Solar System*. Englewood Cliffs, NJ: Julian Messner.

Jones, Diana Wynne. *Dogsbody*. New York: Greenwillow.

## Chapter 3: Earth and Its Moon

Del Rey, Lester. *Prisoners of Space*. Philadelphia: Westminster Press.

Heinlein, Robert A. *Rocket Ship Galileo*. New York: Charles Scribner's Sons.

Lawrence, Louise. *Moonwind*. New York: Harper & Row.

Verne, Jules. *Journey to the Center of the Earth*. New York: New American Library.

# Otras lecturas

Si los conceptos que has visto en este libro te han intrigado, puede interesarte ver cómo otros pensadores—novelistas, poetas, ensayistas y también científicos—han explorado con su imaginación las mismas ideas.

## Capítulo 1: Estrellas y galaxias

Anker, Charlotte. *Last Night I Saw Andromeda.* New York: Henry Z. Walck.

Clarke, Arthur C. *2001: A Space Odyssey.* New York: New American Library.

Engdahl, Sylvia. *This Star Shall Abide.* New York: Atheneum.

Ride, Sally, with Susan Okie. *To Space and Back.* New York: Lothrop, Lee & Shepard.

## Capítulo 2: El sistema solar

Cameron, Eleanor. *The Wonderful Flight to the Mushroom Planet.* Boston: Little Brown and Co.

Gallant, Roy A. *The Constellations: How They Came to Be.* New York: Four Winds.

Harris, Alan, and Paul Weissman. *The Great Voyager Adventure: A Guided Tour Through the Solar System.* Englewood Cliffs, NJ: Julian Messner.

Jones, Diana Wynne. *Dogsbody.* New York: Greenwillow.

## Capítulo 3: La Tierra y su luna

Del Rey, Lester. *Prisoners of Space.* Philadelphia: Westminster Press.

Heinlein, Robert A. *Rocket Ship Galileo.* New York: Charles Scribner's Sons.

Lawrence, Louise *Moonwind.* New York: Harper & Row.

Verne, Jules. *Journey to the Center of the Earth.* New York: New American Library.

# Activity Bank

Welcome to the Activity Bank! This is an exciting and enjoyable part of your science textbook. By using the Activity Bank you will have the chance to make a variety of interesting and different observations about science. The best thing about the Activity Bank is that you and your classmates will become the detectives, and as with any investigation you will have to sort through information to find the truth. There will be many twists and turns along the way, some surprises and disappointments too. So always remember to keep an open mind, ask lots of questions, and have fun learning about science.

# Pozo de actividades

¡Bienvenido al pozo de actividades! Ésta es la parte más excitante y agradable de tu libro de ciencias. Usando el pozo de actividades tendrás la oportunidad de hacer observaciones interesantes sobre ciencias. Lo mejor del pozo de actividades es que tú y tus compañeros actuarán como detectives, y, como en toda investigación, deberás buscar a través de la información para encontrar la verdad. Habrá muchos tropiezos, sorpresas y decepciones a lo largo del proceso. Por eso, recuerda mantener la mente abierta, haz muchas preguntas y diviértete aprendiendo sobre ciencias.

# ALL THE COLORS OF THE RAINBOW

Stars come in many different colors—from blue stars, to yellow stars such as the sun, all the way to red stars at the opposite end of the spectrum. The visible light emitted by stars is also made up of different colors. To study starlight, astronomers use a spectroscope. A spectroscope breaks up light into its characteristic colors. In this activity you will build a simple spectroscope.

## Materials

shoe box
scissors
cardboard
tape
diffraction grating
black construction paper
uncoated light bulb

## Procedure

1. Carefully cut two small, square holes in opposite ends of a shoe box.

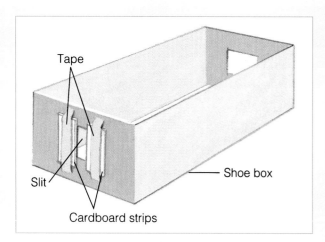

2. Tape two small pieces of cardboard on either side of one hole to make a narrow slit.

3. Tape a piece of diffraction grating over the other hole. **Note:** *Before you tape the diffraction grating in place, hold it up in front of a light. Turn the diffraction grating so that the light spreads out into a horizontal spectrum.*

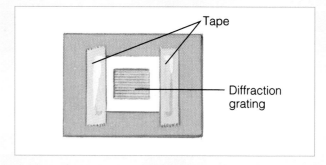

4. Cover the inside of the shoe box, except for the two holes, with black construction paper. Then tape the shoe box closed.

5. Hold your spectroscope so that the slit is parallel to the bright filament of an uncoated light bulb. Look at the light and describe what you see. **CAUTION:** *Do not point your spectroscope at the sun. Never look directly at the sun.*

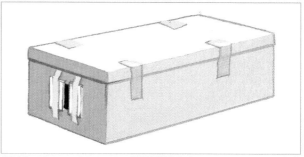

## Going Further

If a fluorescent light bulb or a neon light is available, look at it through your spectroscope and describe its spectrum.

## TODOS LOS COLORES DEL ARCO IRIS

Hay estrellas de todos los colores—desde estrellas azules a estrellas amarillas, tales como el sol, y hasta estrellas rojas, al otro extremo del espectro. La luz visible de las estrellas también se compone de colores diferentes. Para estudiar la luz estelar, los astrónomos usan un espectroscopio. El espectroscopio separa la luz en sus diferentes colores. En esta actividad construirás un espectroscopio sencillo.

### Materiales

caja de zapatos
tijeras
cartón
cinta
retículo de difracción
cartulina
bombilla no forrada

### Procedimiento

1. Recorta con cuidado dos pequeños agujeros cuadrados a los lados extremos de la caja de zapatos.

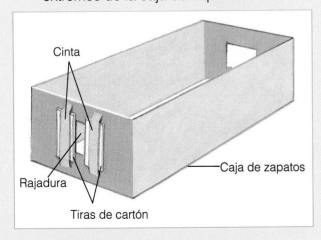

2. Pega dos tiras de cartón a ambos lados de un agujero para formar una rajadura estrecha.

3. Pega un pedazo de retículo de difracción sobre el otro agujero. **Nota:** *Antes de pegar el retículo de difracción, acércalo a la luz. Muévelo hasta que la luz se difunda en un espectro horizontal.*

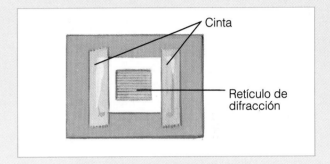

4. Cubre el interior de la caja, salvo los dos agujeros, con cartulina negra. Luego sella la caja con cinta.

5. Toma tu espectroscopio de tal forma que la rajadura esté paralela con el filamento brillante de una bombilla no forrada. Observa la luz y describe lo que ves. **CUIDADO:** *No lo acerques al sol. Nunca mires directamente hacia el sol.*

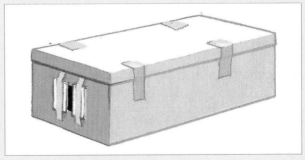

### Investigar más

Si hay una bombilla fluorescente o una lámpara de neón disponible, obsérvala por tu espectroscopio y describe su espectro.

Gravity is the force of attraction between all objects in the universe. The more mass an object has, the stronger its gravitational attraction. The Earth has the largest mass of any nearby object, so we are always aware of the Earth's gravity. On Earth, gravity keeps our feet firmly on the ground! Gravity also causes falling bodies to accelerate, or change their velocity, as they fall toward the Earth's surface. The acceleration caused by the Earth's gravity is equal to 1 *g*. In this activity you will measure the value of *g* in meters per second per second (m/sec$^2$).

## Materials

string
metric ruler
eraser
ring stand
clock or watch with second hand

## Procedure

1. Tie an eraser to a piece of string about 50 cm long.

2. Make a pendulum by tying the free end of the string to the arm of a ring stand. Record the length of the string, in meters, in a data table similar to the one shown.

3. Pull the eraser to one side and release it. Count the number of complete swings the eraser makes in 60 sec. Record this number in your data table.

4. Use the following equation to find the period ($T$) of the pendulum: $T = 60$ sec/number of swings. Record the period, in seconds, in your data table.

5. Repeat steps 3 and 4 three more times. Find the average period of the pendulum.

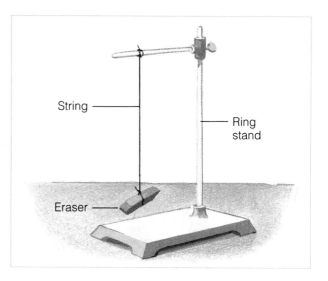

String

Ring stand

Eraser

6. Calculate the gravitational acceleration $g$ using the following formula:
$$g = 4\pi^2 L/T^2$$
In this formula, $\pi = 3.14$, $L$ is the length of the pendulum in meters, and $T$ is the average period of the pendulum in seconds. What value did you find for $g$?

## DATA TABLE

| Trial | Length (m) | Time (sec) | Number of Swings | Period (sec) |
|-------|-----------|-----------|-----------------|-------------|
| 1 | | 60 | | |
| 2 | | 60 | | |
| 3 | | 60 | | |
| 4 | | 60 | | |

## Think for Yourself

You may have heard astronauts refer to the "gee forces" they experienced during lift-off. What do you think they were referring to?

## COLUMPIA A TU COMPAÑERO

La gravedad es la fuerza de atracción entre todos los objetos del universo. Mientras más masa tiene un objeto, mayor es su atracción gravitacional. Entre todos los objetos cercanos, la Tierra tiene la masa mayor y por consiguiente estamos muy conscientes de su gravedad. ¡Aquí la gravedad nos mantiene los pies sobre la tierra! También causa la aceleración de la caída libre de un objeto, o su cambio de velocidad al caer hacia la superficie terrestre. Esta aceleración debida a la gravedad terrestre equivale a 1 $g$. En esta actividad, medirás el valor de $g$ en metros por segundo por segundo (m/segundo$^2$).

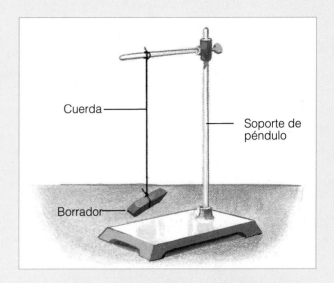

### Materiales

cuerda
regla métrica
borrador
soporte de péndulo
reloj con segundero

### Procedimiento

1. Ata un borrador a una cuerda de unos 50 cm.

2. Haz un péndulo atando el cabo libre de la cuerda al soporte. Apunta el largo de la cuerda, en metros, en una tabla de datos semejante a la que se muestra.

3. Tira del borrador hacia un lado y suéltalo. Cuenta cuántas oscilaciones completa el borrador en 60 segundos.

4. Usa la ecuación siguiente para encontrar el período ($T$) del péndulo: $T$ = 60 segundos/cantidad de oscilaciones. Apunta el período, en segundos, en tu tabla de datos.

5. Repite los pasos 3 y 4 tres veces más. Calcula el período medio del péndulo.

6. Calcula la aceleración gravitacional $g$ usando la fórmula siguiente:

$$g = 4\pi^2 L/T^2$$

En esta fórmula, $\pi$ = 3.14, $L$ es el largo del péndulo en metros y $T$ es el período medio del péndulo en segundos. ¿Qué valor calculaste para $g$?

**TABLA DE DATOS**

| Prueba | Largo (m) | Tiempo (Segundos) | Cantidad de oscilaciones | Período (Segundos) |
|--------|-----------|-------------------|--------------------------|--------------------|
| 1 | | 60 | | |
| 2 | | 60 | | |
| 3 | | 60 | | |
| 4 | | 60 | | |

### Pensar por tu cuenta

Habrás escuchado a los astronautas hablar de la "fuerzas $ge$" que experimentan durante el despegue. ¿A qué piensas que se refieren?

# HOW CAN YOU OBSERVE THE SUN SAFELY?

As you know, it is extremely dangerous to look directly at the sun. Viewing the sun directly can result in permanent damage to your eyes. Is there a safe way to observe the sun? The answer is yes. The best way of looking at the sun is to project an image of the sun onto a piece of white paper. You can demonstrate this by making a simple pinhole viewer. You will need a shoe box, a white index card, tape, and a pin.

1. Tape the index card to the inside of one end of the shoe box. Use a pin to make a small hole in the opposite end of the shoe box. In a darkened room, hold the shoe box so that sunlight enters the pinhole. You should see an image of the sun projected onto the index card. Describe what you see.

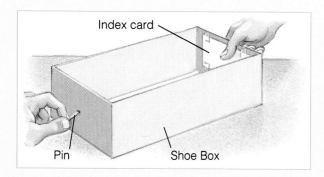

With a little simple mathematics, you can use a similar setup to measure the diameter of the sun. You will need a meterstick, two index cards, tape, and a pin.

2. Tape an index card to one end of the meterstick to make a screen. Make a pinhole in the other index card and hold it at the opposite end of the meterstick. Sunlight passing through the pinhole will form an image of the sun on the screen. Measure the diameter, in centimeters, of the sun's image on the screen. What is the diameter of the image?

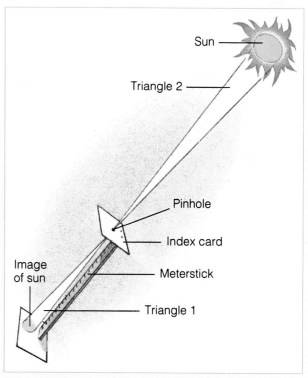

As you can see in the diagram, light rays passing through the pinhole to form the image make two similar triangles. This means that the ratio of the sun's diameter to its distance from the pinhole is the same as the ratio of the diameter of the image to the length of the meterstick. Use the following equation to calculate the sun's diameter:

Sun's diameter/150,000,000 km
= Image diameter/100 cm

What value did you find for the diameter of the sun?

### Think for Yourself

The Latin name for the pinhole viewer you made in this activity is *camera obscura,* which means dark chamber or room. Do you think this is an appropriate name for this device? Why or why not?

## CÓMO OBSERVAR EL SOL SIN PELIGRO

Como sabes, es muy peligroso mirar el sol directamente. Puede causar daño permanente a los ojos. ¿Hay una manera segura de observar el sol? La respuesta es afirmativa. La mejor forma de mirar el sol es proyectando una imagen del sol sobre un trozo de papel blanco. Puedes demostrar esto haciendo un aparato sencillo. Necesitarás una caja de zapatos, una tarjeta blanca, cinta y un alfiler.

1. Pega la tarjeta al interior de un extremo de la caja de zapatos. Usa un alfiler para hacer un agujero pequeño en el otro extremo. En un cuarto oscuro, levanta la caja de zapatos de manera que la luz del sol atraviese el agujero. Debes ver una imagen del sol proyectada sobre la tarjeta. Describe lo que observas.

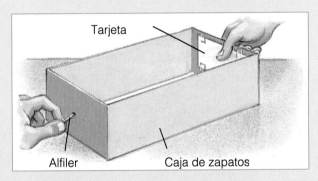

Con una simple operación puedes usar un aparato similar para medir el diámetro del sol. Necesitarás una regla métrica, dos tarjetas, cinta y un alfiler.

2. Pega una tarjeta a un extremo de la regla métrica para hacer una pantalla. Haz un agujero de alfiler en la otra y sujétala al otro lado de la regla métrica. La luz solar, atravesando el agujero, formará una imagen del sol sobre la pantalla. Mide en centímetros el diámetro de la imagen solar sobre la pantalla. ¿Cuál es el diámetro de la imagen?

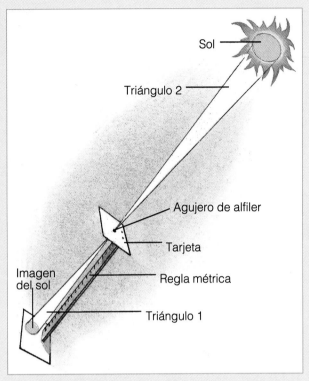

Como ves en el diagrama, los rayos de luz que atraviesan el agujero para crear la imagen forman dos triángulos semejantes. Así, la proporción entre el diámetro del sol y su distancia del agujero es igual a la proporción entre el diámetro de la imagen y el largo de la regla métrica. Usa la ecuación siguiente para calcular el diámetro del sol:

$$\text{Diámetro del sol}/150{,}000{,}000 \text{ km} = \text{Diámetro imagen}/100 \text{ cm}$$

¿Qué valor obtuviste para el diámetro del sol?

### Pensar por tu cuenta

El nombre en latín para este aparato es *camera obscura*, que significa cámara, o cuarto, oscuro. ¿Crees tú que es un nombre apropiado para este aparato? ¿Por qué? o ¿por qué no?

Mars is often called the Red Planet. The surface of Mars appears red because the soil contains iron oxide—more commonly known as rust. You are probably familiar with rust closer to home. Anything made of iron that is exposed to air and moisture will become rusted. Junked cars, iron fences, and old bicycles are all subject to rusting. Is there any way to prevent objects from rusting? In this activity you will explore some ways to prevent rusting.

## Materials

3 iron nails
clear nail polish
petroleum jelly
glass jar
vinegar

## Procedure

1. Coat one of the nails with clear nail polish. Coat the second nail with petroleum jelly. Do not put anything on the third nail.

2. Place the nails into a jar of water. Add some vinegar to the water to speed up the rusting process.

3. Allow the nails to stand in the glass jar overnight. Then examine the nails. Which nail shows signs of rusting? How do you think the nail polish and petroleum jelly prevented the nails from rusting?

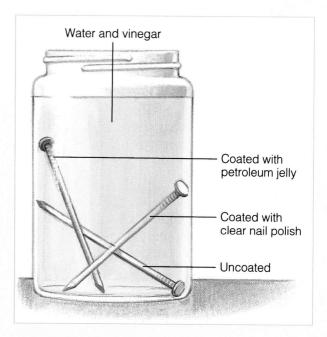

Water and vinegar
Coated with petroleum jelly
Coated with clear nail polish
Uncoated

## Going Further

What are some other substances that would prevent the nails from rusting? Repeat this experiment to test your ideas.

## Do It Yourself

Rusting can cause a great deal of damage to bridges and other objects made of iron by wearing away the metal. Rusty objects can also be dangerous to your health. If you accidentally cut yourself on a rusty nail or other sharp object, you should see a doctor immediately. Using first-aid books or other reference materials, find out why cuts caused by rusty objects are so dangerous.

# CLAVOS OXIDADOS

A menudo se le llama a Marte el Planeta Rojo. La superficie de Marte es roja porque el suelo contiene óxido de hierro—conocido comunmente como óxido. Es posible que conozcas el óxido en tu hogar. Cualquier cosa hecha de hierro que se expone al aire y la humedad se oxidará. Restos de automóviles, cercas de hierro y bicicletas viejas—todos pueden oxidarse. ¿Hay alguna forma de evitar que se oxiden los objetos? En esta actividad vas a explorar algunas maneras de evitar la oxidación.

## Materiales

3 clavos de hierro
esmalte transparente para uñas
vaselina
frasco de vidrio
vinagre

## Procedimiento

1. Cubre uno de los clavos con el esmalte transparente. Cubre el otro con vaselina. No hagas nada con el tercer clavo.

2. Pon los clavos en un frasco con agua. Agrégale un poco de vinagre al agua para acelerar el proceso de oxidación.

3. Deja los clavos en el frasco una noche. Luego examínalos ¿Cuál clavo muestra indicios de oxidación? ¿Cómo crees tú que el esmalte y la vaselina protegieron a los clavos de la oxidación?

Agua y vinagre

Cubierto de vaselina

Cubierto en esmalte transparente para uñas

Sin protección

## Investigar más

¿Cuáles son otras sustancias que previenen la oxidación de los clavos? Repite este experimento para comprobar tus ideas.

## Por tu cuenta

La oxidación puede causar gran daño a puentes y otros objetos hechos de hierro al desgastar el metal. Objetos oxidados pueden también ser peligrosos para tu salud. Si te cortas accidentalmente con un clavo, u otro objeto cortante, debes ir al doctor inmediatamente. Consulta libros de primeros auxilios y otros textos de consulta para investigar por qué las cortaduras causadas por objetos oxidados son tan peligrosas.

# ACTION, REACTION

According to Newton's third law of motion, every action causes an equal and opposite reaction. This is the principle of reaction engines, such as rockets. It is also the principle that may cause you to get soaked if you try jumping from a small boat onto the dock! Here's a simple experiment you can perform to demonstrate Newton's third law of motion for yourself.

## Materials

skateboard
cardboard strip, 15 cm x 75 cm
windup toy car

## Procedure

1. Place the skateboard upside down on the floor.

2. Place the strip of cardboard on top of the wheels of the skateboard. The cardboard will be the "road" for the toy car.

3. Place the toy car on the cardboard, wind it up, and let it go. Observe what happens. Does the car or the road move?

## Think for Yourself

1. Are you aware of the road moving away from you when you are driving in a real car? Why or why not?

2. Would you be able to drive a car forward if you were not "attached" to the Earth?

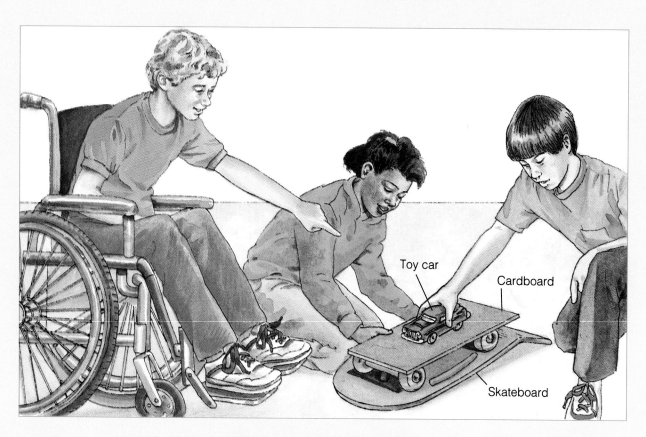

Toy car

Cardboard

Skateboard

# Pozo de actividades

Según la tercera ley del movimiento de Newton, para cada acción existe una reacción igual y opuesta. Éste es el principio de los motores de reacción, tales como los cohetes. ¡Es, además, el principio que puede causar que te empapes si intentas saltar de un pequeño bote al muelle! A continuación, un experimento sencillo que puedes hacer para demostrar por ti mismo la tercera ley del movimiento de Newton.

## Materiales

monopatín
trozo de cartón, 15 cm × 75 cm
un autito de cuerda

## Procedimiento

1. Pon el monopatín boca abajo en el suelo.

2. Pon la tira de cartón encima de las ruedas del monopatín. El cartón será el "camino" para el autito.

3. Pon el autito sobre el cartón, dale cuerda y suéltalo. ¿Se mueve el autito o el camino?

## Pensar por tu cuenta

1. ¿Te das cuenta del camino que se aleja de ti cuando estás viajando en un automóvil de verdad? ¿Por qué?

2. ¿Podrías conducir un automóvil hacia adelante si no estuvieras "pegado" a la Tierra?

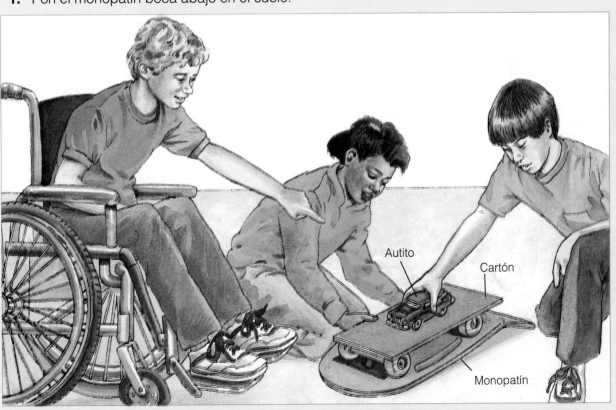

Autito

Cartón

Monopatín

# WHAT CAUSES HIGH TIDES?

The rise and fall of Earth's oceans—the tides—are caused by the pull of the moon's gravity on the Earth. Because the moon exerts different gravitational forces on different parts of the Earth, there are two high tides and two low tides every day at any given place. You can demonstrate the forces that cause the tides in this activity.

## Materials

construction paper
tape
drawing compass
3 equal masses
3 springs

## Procedure

1. Tape a piece of construction paper onto a smooth, flat surface. Using the compass, draw a circle 30 cm in diameter on the construction paper.

2. Label the three masses A, B, and C.

3. Attach the springs to the three masses as shown in the diagram. Place mass B in the center of the circle. The circle represents the Earth.

4. Apply a force to mass A by pulling on the spring. This force represents the gravitational pull of the moon on the Earth.

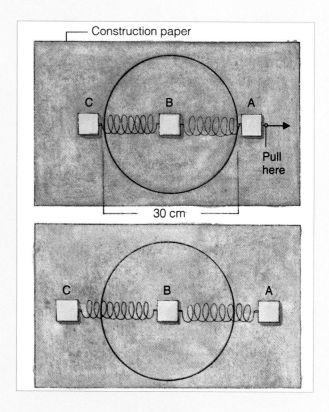

## Analysis and Conclusions

1. What happens to the other two masses when you exert a force on mass A?

2. How does this demonstration illustrate the two high tides on opposite sides of the Earth caused by the pull of the moon?

# Pozo de actividades

## ¿QUÉ CAUSA LAS MAREAS ALTAS?

El ascenso y descenso de los océanos terrestres—las mareas—son causadas por la atracción gravitacional de la luna. Como la luna ejerce diferentes fuerzas de gravedad en diferentes partes de la Tierra, hay dos mareas altas y dos mareas bajas cada día en cualquier lugar particular. Puedes demostrar las fuerzas que causan las mareas con esta actividad.

## Materiales

cartulina
cinta
compás
3 masas iguales
3 resortes

## Procedimiento

1. Pega un trozo de cartulina a una superficie lisa y plana. Usa el compás para dibujar un círculo de 30 cm de diámetro en la cartulina.

2. Rotula las tres masas A, B y C.

3. Prende los resortes a las tres masas como se muestra en el diagrama. Pon la masa B en el centro del círculo. El círculo representa la Tierra.

4. Ejerce una fuerza sobre la masa A tirando del resortes. Esta fuerza representa la atracción gravitatoria de la luna sobre la Tierra.

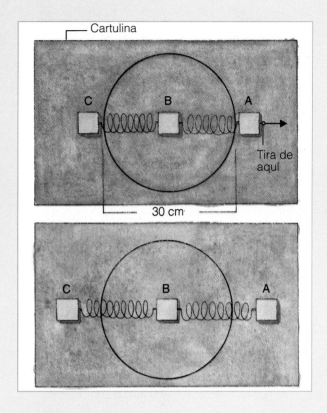

## Análisis y conclusiones

1. ¿Qué pasa con las otras dos masas cuando ejerces una fuerza sobre la masa A?

2. ¿Cómo ilustra esta demostración las dos mareas altas a lados opuestos de la Tierra que causa la atracción de la luna?

# $\mathbf{A}$ppendix A

The metric system of measurement is used by scientists throughout the world. It is based on units of ten. Each unit is ten times larger or ten times smaller than the next unit. The most commonly used units of the metric system are given below. After you have finished reading about the metric system, try to put it to use. How tall are you in metrics? What is your mass? What is your normal body temperature in degrees Celsius?

## Commonly Used Metric Units

**Length**  The distance from one point to another

meter (m)   A meter is slightly longer than a yard.
            1 meter = 1000 millimeters (mm)
            1 meter = 100 centimeters (cm)
            1000 meters = 1 kilometer (km)

**Volume**  The amount of space an object takes up

liter (L)   A liter is slightly more than a quart.
            1 liter = 1000 milliliters (mL)

**Mass**  The amount of matter in an object

gram (g)   A gram has a mass equal to about one paper clip.

           1000 grams = 1 kilogram (kg)

**Temperature**  The measure of hotness or coldness

degrees        0°C = freezing point of water
Celsius (°C)   100°C = boiling point of water

## Metric–English Equivalents

2.54 centimeters (cm) = 1 inch (in.)
1 meter (m) = 39.37 inches (in.)
1 kilometer (km) = 0.62 miles (mi)
1 liter (L) = 1.06 quarts (qt)
250 milliliters (mL) = 1 cup (c)
1 kilogram (kg) = 2.2 pounds (lb)
28.3 grams (g) = 1 ounce (oz)
°C = 5/9 × (°F – 32)

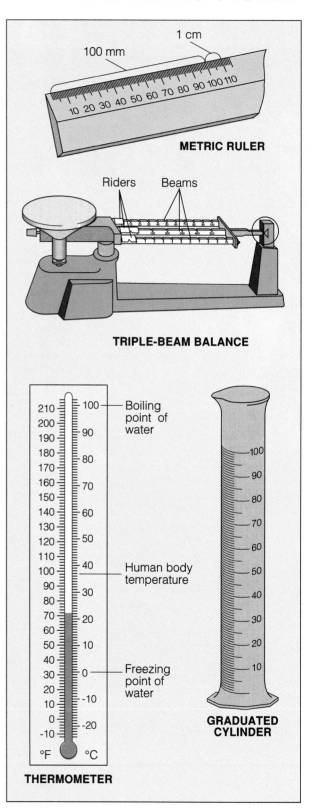

METRIC RULER

TRIPLE-BEAM BALANCE

Riders    Beams

Boiling point of water

Human body temperature

Freezing point of water

GRADUATED CYLINDER

THERMOMETER

# Apéndice A

Los científicos de todo el mundo usan el sistema métrico. Está basado en unidades de diez. Cada unidad es diez veces más grande o más pequeña que la siguiente. Abajo se pueden ver las unidades del sistema métrico más usadas. Cuando termines de leer sobre el sistema métrico, trata de usarlo. ¿Cuál es tu altura en metros? ¿Cuál es tu masa? ¿Cuál es tu temperatura normal en grados Celsio?

## Unidades métricas más comunes

**Longitud**    Distancia de un punto a otro

metro (m)    Un metro es un poco más largo que una yarda.

    1 metro = 1000 milímetros (mm)

    1 metro = 100 centímetros (cm)

    1000 metros = 1 kilómetro (km)

**Volumen**    Cantidad de espacio que ocupa un objeto

litro (L) =    Un litro es un poco más que un cuarto de galón.

    1 litro = 1000 mililitros (mL)

**Masa**    Cantidad de materia que tiene un objeto

gramo (g)    El gramo tiene una masa más o menos igual a la de una presilla para papel.

    1000 gramos = kilogramo (kg)

**Temperatura**    Medida de calor o frío

grados    0°C = punto de congelación del agua

Celsio (°C)    100°C = punto de ebullición del agua

## Equivalencias métricas inglesas

2.54 centímetros (cm) = 1 pulgada (in.)

1 metro (m) = 39.37 pulgadas (in.)

1 kilómetro (km) = 0.62 millas (mi)

1 litro (L) = 1.06 cuartes (qt)

250 mililitros (mL) = 1 taza (c)

1 kilogramo (kg) = 2.2 libras (lb)

28.3 gramos (g) = 1 onza (oz)

°C = 5/9 × (°F −32)

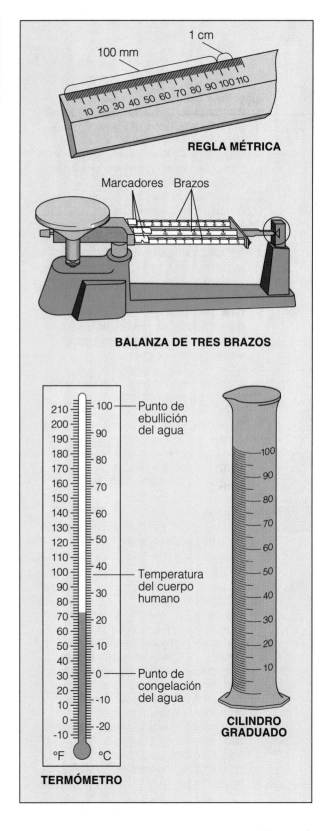

**REGLA MÉTRICA**

Marcadores  Brazos

**BALANZA DE TRES BRAZOS**

Punto de ebullición del agua

Temperatura del cuerpo humano

Punto de congelación del agua

**TERMÓMETRO**

**CILINDRO GRADUADO**

### Glassware Safety

1. Whenever you see this symbol, you will know that you are working with glassware that can easily be broken. Take particular care to handle such glassware safely. And never use broken or chipped glassware.
2. Never heat glassware that is not thoroughly dry. Never pick up any glassware unless you are sure it is not hot. If it is hot, use heat-resistant gloves.
3. Always clean glassware thoroughly before putting it away.

### Fire Safety

1. Whenever you see this symbol, you will know that you are working with fire. Never use any source of fire without wearing safety goggles.
2. Never heat anything—particularly chemicals—unless instructed to do so.
3. Never heat anything in a closed container.
4. Never reach across a flame.
5. Always use a clamp, tongs, or heat-resistant gloves to handle hot objects.
6. Always maintain a clean work area, particularly when using a flame.

### Heat Safety

Whenever you see this symbol, you will know that you should put on heat-resistant gloves to avoid burning your hands.

### Chemical Safety

1. Whenever you see this symbol, you will know that you are working with chemicals that could be hazardous.
2. Never smell any chemical directly from its container. Always use your hand to waft some of the odors from the top of the container toward your nose—and only when instructed to do so.
3. Never mix chemicals unless instructed to do so.
4. Never touch or taste any chemical unless instructed to do so.
5. Keep all lids closed when chemicals are not in use. Dispose of all chemicals as instructed by your teacher.

6. Immediately rinse with water any chemicals, particularly acids, that get on your skin and clothes. Then notify your teacher.

### Eye and Face Safety

1. Whenever you see this symbol, you will know that you are performing an experiment in which you must take precautions to protect your eyes and face by wearing safety goggles.
2. When you are heating a test tube or bottle, always point it away from you and others. Chemicals can splash or boil out of a heated test tube.

### Sharp Instrument Safety

1. Whenever you see this symbol, you will know that you are working with a sharp instrument.
2. Always use single-edged razors; double-edged razors are too dangerous.
3. Handle any sharp instrument with extreme care. Never cut any material toward you; always cut away from you.
4. Immediately notify your teacher if your skin is cut.

### Electrical Safety

1. Whenever you see this symbol, you will know that you are using electricity in the laboratory.
2. Never use long extension cords to plug in any electrical device. Do not plug too many appliances into one socket or you may overload the socket and cause a fire.
3. Never touch an electrical appliance or outlet with wet hands.

### Animal Safety

1. Whenever you see this symbol, you will know that you are working with live animals.
2. Do not cause pain, discomfort, or injury to an animal.
3. Follow your teacher's directions when handling animals. Wash your hands thoroughly after handling animals or their cages.

**¡Cuidado con los recipientes de vidrio!**

1. Este símbolo te indicará que estás trabajando con recipientes de vidrio que pueden romperse. Procede con mucho cuidado al manejar esos recipientes. Y nunca uses vasos rotos ni astillados.
2. Nunca pongas al calor recipientes húmedos. Nunca tomes ningún recipiente si está caliente. Si lo está, usa guantes resistentes al calor.
3. Siempre limpia bien un recipiente de vidrio antes de guardarlo.

**¡Cuidado con el fuego!**

1. Este símbolo te indicará que estás trabajando con fuego. Nunca uses algo que produzca llama sin ponerte gafas protectoras.
2. Nunca calientes nada a menos que te digan que lo hagas.
3. Nunca calientes nada en un recipiente cerrado.
4. Nunca extiendas el brazo por encima de una llama.
5. Usa siempre una grapa, pinzas o guantes resistentes al calor para manipular algo caliente.
6. Procura tener un área de trabajo vacía y limpia, especialmente si estás usando una llama.

**¡Cuidado con el calor!**

Este símbolo te indicará que debes ponerte guantes resistentes al calor para no quemarte las manos.

**¡Cuidado con los productos químicos!**

1. Este símbolo te indicará que vas a trabajar con productos químicos que pueden ser peligrosos.
2. Nunca huelas un producto químico directamente. Usa siempre las manos para llevar las emanaciones a la nariz y hazlo sólo si te lo dicen.
3. Nunca mezcles productos químicos a menos que te lo indiquen.
4. Nunca toques ni pruebes ningún producto químico a menos que te lo indiquen.
5. Mantén todas las tapas de los productos químicos cerradas cuando no los uses. Deséchalos según te lo indiquen.

6. Enjuaga con agua cualquier producto químico, en especial un ácido. Si se pone en contacto con tu piel o tus ropas, comunícaselo a tu profesor(a).

**¡Cuidado con los ojos y la cara!**

1. Este símbolo te indicará que estás haciendo un experimento en el que debes protegerte los ojos y la cara con gafas protectoras.
2. Cuando estés calentando un tubo de ensayo, pon la boca en dirección contraria a los demás. Los productos químicos pueden salpicar o derramarse de un tubo de ensayo caliente.

**¡Cuidado con los instrumentos afilados!**

1. Este símbolo te indicará que vas a trabajar con un instrumento afilado.
2. Usa siempre hojas de afeitar de un solo filo. Las hojas de doble filo son muy peligrosas.
3. Maneja un instrumento afilado con sumo cuidado. Nunca cortes nada hacia ti sino en dirección contraria.
4. Notifica inmediatamente a tu profesor(a) si te cortas.

**¡Cuidado con la electricidad!**

1. Este símbolo te indicará que vas a usar electricidad en el laboratorio.
2. Nunca uses cables de prolongación para enchufar un aparato eléctrico. No enchufes muchos aparatos en un enchufe porque puedes recargarlo y provocar un incendio.
3. Nunca toques un aparato eléctrico o un enchufe con las manos húmedas.

**¡Cuidado con los animales!**

1. Este símbolo, te indicará que vas a trabajar con animales vivos.
2. No causes dolor, molestias o heridas a ningún animal.
3. Sigue las instrucciones de tu profesor(a) al tratar a los animales. Lávate bien las manos después de tocar los animales o sus jaulas.

One of the first things a scientist learns is that working in the laboratory can be an exciting experience. But the laboratory can also be quite dangerous if proper safety rules are not followed at all times. To prepare yourself for a safe year in the laboratory, read over the following safety rules. Then read them a second time. Make sure you understand each rule. If you do not, ask your teacher to explain any rules you are unsure of.

## Dress Code

**1.** Many materials in the laboratory can cause eye injury. To protect yourself from possible injury, wear safety goggles whenever you are working with chemicals, burners, or any substance that might get into your eyes. Never wear contact lenses in the laboratory.

**2.** Wear a laboratory apron or coat whenever you are working with chemicals or heated substances.

**3.** Tie back long hair to keep it away from any chemicals, burners and candles, or other laboratory equipment.

**4.** Remove or tie back any article of clothing or jewelry that can hang down and touch chemicals and flames.

## General Safety Rules

**5.** Read all directions for an experiment several times. Follow the directions exactly as they are written. If you are in doubt about any part of the experiment, ask your teacher for assistance.

**6.** Never perform activities that are not authorized by your teacher. Obtain permission before "experimenting" on your own.

**7.** Never handle any equipment unless you have specific permission.

**8.** Take extreme care not to spill any material in the laboratory. If a spill occurs, immediately ask your teacher about the proper cleanup procedure. Never simply pour chemicals or other substances into the sink or trash container.

**9.** Never eat in the laboratory.

**10.** Wash your hands before and after each experiment.

## First Aid

**11.** Immediately report all accidents, no matter how minor, to your teacher.

**12.** Learn what to do in case of specific accidents, such as getting acid in your eyes or on your skin. (Rinse acids from your body with lots of water.)

**13.** Become aware of the location of the first-aid kit. But your teacher should administer any required first aid due to injury. Or your teacher may send you to the school nurse or call a physician.

**14.** Know where and how to report an accident or fire. Find out the location of the fire extinguisher, phone, and fire alarm. Keep a list of important phone numbers—such as the fire department and the school nurse—near the phone. Immediately report any fires to your teacher.

## Heating and Fire Safety

**15.** Again, never use a heat source, such as a candle or burner, without wearing safety goggles.

**16.** Never heat a chemical you are not instructed to heat. A chemical that is harmless when cool may be dangerous when heated.

**17.** Maintain a clean work area and keep all materials away from flames.

**18.** Never reach across a flame.

**19.** Make sure you know how to light a Bunsen burner. (Your teacher will demonstrate the proper procedure for lighting a burner.) If the flame leaps out of a burner toward you, immediately turn off the gas. Do not touch the burner. It may be hot. And never leave a lighted burner unattended!

**20.** When heating a test tube or bottle, always point it away from you and others. Chemicals can splash or boil out of a heated test tube.

**21.** Never heat a liquid in a closed container. The expanding gases produced may blow the container apart, injuring you or others.

Una de las primeras cosas que aprende un científico es que trabajar en el laboratorio es muy interesante. Pero el laboratorio puede ser un lugar muy peligroso si no se respetan las reglas de seguridad apropiadas. Para prepararte para trabajar sin riesgos en el laboratorio, lee las siguientes reglas una y otra vez. Debes comprender muy bien cada regla. Pídele a tu profesor(a) que te explique si no entiendes algo.

## Vestimenta adecuada

**1.** Muchos materiales del laboratorio pueden ser dañinos para la vista. Como precaución, usa gafas protectoras siempre que trabajes con productos químicos, mecheros o una sustancia que pueda entrarte en los ojos. Nunca uses lentes de contacto en el laboratorio.

**2.** Usa un delantal o guardapolvo siempre que trabajes con productos químicos o con algo caliente.

**3.** Si tienes pelo largo, átatelo para que no roce productos químicos, mecheros, velas u otro equipo del laboratorio.

**4.** No debes llevar ropa o alhajas que cuelguen y puedan entrar en contacto con productos químicos o con el fuego.

## Normas generales de precaución

**5.** Lee todas las instrucciones de un experimento varias veces. Síguelas al pie de la letra. Si tienes alguna duda, pregúntale a tu profesor(a).

**6.** Nunca hagas nada sin autorización de tu profesor(a). Pide permiso antes de "experimentar" por tu cuenta.

**7.** Nunca intentes usar un equipo si no te han dado permiso para hacerlo.

**8.** Ten mucho cuidado de no derramar nada en el laboratorio. Si algo se derrama, pregunta inmediatamente a tu profesor(a) cómo hacer para limpiarlo.

**9.** Nunca comas en el laboratorio.

**10.** Lávate las manos antes y después de cada experimento.

## Primeros auxilios

**11.** Por menos importante que parezca un accidente, informa inmediatamente a tu profesor(a) si ocurre algo.

**12.** Aprende qué debes hacer en caso de ciertos accidentes, como si te cae ácido en la piel o te entra en los ojos. (Enjuágate con muchísima agua.)

**13.** Debes saber dónde está el botiquín de primeros auxilios. Pero es tu profesor(a) quien debe encargarse de dar primeros auxilios. Puede que él o ella te envíe a la enfermería o llame a un médico.

**14.** Debes saber dónde llamar si hay un accidente o un incendio. Averigua dónde está el extinguidor, el teléfono y la alarma de incendios. Debe haber una lista de teléfonos importantes—como los bomberos y la enfermería—cerca del teléfono. Avisa inmediatamente a tu profesor(a) si se produce un incendio.

## Precauciones con el calor y con el fuego

**15.** Nunca te acerques a una fuente de calor, como un mechero o una vela sin ponerte las gafas protectoras.

**16.** Nunca calientes ningún producto químico si no te lo indican. Un producto inofensivo cuando está frío puede ser peligroso si está caliente.

**17.** Tu área de trabajo debe estar limpia y todos los materiales alejados del fuego.

**18.** Nunca extiendas el brazo por encima de una llama.

**19.** Debes saber bien cómo encender un mechero Bunsen. (Tu profesor(a) te indicará el procedimiento apropiado.) Si la llama salta del mechero, apaga el gas inmediatamente. No toques el mechero. ¡Nunca dejes un mechero encendido sin nadie al lado!

**20.** Cuando calientes un tubo de ensayo, apúntalo en dirección contraria. Los productos químicos pueden salpicar o derramarse al hervir.

**21.** Nunca calientes un líquido en un recipiente cerrado. Los gases que se producen pueden hacer que el recipiente explote y te lastime a ti y a tus compañeros.

**22.** Before picking up a container that has been heated, first hold the back of your hand near it. If you can feel the heat on the back of your hand, the container may be too hot to handle. Use a clamp or tongs when handling hot containers.

## Using Chemicals Safely

**23.** Never mix chemicals for the "fun of it." You might produce a dangerous, possibly explosive substance.

**24.** Never touch, taste, or smell a chemical unless you are instructed by your teacher to do so. Many chemicals are poisonous. If you are instructed to note the fumes in an experiment, gently wave your hand over the opening of a container and direct the fumes toward your nose. Do not inhale the fumes directly from the container.

**25.** Use only those chemicals needed in the activity. Keep all lids closed when a chemical is not being used. Notify your teacher whenever chemicals are spilled.

**26.** Dispose of all chemicals as instructed by your teacher. To avoid contamination, never return chemicals to their original containers.

**27.** Be extra careful when working with acids or bases. Pour such chemicals over the sink, not over your workbench.

**28.** When diluting an acid, pour the acid into water. Never pour water into an acid.

**29.** Immediately rinse with water any acids that get on your skin or clothing. Then notify your teacher of any acid spill.

## Using Glassware Safely

**30.** Never force glass tubing into a rubber stopper. A turning motion and lubricant will be helpful when inserting glass tubing into rubber stoppers or rubber tubing. Your teacher will demonstrate the proper way to insert glass tubing.

**31.** Never heat glassware that is not thoroughly dry. Use a wire screen to protect glassware from any flame.

**32.** Keep in mind that hot glassware will not appear hot. Never pick up glassware without first checking to see if it is hot. See #22.

**33.** If you are instructed to cut glass tubing, fire-polish the ends immediately to remove sharp edges.

**34.** Never use broken or chipped glassware. If glassware breaks, notify your teacher and dispose of the glassware in the proper trash container.

**35.** Never eat or drink from laboratory glassware. Thoroughly clean glassware before putting it away.

## Using Sharp Instruments

**36.** Handle scalpels or razor blades with extreme care. Never cut material toward you; cut away from you.

**37.** Immediately notify your teacher if you cut your skin when working in the laboratory.

## Animal Safety

**38.** No experiments that will cause pain, discomfort, or harm to mammals, birds, reptiles, fishes, and amphibians should be done in the classroom or at home.

**39.** Animals should be handled only if necessary. If an animal is excited or frightened, pregnant, feeding, or with its young, special handling is required.

**40.** Your teacher will instruct you as to how to handle each animal species that may be brought into the classroom.

**41.** Clean your hands thoroughly after handling animals or the cage containing animals.

## End-of-Experiment Rules

**42.** After an experiment has been completed, clean up your work area and return all equipment to its proper place.

**43.** Wash your hands after every experiment.

**44.** Turn off all burners before leaving the laboratory. Check that the gas line leading to the burner is off as well.

**22.** Antes de tomar un recipiente que se ha calentado, acerca primero el dorso de tu mano. Si puedes sentir el calor, el recipiente está todavía caliente. Usa una grapa o pinzas cuando trabajes con recipientes calientes.

## Precauciones en el uso de productos químicos

**23.** Nunca mezcles productos químicos para "divertirte". Puede que produzcas una sustancia peligrosa tal como un explosivo.

**24.** Nunca toques, pruebes o huelas un producto químico si no te indican que lo hagas. Muchos de estos productos son venenosos. Si te indican que observes las emanaciones, llévalas hacia la nariz con las manos. No las aspires directamente del recipiente.

**25.** Usa sólo los productos necesarios para esa actividad. Todos los envases deben estar cerrados si no están en uso. Informa a tu profesor(a) si se produce algún derrame.

**26.** Desecha todos los productos químicos según te lo indique tu profesor(a). Para evitar la contaminación, nunca los vuelvas a poner en su envase original.

**27.** Ten mucho cuidado cuando trabajes con ácidos o bases. Viértelos en la pila, no sobre tu mesa.

**28.** Cuando diluyas un ácido, viértelo en el agua. Nunca viertas agua en el ácido.

**29.** Enjuágate inmediatamente la piel o la ropa con agua si te cae ácido. Notifica a tu profesor(a).

## Precauciones con el uso de vidrio

**30.** Para insertar vidrio en tapones o tubos de goma, deberás usar un movimiento de rotación y un lubricante. No lo fuerces. Tu profesor(a) te indicará cómo hacerlo.

**31.** No calientes recipientes de vidrio que no estén secos. Usa una pantalla para proteger el vidrio de la llama.

**32.** Recuerda que el vidrio caliente no parece estarlo. Nunca tomes nada de vidrio sin controlarlo antes. Véase # 22.

**33.** Cuando cortes un tubo de vidrio, lima las puntas inmediatamente para alisarlas.

**34.** Nunca uses recipientes rotos ni astillados. Si algo de vidrio se rompe, notifícalo inmediatamente y desecha el recipiente en el lugar adecuado.

**35.** Nunca comas ni bebas de un recipiente de vidrio del laboratorio. Limpia los recipientes bien antes de guardarlos.

## Uso de instrumentos afilados

**36.** Maneja los bisturíes o las hojas de afeitar con sumo cuidado. Nunca cortes nada hacia ti sino en dirección contraria.

**37.** Notifica inmediatamente a tu profesor(a) si te cortas.

## Precauciones con los animales

**38.** No debe realizarse ningún experimento que cause dolor, incomodidad ni daño a los animales en la escuela o en la casa.

**39.** Debes tocar a los animales sólo si es necesario. Si un animal está nervioso o asustado, preñado, amamantando o con su cría, se requiere cuidado especial.

**40.** Tu profesor(a) te indicará cómo proceder con cada especie animal que se traiga a la clase.

**41.** Lávate bien las manos después de tocar los animales o sus jaulas.

## Al concluir un experimento

**42.** Después de terminar un experimento limpia tu área de trabajo y guarda el equipo en el lugar apropiado.

**43.** Lávate las manos después de cada experimento.

**44.** Apaga todos los mecheros antes de irte del laboratorio. Verifica que la línea general esté también apagada.

## Boundaries

National . . . . . . . . . . . . . . . . .

State or territorial . . . . . . . . . . . . .

County or equivalent . . . . . . . . . .

Civil township or equivalent . . . . . . . .

Incorporated city or equivalent . . . . . .

Park, reservation, or monument . . . . . .

Small park . . . . . . . . . . . . . . . .

## Roads and related features

Primary highway . . . . . . . . . . . . . .

Secondary highway . . . . . . . . . . . .

Light-duty road . . . . . . . . . . . . . . .

Unimproved road . . . . . . . . . . . . .

Trail . . . . . . . . . . . . . . . . . . . . .

Dual highway . . . . . . . . . . . . . . .

Dual highway with median strip . . . . . .

Bridge . . . . . . . . . . . . . . . . . . .

Tunnel . . . . . . . . . . . . . . . . . . .

## Buildings and related features

Dwelling or place of employment: small;

large . . . . . . . . . . . . . . . . . . . .

School; house of worship . . . . . . . . .

Barn, warehouse, etc.: small; large . . . .

Airport . . . . . . . . . . . . . . . . . . .

Campground; picnic area . . . . . . . . .

Cemetery: small; large . . . . . . . . . . .

## Railroads and related features

Standard-gauge single track; station . . .

Standard-gauge multiple track . . . . . . .

## Contours

Intermediate . . . . . . . . . . . . . . . .

Index . . . . . . . . . . . . . . . . . . . .

Supplementary . . . . . . . . . . . . . . .

Depression . . . . . . . . . . . . . . . . .

Cut; fill . . . . . . . . . . . . . . . . . . .

## Surface features

Levee . . . . . . . . . . . . . . . . . . . .

Sand or mud areas, dunes, or shifting

sand . . . . . . . . . . . . . . . . . . . .

Gravel beach or glacial moraine . . . . . .

## Vegetation

Woods . . . . . . . . . . . . . . . . . . .

Scrub . . . . . . . . . . . . . . . . . . . .

Orchard . . . . . . . . . . . . . . . . . . .

Vineyard . . . . . . . . . . . . . . . . . .

## Marine shoreline

Approximate mean high water . . . . . . .

Indefinite or unsurveyed . . . . . . . . . .

## Coastal features

Foreshore flat . . . . . . . . . . . . . . . .

Rock or coral reef . . . . . . . . . . . . . .

Rock, bare or awash . . . . . . . . . . . .

Breakwater, pier, jetty, or wharf . . . . . .

Seawall . . . . . . . . . . . . . . . . . . .

## Rivers, lakes, and canals

Perennial stream . . . . . . . . . . . . . .

Perennial river . . . . . . . . . . . . . . .

Small falls; small rapids . . . . . . . . . .

Large falls; large rapids . . . . . . . . . .

Dry lake . . . . . . . . . . . . . . . . . . .

Narrow wash . . . . . . . . . . . . . . . .

Wide wash . . . . . . . . . . . . . . . . .

Water well; spring or seep . . . . . . . . .

## Submerged areas and bogs

Marsh or swamp . . . . . . . . . . . . . .

Submerged marsh or swamp . . . . . . . .

Wooded marsh or swamp . . . . . . . . . .

Land subject to inundation . . . . . . . . .

## Elevations

Spot and elevation . . . . . . . . . . . . .    $X_{212}$

# A péndice D SÍMBOLOS DE LOS MAPAS

## Fronteras

Nacional . . . . . . . . . . . . . . . . . . . . . . . . .

Estatal o territorial . . . . . . . . . . . . . . . . . . . .

Distrito o equivalente . . . . . . . . . . . . . . . . .

Ciudad o equivalente . . . . . . . . . . . . . . . . .

Municipio o equivalente . . . . . . . . . . . . . . . .

Parque, reserva o monumento . . . . . . . . . .

Parque pequeño . . . . . . . . . . . . . . . . . . . . .

## Carreteras, etc.

Carretera principal . . . . . . . . . . . . . . . . . . .

Carretera secundaria . . . . . . . . . . . . . . . . .

Camino poco transitado . . . . . . . . . . . . . . .

Camino sin mejorar . . . . . . . . . . . . . . . . . .

Sendero . . . . . . . . . . . . . . . . . . . . . . . . . .

Carretera de doble sentido . . . . . . . . . . . .

Carretera de doble sentido con medianera . .

Puente . . . . . . . . . . . . . . . . . . . . . . . . . . .

Túnel . . . . . . . . . . . . . . . . . . . . . . . . . . . .

## Edificios, etc.

Vivienda o lugar de empleo: pequeño;

grande . . . . . . . . . . . . . . . . . . . . . . . . .

Escuela; templo, etc. . . . . . . . . . . . . . . . . .

Establo, almacén, etc.: pequeño; grande . . . .

Aeropuerto . . . . . . . . . . . . . . . . . . . . . . . .

Campamento; zona de picnic . . . . . . . . . . . .

Cementerio: pequeño; grande . . . . . . . . . . .

## Ferrocarriles, etc.

Vía estándar de una sola trocha; estación . . .

Vía estándar de trochas múltiples . . . . . . . . .

## Curvas de nivel

Intermedia . . . . . . . . . . . . . . . . . . . . . . . . .

Índice . . . . . . . . . . . . . . . . . . . . . . . . . . . .

Suplementaria . . . . . . . . . . . . . . . . . . . . . .

Depresión . . . . . . . . . . . . . . . . . . . . . . . . .

Corte; relleno . . . . . . . . . . . . . . . . . . . . . . .

## Características superficiales

Dique . . . . . . . . . . . . . . . . . . . . . . . . . . . .

Zonas de arena o barro,

dunas . . . . . . . . . . . . . . . . . . . . . . . .

Playa de grava o morena glacial . . . . . . . . .

### Vegetación

Bosque . . . . . . . . . . . . . . . . . . . . . . . . . . .

Matorrales . . . . . . . . . . . . . . . . . . . . . . . . .

Huerto de frutales . . . . . . . . . . . . . . . . . . .

Viñedo . . . . . . . . . . . . . . . . . . . . . . . . . . .

### Costa marina

Línea media de la marea alta . . . . . . . . . . . .

Indefinida o sin medir . . . . . . . . . . . . . . . . .

### Características costeras

Planicie entre mareas . . . . . . . . . . . . . . . . .

Arrecife rocoso o coralino . . . . . . . . . . . . . .

Rocas desnudas o semicubiertas . . . . . . . . .

Rompiente, muelle, espigón o embarcadero .

Rompeolas . . . . . . . . . . . . . . . . . . . . . . . .

### Ríos, lagos y canales

Arroyo permanente . . . . . . . . . . . . . . . . . . .

Río permanente . . . . . . . . . . . . . . . . . . . . .

Pequeña catarata; pequeños rápidos . . . . . .

Gran catarata; grandes rápidos . . . . . . . . . .

Lago seco . . . . . . . . . . . . . . . . . . . . . . . . .

Margen estrecho . . . . . . . . . . . . . . . . . . . .

Margen ancho . . . . . . . . . . . . . . . . . . . . . .

Pozo de agua; fuente o filtración . . . . . . . . .

### Zonas sumergidas y pantanos . . . . . . . . . .

Marisma o pantano . . . . . . . . . . . . . . . . . . .

Marisma o pantano sumergido . . . . . . . . . . .

Marisma o pantano boscoso . . . . . . . . . . . .

Terrenos inundables . . . . . . . . . . . . . . . . . .

### Elevaciones

Lugar y elevación . . . . . . . . . . . . . . . . . . . .  $X_{212}$

M ■ 156

# $A$ppendix $E$

## STAR CHARTS

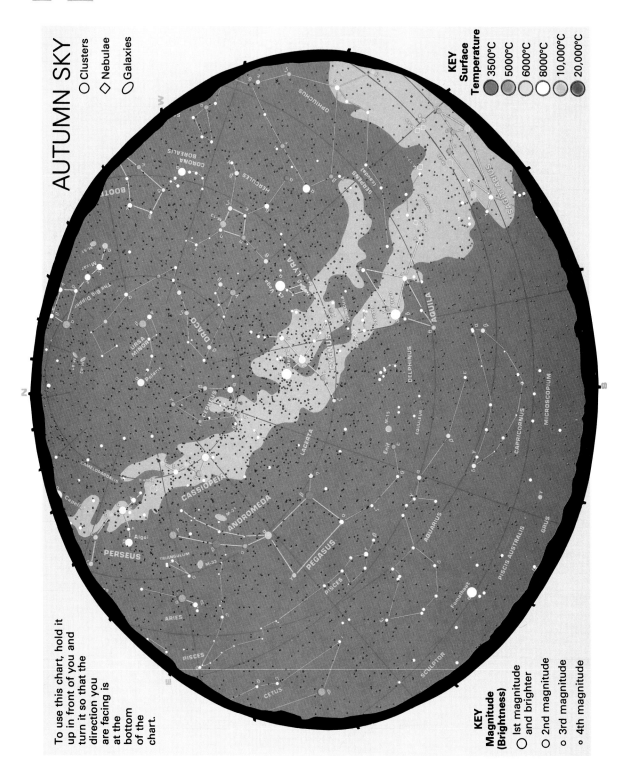

## AUTUMN SKY

○ Clusters
◇ Nebulae
○ Galaxies

To use this chart, hold it up in front of you and turn it so that the direction you are facing is at the bottom of the chart.

**KEY**
**Magnitude (Brightness)**
○ 1st magnitude and brighter
○ 2nd magnitude
○ 3rd magnitude
° 4th magnitude

**KEY**
**Surface Temperature**
● 3500°C
● 5000°C
● 6000°C
○ 8000°C
● 10,000°C
● 20,000°C

# CIELO DE OTOÑO

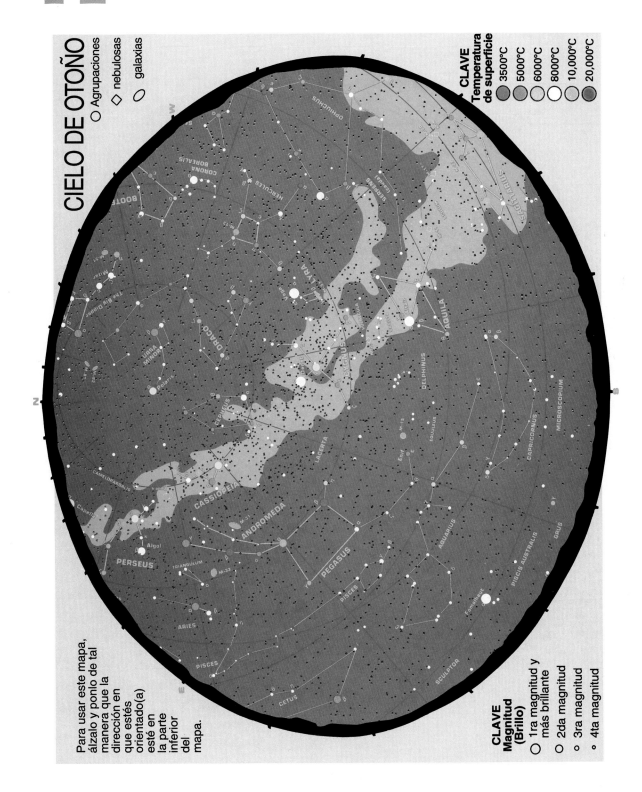

Para usar este mapa, álzalo y ponlo de tal manera que la dirección en que estés orientado(a) esté en la parte inferior del mapa.

○ Agrupaciones
◇ nebulosas
○ galaxias

**CLAVE
Temperatura
de superficie**

3500°C
5000°C
6000°C
8000°C
10,000°C
20,000°C

**CLAVE
Magnitud
(Brillo)**

○ 1ra magnitud y más brillante
○ 2da magnitud
○ 3ra magnitud
∘ 4ta magnitud

# STAR CHARTS

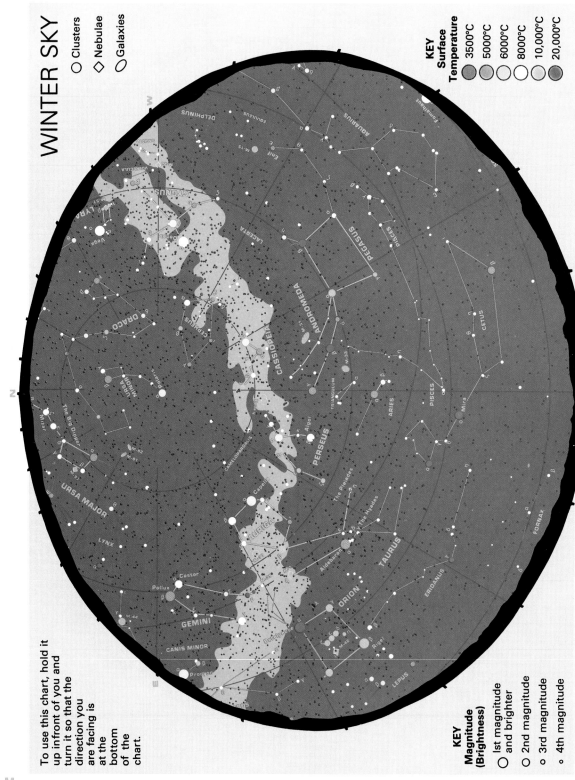

WINTER SKY

To use this chart, hold it up infront of you and turn it so that the direction you are facing is at the bottom of the chart.

○ Clusters
◇ Nebulae
⬭ Galaxies

KEY
Surface
Temperature
3500°C
5000°C
6000°C
8000°C
10,000°C
20,000°C

KEY
Magnitude
(Brightness)
◯ lst magnitude and brighter
◯ 2nd magnitude
○ 3rd magnitude
o 4th magnitude

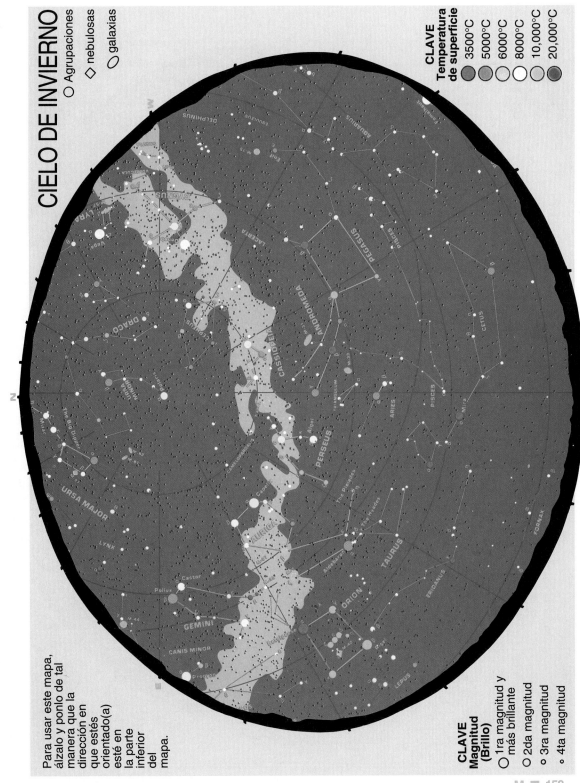

CIELO DE INVIERNO

Para usar este mapa, álzalo y ponlo de tal manera que la dirección en que estés orientado(a) esté en la parte inferior del mapa.

○ Agrupaciones
◇ nebulosas
⬭ galaxias

**CLAVE**
**Temperatura de superficie**
3500°C
5000°C
6000°C
8000°C
10,000°C
20,000°C

**CLAVE**
**Magnitud (Brillo)**
○ 1ra magnitud y más brillante
○ 2da magnitud
· 3ra magnitud
· 4ta magnitud

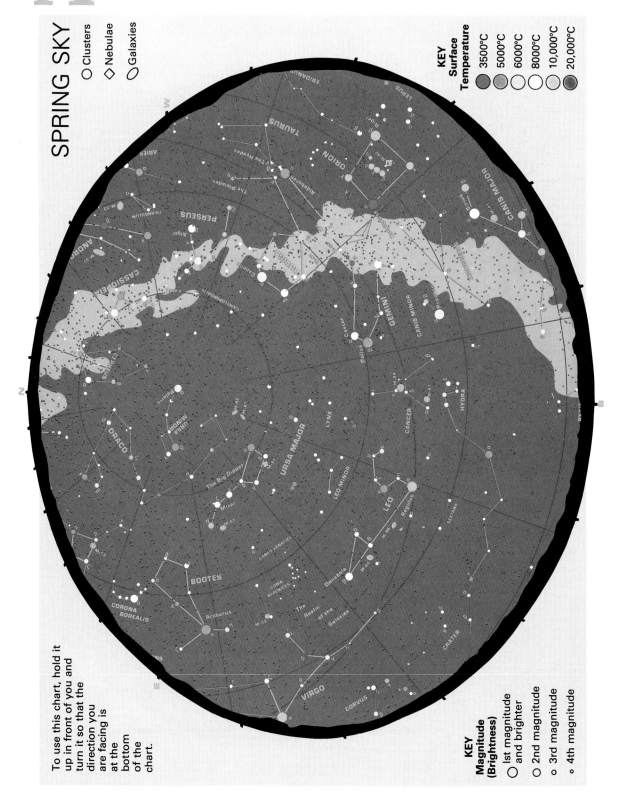

SPRING SKY

KEY
- ○ Clusters
- ◇ Nebulae
- ○ Galaxies

KEY
Surface
Temperature
○○○○○○
3500°C 5000°C 6000°C 8000°C 10,000°C 20,000°C

To use this chart, hold it up in front of you and turn it so that the direction you are facing is at the bottom of the chart.

KEY
Magnitude
(Brightness)
- ○ 1st magnitude and brighter
- ○ 2nd magnitude
- ○ 3rd magnitude
- · 4th magnitude

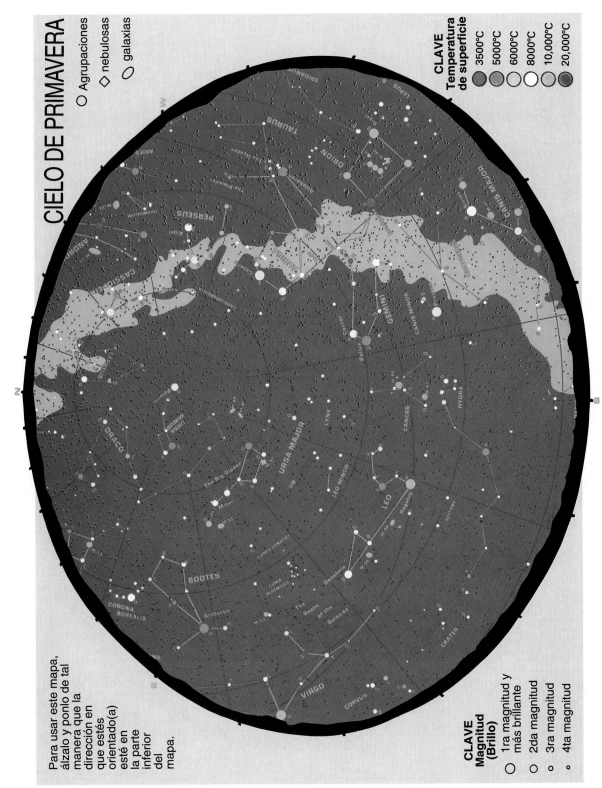

CIELO DE PRIMAVERA

○ Agrupaciones
◇ nebulosas
○ galaxias

CLAVE
Temperatura
de superficie

3500°C
5000°C
6000°C
8000°C
10,000°C
20,000°C

Para usar este mapa, álzalo y ponlo de tal manera que la dirección en que estés orientado(a) esté en la parte inferior del mapa.

CLAVE
Magnitud
(Brillo)

○ 1ra magnitud y más brillante
○ 2da magnitud
· 3ra magnitud
· 4ta magnitud

# Appendix E

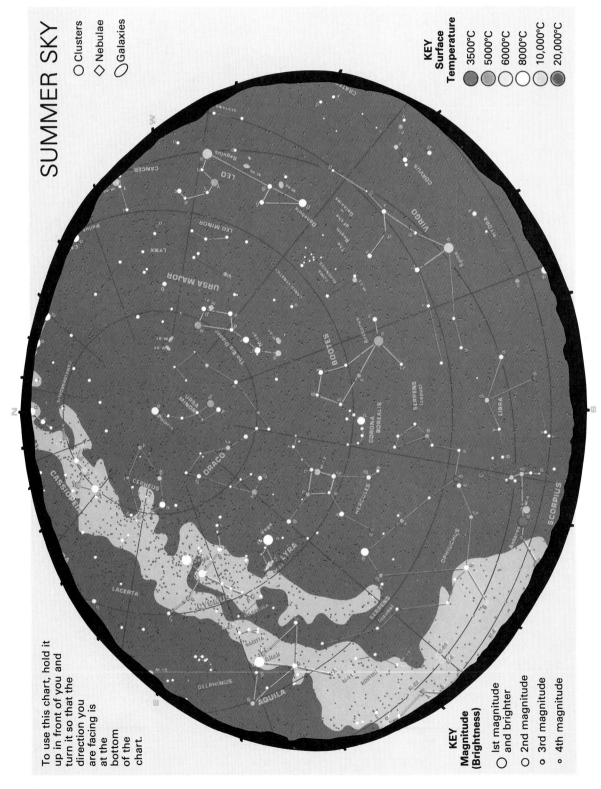

## SUMMER SKY

Clusters ○
Nebulae ◇
Galaxies ◯

To use this chart, hold it up in front of you and turn it so that the direction you are facing is at the bottom of the chart.

**KEY Surface Temperature**
3500°C  5000°C  6000°C  8000°C  10,000°C  20,000°C

**KEY Magnitude (Brightness)**
○ 1st magnitude and brighter
○ 2nd magnitude
○ 3rd magnitude
· 4th magnitude

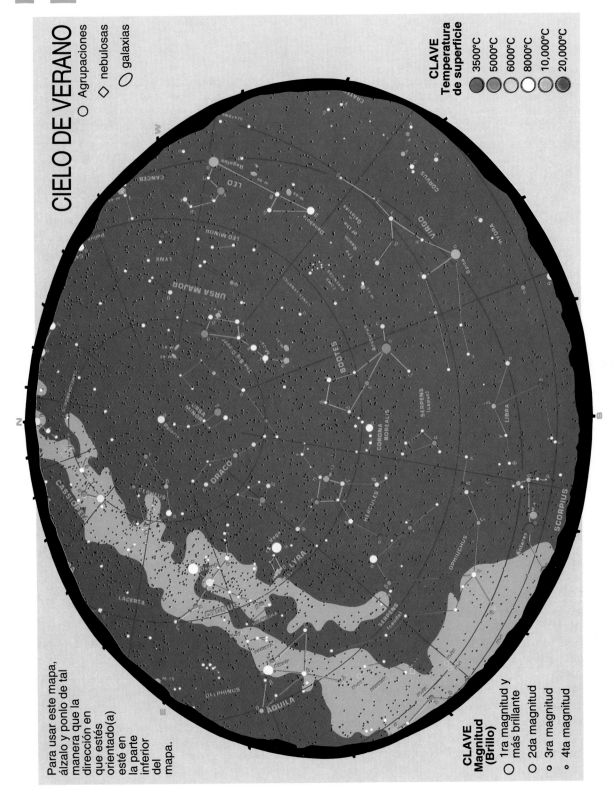

## CIELO DE VERANO

○ Agrupaciones
◇ nebulosas
⬭ galaxias

**CLAVE**
**Temperatura**
**de superficie**

3500°C
5000°C
6000°C
8000°C
10,000°C
20,000°C

Para usar este mapa, álzalo y ponlo de tal manera que la dirección en que estés orientado(a) esté en la parte inferior del mapa.

**CLAVE**
**Magnitud**
**(Brillo)**

○ 1ra magnitud y más brillante
○ 2da magnitud
○ 3ra magnitud
○ 4ta magnitud

# Glossary

## Pronunciation Key

When difficult names or terms first appear in the text, they are respelled to aid pronunciation. A syllable in SMALL CAPITAL LETTERS receives the most stress. The key below lists the letters used for respelling. It includes examples of words using each sound and shows how the words would be respelled.

| Symbol | Example | Respelling |
|---|---|---|
| a | hat | (hat) |
| ay | pay, late | (pay), (layt) |
| ah | star, hot | (stahr), (haht) |
| ai | air, dare | (air), (dair) |
| aw | law, all | (law), (awl) |
| eh | met | (meht) |
| ee | bee, eat | (bee), (eet) |
| er | learn, sir, fur | (lern), (ser), (fer) |
| ih | fit | (fiht) |
| igh | mile, sigh | (mighl), (sigh) |
| oh | no | (noh) |
| oi | soil, boy | (soil), (boi) |
| oo | root, tule | (root), (rool) |
| or | born, door | (born), (dor) |
| ow | plow, out | (plow), (owt) |

| Symbol | Example | Respelling |
|---|---|---|
| u | put, book | (put), (buk) |
| uh | fun | (fuhn) |
| yoo | few, use | (fyoo), (yooz) |
| ch | chill, reach | (chihl), (reech) |
| g | go, dig | (goh), (dihg) |
| j | jet, gently, bridge | (jeht), (JEHNT-lee), (brihj) |
| k | kite, cup | (kight), (kuhp) |
| ks | mix | (mihks) |
| kw | quick | (kwihk) |
| ng | bring | (brihng) |
| s | say, cent | (say), (sehnt) |
| sh | she, crash | (shee), (krash) |
| th | three | (three) |
| y | yet, onion | (yeht), (UHN-yuhn) |
| z | zip, always | (zihp), (AWL-wayz) |
| zh | treasure | (TREH-zher) |

**absolute magnitude:** amount of light a star actually gives off

**apogee** (AP-uh-jee): point of a satellite's orbit farthest from the Earth

**apparent magnitude:** brightness of a star as it appears from Earth

**asteroid belt:** region of space between Mars and Jupiter in which asteroids are found

**aurora** (aw-RAW-ruh): bands or curtains of colored lights produced when particles trapped by the Van Allen radiation belts collide with particles in the upper atmosphere

**autumnal equinox** (EE-kwuh-naks): time of year when day and night are of equal length; beginning of autumn in the Northern Hemisphere

**axis:** imaginary vertical line through the center of body around which the body rotates, or spins

**big-bang theory:** theory that states that the universe began to expand with the explosion of concentrated matter and energy and has been expanding ever since

**binary star:** member of a double star system

**black hole:** core of a supermassive star that remains after a supernova; the gravity of the core is so strong that not even light can escape

**chromosphere** (KROH-muh-sfir): middle layer of the sun's atmosphere

**comet:** object made of ice, gas, and dust that travels through space

**constellation:** group of stars that form a pattern

**core:** center of the sun

# Glosario

Cada vez que nombres o términos difíciles aparecen por primera vez en el texto de inglés, se deletrean para facilitar su pronunciación. La sílaba que está en MAYUSCULA PEQUEÑA es la más acentuada. En la clave de abajo hay una lista de las letras usadas en nuestro deletreo. Incluye ejemplos de las palabras

| Símbolo | Ejemplo | Redeletreo |
|---------|---------|------------|
| a | hat | (hat) |
| ay | pay, late | (pay), (layt) |
| ah | star, hot | (stahr), (haht) |
| ai | air, dare | (air), (dair) |
| aw | law, all | (law), (awl) |
| eh | met | (meht) |
| ee | bee, eat | (bee), (eet) |
| er | learn, sir, fur | (lern), (ser), (fer) |
| ih | fit | (fiht) |
| igh | mile, sigh | (mighl), (sigh) |
| oh | no | (noh) |
| oi | soil, boy | (soil), (boi) |
| oo | root, rule | (root), (rool) |
| or | born, door | (born), (dor) |
| ow | plow, out | (plow), (owt) |

| Símbolo | Ejemplo | Redeletreo |
|---------|---------|------------|
| u | put, book | (put), (buk) |
| uh | fun | (fuhn) |
| yoo | few, use | (fyoo), (yooz) |
| ch | chill, reach | (chihl), (reech) |
| g | go, dig | (goh), (dihg) |
| j | jet, gently, bridge | (jeht), (JEHNT-lee), (brihj) |
| k | kite, cup | (kight), (kuhp) |
| ks | mix | (mihks) |
| kw | quick | (kwihk) |
| ng | bring | (brihng) |
| s | say, cent | (say), (sehnt) |
| sh | she, crash | (shee), (krash) |
| th | three | (three) |
| y | yet, onion | (yeht), (UHN-yuhn) |
| z | zip, always | (zihp), (AWL-wayz) |

**agujero negro:** centro de una estrella supermasiva que queda despues de una supernova; la gravedad del centro es tan poderosa que ni la luz se le escapa

**apogeo:** punto en la orbita de un satélite más alejado de la Tierra

**aurora:** banda o cortinas plegadas de luces de colores producidas cuando partículas atrapadas en los cinturones radioactivos de Van Allen chocan con particulas de la atmosfera superior

**cinturon de asteroides:** región en el espacio entre Marte y Jupiter en que hay asteroides

**cinturones radioactivos de Van Allen:** dos regiones en forma de anillos de partículas cargadas que se forman cuando la magnetosfera terrestre atrapa una porcion de las particulas en el viento solar

**cometa:** objeto hecho de hielo, gas y polvo que viaja por el espacio

**constelación:** grupo de estrellas que forman un patrón

**corona:** capa exterior de la atmósfera del sol

**cromosfera:** capa intermedia de la atmósfera del sol.

**deslazamiento hacia el rojo:** desplazamiento hacia el extremo rojo del espectro de una estrella que se aleja de la Tierra

**diagrama Hertzsprung-Russell:** gráfica que muestra la relacion entre la magnitud absoluta y la temperatura de superficie de las estrellas; tambien se llama diagrama H-R

**eclipse lunar:** bloqueo de la luna que ocurre cuando la Tierra se interpone directamente entre el sol y la luna llena

**eclipse solar:** bloqueo del sol que ocurre cuando la luna nueva se interpone directamente entre el sol y la Tierra

**efecto de invernadero:** proceso por el cual el calor queda atrapado en la atmosfera de un planeta y no puede salir de nuevo al espacio

**corona** (kuh-ROH-nuh): outermost layer of the sun's atmosphere

**Doppler effect:** apparent change in the wavelength of light that occurs when an object is moving toward or away from the Earth

**elliptical galaxy:** galaxy that may vary in shape from nearly spherical to flat; one of three types of galaxies

**escape velocity:** velocity needed to escape the Earth's gravitational pull

**galaxy:** huge collection of stars

**geosynchronous** (jee-oh-SIHNG-kruh-nuhs) **orbit:** orbit in which a satellite's rate of revolution exactly matches the Earth's rate of rotation

**giant star:** star with a diameter about 10 to 100 times as large as the sun

**gravity:** force of attraction between objects

**greenhouse effect:** process by which heat is trapped by a planet's atmosphere and cannot return to space

**Hertzsprung-Russell diagram:** chart that shows the relationship between the absolute magnitude and the surface temperature of stars; also called H-R diagram

**highlands:** mountain ranges on the moon

**lunar eclipse:** blocking of the moon that takes place when the Earth comes directly between the sun and the full moon

**magnetosphere:** magnetic field around a planet

**main-sequence star:** star that falls in an area from the upper left corner to the lower right corner of the H-R diagram

**maria** (MAHR-ee-uh; singular: mare): smooth lowland plains on the moon

**meteor:** streak of light produced by a meteoroid as it burns up in the Earth's atmosphere

**meteorite:** meteor that strikes the Earth's surface

**meteoroid** (MEE-tee-uh-roid): chunk of metal or stone that orbits the sun

**neap tide:** lower than usual high tide that occurs during the first and last quarter phases

**nebula:** massive cloud of dust and gas between the stars

**nebular theory:** theory which states that the solar system began as a huge cloud of dust and gas called a nebula, which later condensed to form the sun and its nine planets

**neutron star:** smallest of all stars

**nova:** star that suddenly increases in brightness in just a few hours or days

**nuclear fusion:** process by which hydrogen atoms are fused, or joined together, to form helium atoms

**orbit:** path an object takes when moving around another object in space

**parallax** (PAR-uh-laks): apparent change in the position of a star in the sky due to the change in the Earth's position as the Earth moves around the sun

**penumbra** (pih-NUHM-bruh): outer part of a shadow

**perigee** (PEHR-uh-jee): point of a satellite's orbit closest to the Earth

**period of revolution:** time it takes a planet to make one revolution around the sun

**period of rotation:** time it takes a planet to make one rotation on its axis

**photosphere:** innermost layer of the sun's atmosphere

**prominence** (PRAHM-uh-nuhns): violent storm on the sun that can be seen from Earth as a huge bright arch or loop of hot gas

**protostar:** new star

**pulsar:** neutron star that gives off pulses of radio waves

**quasar** (KWAY-zahr): quasi-stellar radio source; distant object that gives off mainly radio waves and X-rays

**reaction engine:** engine, such as a rocket, in which the rearward blast of exploding gases causes the rocket to shoot forward

**red shift:** shift toward the red end of the spectrum of a star that is moving away from the Earth

**retrograde rotation:** reverse motion in which a planet rotates from east to west, instead of from west to east

**rille:** valley on the moon

**solar eclipse:** blocking of the sun that occurs when the new moon comes directly between the sun and the Earth

**solar flare:** storm on the sun that shows up as a bright burst of light on the sun's surface

**solar system:** sun, planets, and all the other objects that revolve around the sun

**solar wind:** continuous stream of high-energy particles released into space in all directions from the sun's corona

**spectroscope:** instrument that breaks up the light from a distant star into its characteristic colors

**spectrum:** band of colors formed when light passes through a prism

**spiral galaxy:** galaxy that is shaped like a pinwheel; one of three types of galaxies

**spring tide:** higher than usual high tide that occurs during the full moon and new moon phases

**efecto Doppler:** aparente cambio de la longitud de onda de la luz que ocurre cuando un objeto se mueve hacia o en direccion contraria a la Tierra

**eje:** linea vertical imaginaria atravesando el centro de un cuerpo alrededor de la cual el cuerpo rota, o gira

**enana blanca:** estrella pequena densa

**equinoccio de otoño:** momento del año en que el dia y la noche duran lo mismo; principio del otono en el Hemisferio del Norte

**equinoccio de primavera:** momento del año en que el día y la noche duran lo mismo; principio de la primavera en el Hemisferio del Norte

**erupción solar:** tormenta en el sol que surge como un brillante estallido de luz en la superficie del sol

**espectro:** banda de colores que se forma al pasar la luz por un prisma

**espectroscopio:** instrumento que separa la luz de una estrella lejana en sus colores caracteristicos

**estrella binaria:** miembro de un sistema estelar doble

**estrella de la secuencia principal:** estrella que cae en el area desde la parte izquierda superior a la derecha inferior del diagrama H-R

**estrella de neutrones:** la mas pequena de las estrellas

**estrella gigante:** estrella con un diametro de 10 a 100 veces mayor que el diametro del sol.

**estrella supergigante:** estrella con un diametro de hasta 1,000 veces el diametro del sol; la más grande de las estrellas

**fisura:** valle en la luna

**fotosfera:** capa interior de la atmosfera del sol

**fusión nuclear:** proceso por el cual atomos de hidrogeno se fusionan, o se unen, para formar atomos de helio

**galaxia:** coleccion enorme de estrellas

**galaxia eliptica:** galaxia que puede variar en su forma desde casi redondeada hasta aplanada; uno de tres tipos de galaxias

**galaxia espiral:** galaxia que tiene la forma de molinillo de viento; uno de tres tipos de galaxias

**gravedad:** fuerza de atracción entre los objetos

**magnetosfera:** campo magnético alrededor de un planeta

**magnitud absoluta:** cantidad de luz que en realidad emite una estrella

**magnitud aparente:** brillo de una estrella tal como parece en la Tierra

**mancha solar:** área obscura en la superficie del sol

**marea:** ascenso y descenso de los océanos debido a la atraccion gravitacional de la luna sobre la Tierra

**marea muerta:** marea alta más baja que lo normal que ocurre durante el primer y el ultimo cuarto de las fases lunares

**marea viva:** marea alta mas alta que lo normal que ocurre durante las fases de luna llena y luna nueva

**maria:** llanos lisos bajos de la luna

**meteorito:** meteoro que cae en la superficie de la Tierra

**meteoro:** haz de luz que produce un meteoroide al quemarse en la atmósfera terrestre

**meteoroide:** pedazo de metal o piedra que órbita alrededor del sol

**motor de reacción:** motor, tal como un cohete, en que el chorro de gas que se escapa hacia atrás empuja el objeto hacia adelante

**nebulosa:** nube masiva de polvo y gas entre las estrellas

**nova:** estrella que de repente aumenta su brillo en solo unas horas o dias

**núcleo:** centro del sol

**órbita:** ruta que toma un objeto cuando da vueltas alrededor de otro objeto en el espacio

**órbita geosincrónica:** orbita en que la velocidad de revolucion de un satelite es igual a la velocidad de rotacion de la Tierra

**paralaje:** cambio aparente en la posicion en el cielo de una estrella debido al cambio en la posición de la Tierra al moverse la Tierra alrededor del sol

**penumbra:** parte exterior de una sombra

**perigeo:** punto en la orbita de un satelite masproximo a la Tierra

**período de revolución:** tiempo que se toma un planeta en darle una vuelta al sol

**período de rotación:** tiempo que se toma un planeta en girar una vez alrededor de su eje

**protoestrella:** estrella nueva

**protuberancia solar:** tormenta violenta en el sol quedesde la Tierra parece un arco o lazo brillantede gas caliente

**pulsar:** una estrella de neutrones que emite destellos de ondas de radio.

**summer solstice** (SAHL-stihs): time of year when the Northern Hemisphere has its longest day and the Southern Hemisphere has its shortest day; beginning of summer in the Northern Hemisphere

**sunspot:** dark area on the sun's surface

**supergiant star:** star with a diameter up to 1000 times the diameter of the sun; largest of all stars

**supernova:** tremendous explosion in which a star breaks apart, releasing energy and newly formed elements

**tide:** rise and fall of the oceans caused by the moon's gravitational pull on the Earth

**umbra** (UHM-bruh): inner part of a shadow

**Van Allen radiation belts:** two doughnut-shaped regions of charged particles formed when the Earth's magnetosphere traps some of the particles in the solar wind

**vernal equinox** (EE-kwuh-naks): time of year when day and night are of equal length; beginning of spring in the Northern Hemisphere

**white dwarf:** small dense star

**winter solstice:** time of year when the Northern Hemisphere has its shortest day and the Southern Hemisphere has its longest day; beginning of winter in the Northern Hemisphere

**quasar:** fuente de ondas de radio parecida a una estrella; objeto distante que emite mayormente ondas de radio y rayos X

**rotación retrógrada:** movimiento contrario en que un planeta gira alrededor de su eje desde el este al oeste

**sistema solar:** sol, planetas y todos los demas objetos que giran alrededor del sol

**solsticio de invierno:** momento del ano en que el Hemisferio del Norte tiene su dia mas corto y el Hemisferio del Sur tiene su dia mas largo; principio del invierno en el Hemisferio del Norte

**solsticio de verano:** momento del ano en que el Hemisferio del Norte tiene su dia mas largo y el Hemisferio del Sur tiene su dia mas corto; principio del verano en el Hemisferio del Norte

**supernova:** explosion colosal en que una estrella se desintegra, expulsando energia y elementos acabados de formar

**teoría de la gran explosión:** teoria que afirma que el universo comenzo a expandirse con una explosion de materia y energia concentradas y que ha seguido expandiendose desde entonces

**teoría nebular:** teoria que afirma que el sistema solar comenzo como una inmensa nube de polvo y gas, llamada una nebulosa, que luego se condenso para formar el sol y los nueve planetas

**tierras altas:** cordilleras en la luna

**umbra:** parte interior de una sombra

**velocidad de escape:** velocidad necesaria para escapar la atraccion gravitatoria de la Tierra

**viento solar:** corriente continua de particulas de alta energia que parten desde la corona solar

# Index

# Índixe

# Credits